既判力

理论、原理与实践指南

【美】罗伯特·C.卡萨德
【美】凯文·M.克莱蒙特 ◎著
赵泽君 ◎译

U0824550

Res Judicata

A Handbook on Its Theory, Doctrine, and Practice

ROBERT C.CASAD
KEVIN M.CLERMONT

中国法制出版社
CHINA LEGAL PUBLISHING HOUSE

作者简介

罗伯特·C. 卡萨德（Robert C. Casad）教授和凯文·M. 克莱蒙特（Kevin M. Clermont）教授二人均为民事诉讼程序方面的著名学者。

罗伯特·C. 卡萨德是美国堪萨斯大学法学院教授，在比较民事诉讼法、管辖权和法律冲突方面学术成就突出，其著作的引用率非常高。在 1984 年，罗伯特先生获得了贝尔福·杰弗里研究成就奖（the Balfour Jeffrey Research Achievement Award），并分别在 1977 年、1983 年、1984 年、1985 年、1988 年、1989 年和 1991 年获得法学院教授雷斯奖（the Law School's Rice Prize for Faculty Scholarship）。罗伯特先生曾在明尼苏达州的斯特利特与墨尔菲律师事务所（Streater and Murphy）从事过律师职业。堪萨斯州律师协会在 2011 年授予罗伯特先生专业精神奖（Professionalism Award）。罗伯特先生是美国法律学会和程序法国家协会成员，是欧洲、亚洲和中美洲许多大学的访问学者。尽管 1997 年他从课堂教学中“退休”，但其并未停止研究和写作。

凯文·M. 克莱蒙特是美国康奈尔大学法学院教授，是民事诉讼法学的著名专家，2008 年被授予法国荣誉勋章。[1]凯文先生从哈佛法学院（Harvard Law School）毕业后，曾经为纽约南部地区联邦地区法院享有崇高声望的已故法官墨里·格菲茵（Murray Gurfein）做助理，后在总部设在纽约的一家国际知名律师事务所即佳利律师事务所（Cleary，Gottlieb，Steen & Hamilton）做了两年律师工作。凯文先生从 1974 年进入康奈尔大学法学院后，著有大量有关民事诉讼程序方面的论著，涉及民事诉讼课程、民事诉讼判例规则、民事诉讼管辖权、证据、

1　国家荣誉军团勋章（英文全称：National Order of the Legion of Honour；法文：Ordre national de la Légion d'honneur）是法国最高军事和民事功绩勋章，由拿破仑·波拿巴于 1802 年设立，并被之后在法国掌权的不同政府和政权保留至今。

司法裁判、既判力等领域。凯文先生所著的民事诉讼法教材［*Civil Procedure*（*Black Letter Outlines*）］以及与他人合著的案例书（*Civil Procedure Stories*）等专著，不仅被视作学习和研究民事诉讼法理论和实践的周详样本，也被视为法律技能训练的必备典范。

译者简介

赵泽君，男，山西人，法学博士，西南政法大学法学院教授，博士生导师，兼任中国法学会会员、中国民事诉讼法学研究会理事以及重庆市社会科学专家库专家等。美国圣路易斯华盛顿大学（Washington University in St. Louis）法学院访问学者（2014.3—2015.3）。1986年毕业于山西大学外语系，获英美文学学士学位，后就读于西南政法大学，分别于1991年、2007年获法学硕士、法学博士学位。硕士毕业后曾先后从事过法官和专职律师工作，1992年荣获重庆市全市法院系统调研工作先进个人称号。2001年起，在高校从事法学教学和科研工作，担任过法学教研室主任、法学实验中心主任、法律研究所主任等职。在《现代法学》、《政法论坛》、《法学》、《法律适用》以及《人民日报》、《光明日报》等学术期刊杂志、报纸发表论文40余篇，出版专著5部，参编《民事诉讼法学》（国家级“十一五”规划教材）1部、《民事诉讼法学》校级教材2部，其中《民事诉讼法原理（修订版）》于2006年获第二届全国法学教材与科研成果奖一等奖，发表有大量前沿性成果，有的被《人大复印资料：诉讼法学、司法制度》全文转载，主持和主研省部级课题各4项，主持和主研校级课题各1项。研究方向：民事诉讼法学、证据学以及律师学等。

中文版序

我非常高兴既判力这本书可以在中国出版，并且得到如此出色的翻译。

每个读者都会遇到的一个问题，那就是本书是否过时。答案肯定是绝对没有。这本书仍然准确地阐述了既判力的法律规则。我自己对该法律规则的看法也没有发生变化。在立法和司法发展方面没有新的报告，只是出现适用同样规则的案件更多了。我一直致力于该领域的研究，只不过之后的工作是对此进行精细化的阐述而已。例如，我写了一篇关于美国独特规则的新文章，该文指出，前后矛盾判决的最后规则是该判决具有既判力。不过，在此方面我会努力阐述在国际背景下该规则的细节问题。[1]

有一句谚语："法律必须是稳定的，但它不能静止不动。"[2]美国既判力的法律规则是如此稳定，以至于需要对其稳定性加以解释。此种解释可能在我最近的另一篇文章中有所论及。[3]我的观点是，美国完全致力在世界司法体系中扩张既判力原则的适用范围。因此，至少在短期内，预计不会有进一步的变化。我说的这些话的意思源于上述文章中的摘要：

> 该文尝试从历史、法学和比较法的视野，将既判力与其他法律规范结合起来，对既判力进行综合阐释。几乎从既判力的产生开始，所有司法体系都具备了既判力的实质性核心内容，即包括请求阻止和抗辩排除。这一核心内容具有普遍性，但这并非因为它代表了普适价值，而是因为它是对

1 凯文·M.克莱蒙特：《对判决最后规则的限制》，载《诉讼评论》2017年第36期，自第1页开始。在本书第5章第2部分中对该规则作了论述。

2 罗斯科·庞德：《法律史解释》1923年第1页。

3 凯文·M.克莱蒙特：《既判力：司法之必备因素》，载《鲁特杰斯法律评论》2016年第68期，自第1067页开始。该文中文译本发表在《清华法治论衡》2016年第19辑，自第23页开始。

> 普遍性体制需要的一种回应。任何司法体系都必须有裁判员；为了有效，他们做出的判决必须具有约束力；最低限度的约束力是，除非在特定的情况下，不满的人不能为了改变判决结果而推翻判决。
>
> 通过一些规则和例外制定，每种司法体系必须而且也确实确立了既判力的这一核心内容。基本的公平性也为既判力设定了一些外部边界，这些外面边界十分宽泛。在这些最小和最大的边界之间，特定背景下的政策决定了既判力在特定国家的适用程度。这对其法律制度有着巨大的影响。其中一个极端的情况是，美国喜欢排除规则，因此它远远超过了核心内容的最低限度。到目前为止，中国一直紧贴该核心内容。就这两个主要范例而言，也许最优选择应该是更接近于中间位置。

我需要做一些解释。读者在看到既判力时可能会认为，这似乎又是一种在美国盛行的程序上的过激行为。但事实并非如此。既判力并不是美国例外主义的一个例证，而是在世界各地无处不在。[4]

既判力法律规范回答了一个无法回避的问题，即以前作出的裁决在之后的争议中会产生何种影响。该问题不仅具有实际意义，而且具有体系价值。尤其是因为判决是司法部门的最终产品，因此，法院在何种情况下以及在多大程度上应给予判决以排除效力呢？

一个简单而又难以捉摸的见解是，既判力无非是界定“判决”的一套法律规范。事实证明，既判力在解释判决的效力范围方面至关重要。判决不仅仅是裁判者做出何种裁决的具体体现。判决不可避免地要裁决某些事情，而不会裁决其他事情。既判力的作用就是框定了判决的真实内容，即不仅标明判决裁决了什么和未裁定什么，而且还指明了判决有无约束力的范围。它不仅规定了对已决事项是否可以重新争论，而且规定了哪些事项不在判决范围之内而哪些实际上尚未决定的事项也在判决效力范围之内并因此作为已决事项加以对待。因此，对外行来说，既判力似乎只是一堆晦涩难懂的规则，但既判力有助于确定终局判决的界限。

因此，判决必须有一些既判力。但其效力范围有多大程度呢？在最低和最高限度之间，既判力的程度是一个成本与效益的政策问题。法律体系必须接受

---

4 见下文第一章第一部分。

既判力核心内容所具有的强制性冲击，然后才能制定不违反基本公平原则的其他既判力法律规范。

在这个政策舞台上，立法者们进行了争论并制定了既判力的法律规范。从某种意义上说，所有行动都集中在这个舞台上。在该舞台上，法律变得更令人生厌，但体系不同，出现的方式也就不同。既判力是一个出人意料的具有不确定性的、有争议的法律领域。最重要的是，因为每一种法律体系都在追求其更为完善的正义观，因此，在既判力的约束力应该达到多大程度的问题上，各种法律体系会有所不同。[5]

在政策相互冲突的情况下，如何平衡？随着时间的推移，在许多不同的国家和地区，既判力的发展大趋势是在理论上扩张终局性原则的适用范围。也就是说，许多国家屈从于政策要求，将既判力至少扩大到了超出其强制性核心的内容。

1. 最低限度的既判力。所有司法体系都具备既判力的一个核心内容，即通常禁止推翻判决，而且几个世纪以来一直是这样做的，其依据的是超越国界的法理。通过比较法考察和裁判理论分析，既判力的实质核心是必不可少的。不过，我的观点是，要求具有最低限度的既判力法律规范，不是基于普适性价值，而是为了制度上的普适性需要。

每个国家在致力于法治建设的过程中，都会遇到关于既判力这一主题的争议。但所面临的问题不是每个国家是否应该接受既判力，而争议的问题是国家应该在多大程度上赞成这一理念。实际上，所有司法体系都接受既判力的核心内容，即包括请求阻止和抗辩排除。

a. 请求排除。请求排除原则就这样自觉地产生了，即败诉的原告不能再提起诉讼，希望这一次能够胜诉。如果第一次诉讼中的判决有利于被告，则原告的诉讼请求就被判决所禁止了。一项有效和最终的判决阻止了对同一请求的主张和由此引起的其他诉讼，阻止效力涵盖第一次诉讼中已经主张的请求和那些应该主张而未主张的请求。[6]

b. 抗辩排除。虽然抗辩排除可能不那么明显，但无可争辩的是，一项有效的、最终的判决必须排除败诉的被告，在之后对该请求只是提出抗辩。抗辩排除对

5 见下文第三章。

6 见下文第六章第一部分中第（二）目第二项。

撤销判决所起的阻止作用，似乎属于既判力专业中一个晦涩难懂的地带。但事实上，它对任何司法体系都是至关重要的。最常见的情况是，法院和当事人凭直觉适用这一排除规则。虽然它是自发适用的，但它仍然非常重要。因此，对此规则的自发性适用，正好证明了它的重要性。

此外，任何判决都必须能在某种程度上阻断以攻击性方式提出的抗辩。因此，这一理念的适用结果是，一旦原告获得胜诉判决，被告通常不能为了推翻判决，通过提出抗辩的方法重新针对原告的请求而提起新的诉讼（无论书面的强制性反诉条款是否适用于这种情况）。考察该规则的起源可以得出该规则的适用范围是：被告在之后不能实质上是针对已经裁决过的请求，通过重新抗辩的方式提起诉讼。不管先诉判决是否是通过缺席判决获得的，该规则都是适用的。事实上，正是这条规则使缺席判决有了意义。[7]

2. 最大限度的既判力。既判力原则，在任何地方都是有克制的。既判力原则几乎在任何地方，没有延伸到引起人们对基本公平问题关注的地步。该原则在任何地方，不会演变成规定任何司法裁决对所有人都具有永远的约束力。

正如我说过的，既判力是一种界定判决效力界限的原则，是司法部门的产品。根据司法机构的性质，一项判决裁决了某些事项而对除此以外的很多其他事项并不裁决。与可以对所有公民行使公权力的立法机构或行政机构不同，法院行为的效力范围仅限于当事人和非常有限的其他人。正当程序的宽松要求解释了，即使从最宽泛意义上说，人们在立法机构和行政机构获得过代表权，但立法者和行政人员仍可以约束人们及其财产。与此不同，司法程序的案外人（既不是当事人，也不是利害关系人）是被允许单独出庭的。这种自我约束的特点来源于既判力此种法律规范而非正当程序。这一特点实际上使司法机构具有了独特的属性。因此，既判力概括了司法机构的本质：个性化的裁决对未来效力是有限的，尽管这些效力具有终局性。

3. 美国。这里的重点是，就既判力最大效力范围而言，其边界是非常宽泛的。因此，即使在美国，既判力的法律规范也完全限于外部边界之内。这本书描述了美国既判力的法律规范。

不过，为了扩张既判力，美国至少引入了一种例外主义，其效力范围远远超出了既判力的核心内容，具有走向排除全部请求和争点的倾向。我认为，美

7　见下文第六章第三部分中第（二）目第二项。

国的既判力法则在某些方面走得太远了，违背了良好的政策。[8]

4. 中国。中国的诉讼制度体系类似于大陆法系模式，带有社会主义色彩和中国特色。中国有四个级别的法院，法官组成合议庭审理案件。上诉是对案件进行重新审理，但仅限于向原审法院的上一级法院逐级上诉。

在考察中国的既判力法则时，我可以先列举出该过法律中的三个附带因素，这三个因素对研究该问题至关重要：（1）一项判决什么时候才能变成足以产生排除效力的终局判决；（2）是法官依据职权主动提出既判力，还是当事人必须自己主张既判力；（3）排除是否不适用于某些程序性问题或临时性争议。

第一，终局判决是适用中国排除规则的前提，判决的有效性也是如此。也就是说，判决必须是终局的，或者用中国的说法是“具有法律效力”，才能产生既判力。中国采取了大陆法系中常见的一种做法，即判决直到不能上诉时才能成为终局判决。[9]

第二，中国的既判力法则是自动适用的。就如同纠问制的大陆法系法官一样，中国法官也会依据职权主动适用排除规则。

第三，中国的法律和美国的法律一样，没有对争点类型的处理作出特别规定，也没有进行细微的区分，这样就避免了典型大陆法系国家既判力法则那样带来的困扰了。但与美国法律不同的是，中国既判力法则运行的顺畅性可能是源自其自身的不发达状态。此外，中国的法院也具有大陆法系的特点，即在确立既判力原则的总体框架方面，期待的是立法机构。他们在阐释既判力理论方面也并没有走得太远。

a. *强烈的判决救济特征*。初看上去，中国扩大了判决的救济范围，淡化了既判力的作用。

淡化终局性的主要途径是，通过所谓的审判监督程序这种方式。[10]这种途径允许对判决的有效性进行永无止境的调查。在世界其他地方，终局性原则胜过了让每个案件都得到正确裁决的愿望，但中国人宁愿说“真理就是真理”而不

---

8 见下文第八章中第二部分第（二）目第三项（非相互性请求排除）。

9 参见《中华人民共和国人民法院组织法》（全国人民代表大会常务委员会1979年7月5日颁布，1980年1月1日生效）第12条。前述条文内容在《中华人民共和国人民法院组织法》（2018年修订）中已删除，但在部门法中仍也有类似规定，参见《中华人民共和国民事诉讼法》第10条、第124条第（5）项、第155条以及第175条的规定。

10 参见《中华人民共和国民事诉讼法》（2017年修正）第198—213条。

是“适可而止”。然而，在得出中国的审判监督机制似乎完全削弱了既判力的这一结论之前，我们应该注意的是，所有国家都有判决救济的机制，有些国家相当自由。此外，在中国的审判监督机制下，获得判决救济的情况实际上并不多见。[11] 因此，该监督机制并不像最初看起来那样极端。“有人认为说，审判监督制度的目的不是破坏判决的终局性和约束力，而是在判决错误到令人无法容忍的特殊情况下提供的司法救济。”[12]

到目前为止，这份对中国诉讼程序的综述还没有提到在 20 世纪 50 年代开始启动的司法外上访程序。最重要的是，通过大量使用信访（信件和访问）这种行政复议的方式，人们几乎可以没完没了地向特定政府部门申诉，争取获得对先前判决的救济。这种旨在确保社会稳定的信访制度，无论最后是通过审判监督程序要求法官修改判决或者是通过其他手段要求法官修改判决，都对法官施加了相当大的外部压力。其结果可能导致为了纠正错误而进行改判，甚至在没有错误的情况下也会改判。

因此，很难否认，中国似乎更感兴趣的是，以某种方式解决问题而不是结束诉讼。要理解中国对这一兴趣的追求，就必须考虑更广泛的中国背景。对于中国强烈的判决救济机制倾向，可能有很多种解释。尽管如此，无论其起源是否得到充分理解，一般来说，判决救济的程度与现在论题的任务有关，即制定有关中国既判力的法律规范。回想一下，判决越容易获得救济，适用排除规则的情形就会越少。

b. 极少的排除规则特征。中国《民事诉讼法》没有使用“既判力”这样相对应的中文用语。也就是说，在法院不予受理的案件清单中，该法第 124 条第 5 项规定：

“对判决、裁定、调解书已经发生法律效力的案件，当事人又起诉的，

11　此外，近几年来，立法者一直倾向于限制重审，并越来越多地尊重判决的终局性。例如，最高人民法院正在限制当事人反复申请再审。参见《最高人民法院关于适用〈中华人民共和国民事诉讼法〉的解释》（最高人民法院 2015 年 1 月 30 日公布）第 383 条。现在再审申请人只能先向人民法院提出申请，且只能申请一次。

12　卢松：《美国 EOS 工程公司案与中国法下的任何人不得因同一案而受到两次审判原则》，载《中国国际法杂志》2008 年第 7 辑，第 143 页、第 154—55 页。（“可见，反映中国公共政策的审判监督制度并没有从法律意义上妨碍民事判决的终局性和结论性。可以说，这一制度在判决的终局性和结论性与在争议裁决中对基本公平的要求之间取得了微妙的平衡。”）。

告知原告申请再审，但人民法院准许撤诉的裁定除外。”

因此，如果当事人试图就已裁决的案件再次提起诉讼，法院会拒绝受理该案件，并告知其可以按照审判监督程序提出再审申请。中国法官向当事人提供建议并不罕见，因为中国法院遵循大陆法系国家的解释原则，即法院承担着让当事人正确行使诉讼行为的职能。事实上，初审法院在先前诉讼中很可能已经建议当事人，不要遗漏相关的诉讼请求或抗辩。

把立法、判例[13]、司法解释[14]以及政策结合起来看，中国排除规则的效力程度似乎类似于大陆法系国家。尽管我们都承认，在中国立法中找不到这禁止重复审判原则的要素或范围，但中国在法理和实践中都坚持“一事不再理”原则。

第一，从表述上看，中国采用了请求阻止和抗辩排除，禁止对同一纠纷再主张请求权和提出抗辩。因此，中国提供了既判力法则中的最低限度的核心内容。第二，就合并原则而言，禁止胜诉原告为了取得更好的诉讼结果而再次提起诉讼，立法的措辞意味着中国可能禁止胜诉的原告再次提起诉讼。然而，德国等少数大陆法系国家，尽管有类似的成文法规定，但并没有完全接受合并规则，因为他们认为这些成文法规定更多的是为了阻止败诉方而不是胜诉方。第三，中国没有采用争点排除规则。但是，依照大陆法系的风格，中国允许将先前判决作为证据使用。[15]

立法者还没有制定出中国既判力法则的细节。此外，利害关系的范围和例外的适用，比如“法院允许撤诉的先前裁定”所存在的法定的非实质性例外，还没有明确规定。

尽管如此，中国的既判力法律规范有着坚实的基础。与亚洲邻国一样，中国没有采纳争点排除规则，而是通过请求排除规则这种更直接、更容易理解的途径，建构了既判力法则的最低限度核心内容。有了这样的模式，中国似乎把有效和最终判决的排除效力范围，扩大到了如同德国这样大陆法系国家一样的

13　美国 EOS 工程公司诉新绛发电公司等侵权纠纷案，载《中华人民共和国最高人民法院公报》2004 年第 10 期，第 21 页。

14　《最高人民法院关于适用〈中华人民共和国民事诉讼法〉的解释》（最高人民法院 2015 年 1 月 30 日公布）第 247 条。

15　参见同前，第 93 条第 5 项；《最高人民法院关于民事诉讼证据的若干规定》（2019 年修正）第 10 条第 6 项。

程度。

c. 发展空间。然而，如果结合排除规则来考察判决救济，那么，中国既判力法则的适用范围就没有德国和其他大陆法系国家那么广泛了。这种对中国既判力的概括，可能会引起人们的担忧，即从公正角度考虑，中国的既判力法律规范太少了。毕竟，既判力是每一司法体系的必备因素。

如果中国要扩张其既判力，前两小节指出了可能出现的两条道路：缩小判决救济的理由；扩大已采取的请求排除规则的适用范围和没有采取的争点排除规则的适用范围。

首先，在中国，通过寻求判决救济来质疑判决有效性，尽管对此没有严格的限制，可能是中国程序特征所固有的，但在理论上既判力是受到最多批评的问题。作为一项改革，人们可以考虑限制审判监督制度的适用。有些人认为，对判决质疑的门槛如此之低，以至于判决的终局性就很难实现。另一些人则反驳说，再审制度的存在仅仅是纠正错误，其并不妨碍终局性。争论的焦点是，现行再审制度是否达到了最佳的平衡。还有人则建议，重审应该更多地转移到更高一级的法院。很显然，中国应该澄清用于描述救济理由术语的含义。[16]

我想在争论中补充一点，那就是中国对判决救济的理由是否过度宽泛，以至于损害了请求阻止和抗辩排除的本质核心。仅仅就从这一点考虑，这或许便会促使中国限制其再审机制的适用范围。如果对判决救济所列举的理由进行删减，那么中国既判力的法律规范，看起来就与世界上其他国家的法律非常接近了。当然，这一药方的开出是建立在这样一种假设之上，即中国希望将自己的法律向世界其他国家的法律靠拢。

我个人的观点是，判决救济的理由清单在立法上应该缩短，在司法上应该进行限制性解释。我的前提是，判决救济应该只针对根本性错误进行纠正，而不应该针对纯粹错误进行纠正。为了避免破坏请求阻止和抗辩排除规则的核心内容，在根本性缺陷和纯粹错误之间应该划出一条界线。在中国审判监督程序中，仅因事实错误或法律错误就允许纠正先前判决，这似乎已经超越了这一界限。当然，针对中国这样复杂的法律体系，来自外部的改革建议也许是微不足道的。

其次，就扩大排除规则的适用范围而言，人们可以认为，中国既判力法律

16 参见《中华人民共和国民事诉讼法》（2017 年修正）第 200 条。

不够规范，既没有确定其适用范围，也没有消除其所存在的模糊性。对其进行优化就需要深挖既判力这一主题并将其理论化。立法者必须先认知法律，然后才能加以完善它。将来的发展来自于在中国《民事诉讼法》中作出明确的规定或由最高人民法院发布另一司法解释。

此外，与许多其他国家一样，法律政策可能要求中国适用既判力的内容超出了单纯的请求排除规则。比较研究表明，任何国家既判力法则的最优状态，其适用范围至少在最低限度核心之上，而且随着时间的推移，发达的法律体系倾向于扩大其既判力法则的效力范围。不过，这样做的目的是基于对自身的效率、公平和实质性政策进行平衡。

在中国，扩大排除法则的两条主要途径是：扩张请求排除原则中的“请求”范围；在请求排除规则之外增加争点排除规则体系。然而，对于第一种途径，最高人民法院在2015年拒绝了扩张请求的范围。[17]至于第二种途径，中国现在认为，考虑到中国法院体系的运作方式，它不需要争点排除，这或许是正确的。有朝一日，中国可能会有不同的感受，到那时它就会制定并扩大其既判力法则的适用范围。目前，中国似乎没有必要扩大请求排除规则的适用范围或采纳争点排除规则，而且也不具备朝着这个方向发展的可能性。

* * *

总而言之，从既判力的历史和跨地域考察，人们会发现所有司法体系都具备以请求阻止和抗辩排除为内容的实质核心。一个法律制度必须有裁判者，一个有效的裁判者必须使其判决具有约束力。最低限度的约束力是，除非在某些情况下，不满诉讼结果的人不能通过推翻先前判决而改变裁判结果。这也正是请求阻止和抗辩排除的核心内容。

通过某种规则的制定，每个司法体系都必须发挥出该核心内容的作用。特定环境的政策决定了在特定国家中既判力的适用程度，如下图所示。美国热衷于排除规则，并沉溺于非相互性排除理论的适用，其排除的效力范围远远超过了最低限度。到目前为止，中国坚持核心规范的内容，甚至由于沉溺于攻击先前判决的有效性，从而又危及到了核心内容。就既判力法律规范的适用程度而言，这两个国家在很长一段时间内走向何方，这取决于本国的环境，因此，可

---

17 参见《最高人民法院关于适用〈中华人民共和国民事诉讼法〉的解释》（最高人民法院2015年1月30日公布）第247条。

以有把握地说，它们不会也不应该终结在同一地点。

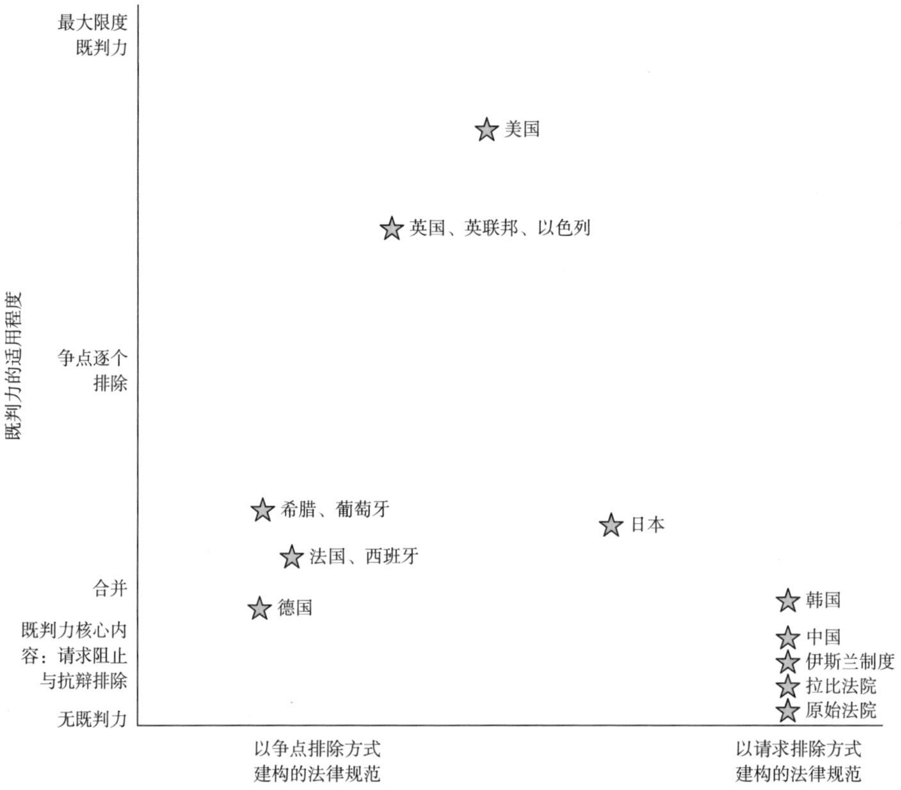

凯文·M. 克莱蒙特

PREFACE

I am so pleased that this book on res judicata is now available in China, especially by such an able translation.

One question that every reader would have is whether the book is up to date. The answer is yes, absolutely. The book still states the law accurately. The same is true as to my own views on the law. There are no new legislative or judicial developments to report, just more cases applying the same rules. I have continued to work in the area, but my subsequent work is by way of elaboration. For example, I have written a new article on America's unique rule providing that the last-in-time of inconsistent judgments is the one that has res judicata effects, but there my effort was to work out the details of the rule in the international setting.[1]

We have a saying, "Law must be stable and yet it cannot stand still." [2]The American law on res judicata is so stable that its stability may require explanation. Perhaps that explanation lies in another of my recent articles.[3]The idea would be that the United States is fully committed to the expansive end of the range of res judicata doctrine available to the world's judicial systems. Consequently, no further movement, at least in the short term, can be expected. What I mean comes through the article's abstract:

> From historical, jurisprudential, and comparative perspectives, this Article tries to synthesize res judicata while integrating it with the rest of law. From near their beginnings, all systems of justice have delivered a core of res judicata

---

1 Kevin M. Clermont, Limiting the Last-in-Time Rule for Judgments, 36 Rev. Litig. 1 (2017). This rule is treated in Chapter 5-B-2-b of this book.

2 Roscoe Pound, Interpretations of Legal History 1 (1923).

3 Kevin M. Clermont, Res Judicata as Requisite for Justice, 68 Rutgers U. L. Rev. 1067 (2016), which is translated into Chinese at 23 Tsinghua F. Rule L. 19 (2016).

comprising the substance of bar and defense preclusion. This core is universal not because it represents a universal value, but rather because it responds to a universal institutional need. Any justice system must have adjudicators; to be effective, their judgments must mean something with bindingness; and the minimal bindingness is that, except in specified circumstances, the disgruntled cannot undo a judgment in an effort to change the outcome.

By some formulation of rules and exceptions, each justice system must and does deliver this core of res judicata. Fundamental fairness imposes some distant outer limit on res judicata, too. In between those minimal and maximal limits, context–specific policy will decide how far res judicata will go in any particular country, with huge implications for its legal system. At one extreme the United States loves preclusion, and so it goes well beyond the bare minimum. Thus far, China sticks close to the core. Perhaps for both of these prime examples, the optimum lies closer to the middle.

Let me explain. The reader might come at res judicata with the view that it is another one of those procedural excesses that seemingly overrun the United States. It is not. Rather than exemplifying American exceptionalism, res judicata is omnipresent around the world.[4]

Res judicata law answers the unavoidable question of what impact a previously rendered adjudication has in subsequent disputes, a question of both practical and systemic importance. In particular, in what circumstances and to what extent should courts give preclusive effects to a judgment, in respect of its being the judicial branch's end-product?

A simple but elusive insight is that res judicata is nothing more and nothing less than the body of law that defines "judgment." Res judicata proves critical in interpreting the judgment's scope. A judgment is more than a concrete embodiment of what an adjudicator has decided. By necessity, a judgment decides certain things and does not decide other things. Res judicata performs its job of delineating the real content of a judgment not only by marking what the judgment decided and what it did not decide, but also by specifying the binding effects and noneffects of the adjudication. It dictates whether decided matters are immune to

4 See infra Chapter 1-A.

reopening, as well as dictating which actually undecided matters nevertheless fall within the bounds of a judgment and so receive treatment as if decided and which matters lie outside the boundaries of the judgment. Therefore, res judicata serves to fix the boundaries of the definitive judgment—even if, to the uninitiated, res judicata appears to be only an obscure jumble of rules.

There thus must be some res judicata. But how much? Between minimal and maximal limits, the extent of res judicata is a matter of cost-benefit policy. Legal systems must accept the impulse of res judicata's mandatory core content, and then they may formulate additional res judicata law that does not violate fundamental fairness.

This arena of policy is where the lawmakers fight over and hammer out the res judicata law. It is, in a sense, where all the action is. At that stage, the law gets uglier, but in different ways in different systems. Res judicata has been a surprisingly uncertain and contentious area of law. Most significantly, systems may differ in how far the bindingness of res judicata should reach, as each legal system pursues its more refined notions of justice.[5]

How do the conflicting policies balance out? With the march of time, and across many different countries, the grand trend in the development of res judicata has been to expand the theoretical applicability of the finality principle. That is, many countries have yielded to the call of policy to grow res judicata at least a little beyond its mandatory core.

1. Minimal Res Judicata. All systems of justice deploy a core of res judicata that forbids routinely undoing the judgment itself, and have done so over the centuries pursuant to a jurisprudence that transcends all borders. Based on observation of comparative laws and based on theory of adjudication, the essential core of res judicata is nonoptional. Still, I am not arguing for a universal value that demands a minimal amount of content in res judicata law, but rather for a universal institutional need for a minimal amount.

As any country strives toward establishing the rule of law, it will encounter controversy regarding the topic of res judicata. But the question it faces is not whether it should adopt res judicata; the contentious question is how far it should go with the idea. In any event, all systems of justice adopt the core, which consists of bar and defense preclusion.

a. Bar. Thus emerges the intuitive principle of claim preclusion that a losing plaintiff

---

5 See infra Chapter 3.

cannot sue again in the hope of winning this time. If the judgment in the initial action was in the defendant's favor, the plaintiff's claim is barred by the judgment. A valid and final judgment bars the claim and any further suit on it, both as to elements that were asserted in the first suit and those that might have been.[6]

b. Defense Preclusion. Just as unarguable, although perhaps not as obvious, is that a valid and final judgment must preclude a losing defendant from later asserting mere defenses to the claim. Defense preclusion's barrier to undoing judgments may seem to occupy some arcane corner of the specialty of res judicata. But it in fact is critical to any justice system. Most frequently, courts and parties apply it intuitively. Although it is intuitive, it is still deeply important. Indeed, its intuitive application proves its criticality.

Also, any judgment must somehow cut off defenses asserted offensively. Therefore, an implication of this idea is that once a plaintiff obtains a judgment, the defendant generally cannot bring a new action to undo the judgment by reopening the plaintiff's claim and pushing those defenses (whether or not a written compulsory counterclaim provision applies in the circumstances). The rule's reach is suggested by consideration of its genesis: the defendant cannot later pursue an action that is essentially a way to defend anew against an already adjudicated claim. It applies whether or not the prior judgment is by default; indeed, it is this rule that makes default judgments mean something.[7]

2. Maximal Res Judicata. Everywhere the doctrine of res judicata is a restrained one. Almost nowhere does the doctrine extend so far as to raise concerns of basic fairness. Nowhere does the doctrine spin off to dictate that any judicial decision is binding for all time on all people.

As I said, res judicata is the doctrine that defines a judgment, which is the output of the judicial branch. By the nature of the judicial branch, a judgment decides certain things and does not decide a lot of other things. Unlike the legislature or the executive, which can act on all citizens, the court acts against only the parties before it and a very limited set of others. The loose demands of due process explain how legislators and administrators can bind people and their property, even though those people have received representation only in the loosest

6 See infra Chapter 6-A-2-b.

7 See infra Chapter 6-C-2-b.

sense. But strangers to the judicial proceeding (that is, those neither parties nor privies) are allowed their separate day in court. This feature of self-restraint flows from res judicata law, not from due process. This feature indeed gives the judicial branch its distinctive nature. Res judicata thus encapsulates the essence of the judicial branch: individualized decision with limited future effects, albeit with finality as to those effects.

3. *United States.* The important point here is that those maximal limits are very distant ones. Even in the United States, res judicata law stays well within them. This book will map the American law.

Nevertheless, the United States has introduced at least a note of exceptionalism with its expansiveness, going well beyond the core toward full claim preclusion and issue preclusion. I believe that in certain ways the U.S. res judicata law has gone too far, in violation of good policy.[8]

4. *China.* The Chinese procedural system resembles the civil-law model, with socialist touches and Chinese characteristics. China has four levels of courts, whose judges sit in collegial panels. Appeal is a de novo trial, but lies only to the one level just above where the case originated.

I can begin consideration of Chinese res judicata law by ticking off the three incidental characteristics of a country's law that are critical to the subject: (i) when a decision becomes final enough to generate preclusion, (ii) whether a judge will raise res judicata or the parties must, and (iii) whether preclusion is inapplicable to certain procedural or preliminary issues.

First, a final judgment is a prerequisite for the Chinese preclusion rule to apply, just as is the validity of the judgment. That is, a judgment must be final, or "legally effective" as the Chinese phrase it, to have res judicata effects. China takes the approach common in the civil law that a judgment does not become final until it is no longer subject to appeal.[9]

Second, Chinese res judicata law is self-executing. Like an inquisitorial civil-law judge,

---

8 See infra Chapter 8-b-2-c (nonmutual claim preclusion).

9 See Organic Law of the People's Courts of the People's Republic of China (promulgated by the Standing Comm. Nat'l People's Cong., July 5, 1979, effective Jan. 1, 1980) art. 12. The foregoing provisions have been deleted in the Organic Law of the People's Courts of the People's Republic of China (revised in 2018), but there are still similar provisions in the department law. See Civil Procedure Law of the People's Republic of China (revised in 2017) art.10, 124(5), 155 and 175.

Chinese judges should raise preclusion sua sponte.

Third, Chinese law, like the U.S. law, does not treat specially certain kinds of issues or draw the fine distinctions that bedevil the typical civil-law res judicata law. But unlike the U.S. law, Chinese res judicata law's smoothness is likely owing to its undeveloped state. Moreover, the Chinese courts share the civil-law trait of looking to the legislature for the general framework of the doctrine. They have not gone far in elaborating the doctrine.

a. Robust Relief from Judgment. At first glance, China downplays the role of res judicata by expanding relief from judgment.

The main avenue to downplaying finality in this way runs through its so-called trial supervision procedure.[10] This avenue allows what seems to be almost a perpetual inquiry into validity. In the rest of the world the principle of finality trumps the desire to get every case decided correctly, but the Chinese would rather say "truth is truth" than "enough is enough."

Before concluding that China's trial supervision scheme completely undercuts res judicata, however, one should note that all countries have a scheme for relief from judgment, and some are quite liberal. Moreover, granted relief from judgment under China's trial supervision scheme is actually uncommon.[11] Thus, its scheme is not as extreme as it first appears. "It is argued that the purpose of the trial supervision regime is not to defeat the finality and binding effect of a judgment, but to provide a judicial remedy in exceptional circumstances in which the decision is intolerably wrong." [12]

So far this summary of China's procedure has said nothing of the extra-judicial petitioning processes that the Communists instituted beginning in the 1950s. Most important is the

---

10 See Civil Procedure Law of the People's Republic of China (revised in 2017) arts.198–213.

11 Furthermore, lawmakers have trended over recent years consistently to restrict retrials and increasingly to respect the finality of judgments. For instance, the Supreme People's Court is clamping down on repetitive petitions by the parties. See Supreme People's Court Interpretation on the Application of the "Civil Procedure Law of the People's Republic of China" (promulgated by the Sup. People's Ct., Jan. 30, 2015) art. 383. At present the retrial petitioner can only apply to the people's court first, and only once.

12 Lu Song, The EOS Engineering Corporation Case and the *Nemo Debet Bis Vexari Pro Una et Eadem Causa* Principle in China, 7 Chinese J. Int'l L. 143, 154–55 (2008) ("Accordingly, the trial supervision regime, which reflects Chinese public policy, does not frustrate the finality and conclusiveness of judgments in civil litigation in a legal sense. One may say that this system strikes a delicate balance between the finality and conclusiveness of a judgment and the demand of fundamental justice in any dispute adjudication.").

heavily used *Xinfang* (letters and visits), an administrative review by which one can more or less endlessly petition designated governmental bureaus to push for relief from judgment. This *Xinfang* system, aimed at ensuring social stability, puts considerable outside pressure on judges to revise judgments, either through the trial supervision procedure or by other means. The result may be judgments revised to correct mere error or changed even in the absence of error.

It is thus hard to deny that China appears more interested in getting things resolved in a certain way than in putting an end to litigation. To understand its pursuit of that interest, one must consider the broader Chinese context. Possible explanations for its robust scheme for relief from judgment abound. Still, whether its origins are fully understood or not, the extent of relief from judgment in general is relevant to the task at hand: laying out the Chinese law of res judicata. Recall that the easier it is to get relief from judgment, the less bite the rules of preclusion will have.

b. Bare Preclusion. The Chinese Civil Procedure Law does not use any linguistic counterpart in Chinese of "res judicata." That said, in the list of cases that courts must not accept, article 124 (5) provides:

> For cases in which a judgment, a ruling, or a mediation decision has become legally effective, if either party files another suit, the court shall advise that party to apply for a retrial instead. This, however, does not include a prior ruling in which the court allowed withdrawal of suit.

So if a party tries to file a case that has already been decided, the second court will refuse to accept the case and tell the party that it may file a petition to reopen the case under the trial supervision procedure. Giving advice to parties is not at all unusual, as Chinese courts follow the civil-law elucidation principle whereby the court will undertake to keep the parties on the right track. Indeed, the first court may very well have advised the parties in the prior litigation not to omit any part of their claim or defense.

Putting legislation, case, [13] judicial interpretation, [14] and policy together, it appears that

---

13 EOS Eng'g Corp. v. Xinjiang Elec. Prod. Co., 10 Sup. People's Ct. Gaz. 21 (Sup. People's Ct. 2004) .

14 Supreme People's Court Interpretation on the Application of the "Civil Procedure Law of the People's Republic of China" (promulgated by the Sup. People's Ct., Jan. 30, 2015) art. 247.

China has an extent of preclusion similar to that of the civil law. The country adheres in both legal theory and actual practice to the principle of "one matter is not to be tried twice" — even if everyone acknowledges that nowhere in Chinese legislation can one find the elements or scope of this no-double-adjudication principle.

First, as to formulation, China uses bar and defense preclusion, precluding claims and defenses arising from the same dispute. China thus delivers the minimal core of res judicata law. Second, as to the doctrine of merger that precludes successful plaintiffs from suing again to improve their position, the legislation's wording implies that China might prohibit the winning plaintiff from suing again. However, a few civil-law countries such as Germany have not fully embraced merger despite having a similar code provision, because they read the code as more for blocking losers than winners. Third, China does not employ issue preclusion. But, in the civil-law style, China does allow the evidential use of prior judgments.[15]

The lawmakers have not worked out the details of this Chinese res judicata. Also, both the reach of privity and the application of exceptions, such as the statutory off-the-merits exception for "a prior ruling in which the court allowed withdrawal of suit," have yet to be worked out.

Nonetheless, China has a solid foundation of res judicata law. Like its Asian neighbors, it has delivered the minimal core of res judicata by the more straightforward and comprehensible route of claim preclusion rather than issue preclusion. With that formulation, China seems to extend preclusion for valid and final judgments as far as civil-law countries like Germany.

c. Room for Growth. Still, if one considers relief from judgment in conjunction with preclusion rules, China has a less extensive res judicata law than Germany and the other civil-law countries. This overview of Chinese res judicata might prompt the concern that China has too little res judicata as a matter of justice. Res judicata is, after all, a necessary component of every system of justice.

If China were to grow its res judicata, the preceding two subsections mark two paths along which growth might occur: narrowing the grounds for relief from judgment and broadening preclusion flowing from both the claim preclusion it has and the issue preclusion it

---

15 See id. art. 93 (5); Some Provisions of the Supreme People's Court on Evidence in Civil Procedures (revised in 2019) art. 10 (6).

does not have.

First, even though China's loose restrictions on challenging a judgment's validity by seeking relief from judgment may be inherent to the Chinese procedural outlook, it is this aspect of res judicata that attracts the most criticism in commentary. As a reform, one might consider restricting the trial supervision system. Some argue that the door is so open to challenges that any pretense of finality is compromised. Others counterargue that the mere existence of a retrial system to correct error does not frustrate finality. Debate centers on whether the current retrial system has struck the optimal balance. Others have suggested moving retrials more exclusively to higher courts. More obviously, China should clarify the meaning of the terms used in describing the grounds for relief.[16]

I would add to the debate whether Chinese relief from judgment is so extensive as to defeat the essential core of bar and defense preclusion. This consideration alone should perhaps push China to restrict its scheme for retrial. If the list of grounds for relief from judgment were pruned, then China's res judicata would look much like the rest of the legal world's. Of course, this prescription rests on an assumption that China wants to move its law toward the rest of the legal world's.

My own view is that the list of grounds should be both legislatively shortened and judicially interpreted in a restrictive way. My premise is that relief from judgment should provide a corrective only for fundamental flaws, not for mere errors. This line between fundamental flaw and mere error needs to be drawn to avoid defeating the core of bar and defense preclusion. In the Chinese trial supervision procedure, its allowing correction of the prior judgment for mere errors of fact or law seems to cross that line. Of course, suggestions for reform coming from outside, especially for a legal system as complex as China's, should be taken lightly.

Second, as to broadening preclusion, one can argue that Chinese law has inadequately formalized res judicata, fixed its reach, and eliminated its ambiguities. Optimization would require unearthing and theorizing the subject of res judicata. Lawmakers have to perceive the law before they can improve it. Progress would come from the Chinese Civil Procedure Law being made more explicit or the Supreme People's Court issuing another judicial

16 See Civil Procedure Law of the People's Republic of China (revised in 2017) art. 200.

interpretation.

Further, policy could argue for more than bare claim preclusion in China, much as it has in many other countries. Comparative study suggests that the optimum of res judicata law in any particular country lies at least somewhat above the minimal core, and that over time the developed legal systems tend to expand their res judicata law. But they do so as a matter of balancing their own efficiency, fairness, and substantive policies.

In China, the two main routes to expansion involve broadening the dimensions of a "claim" for claim-preclusive doctrine and adding to claim preclusion a separate body of issue-preclusive law. As to the first, however, the Supreme People's Court in 2015 refused to broaden the dimensions of claim.[17] As to the second, China now feels, probably correctly given how the Chinese court system works, that it does not need issue preclusion. Someday China might feel differently, so that it would then elaborate and expand its res judicata law. Currently there seems to be no need for China to broaden claim preclusion or adopt issue preclusion and, in any event, no likelihood of movement in those directions.

* * *

By way of conclusion, looking at res judicata over history and across borders, one sees that all systems of justice deliver a core comprising the substance of bar and defense preclusion. A legal system must have adjudicators, and an effective adjudicator must have its judgments mean something with bindingness. The minimal bindingness is that, except in certain circumstances, the disgruntled cannot undo the judgment in an effort to change the outcome. Hence the core of bar and defense preclusion.

By some formulation, each justice system must deliver the core. Context-specific policy will decide how much farther res judicata will go in any particular country, as shown in the following diagram. The United States loves preclusion, and by indulging in nonmutual preclusion it goes to an extreme well beyond the bare minimum. Thus far, China sticks to the core, even endangering it by indulging attacks on prior judgments' validity. Where each of the two countries' law of res judicata will end up in the very long term depends on local context, which makes it safe to say that they will not and should not end up in the same spot.

---

17 See Supreme People's Court Interpretation on the Application of the "Civil Procedure Law of the People's Republic of China" (promulgated by the Sup. People's Ct., Jan. 30, 2015) art. 247.

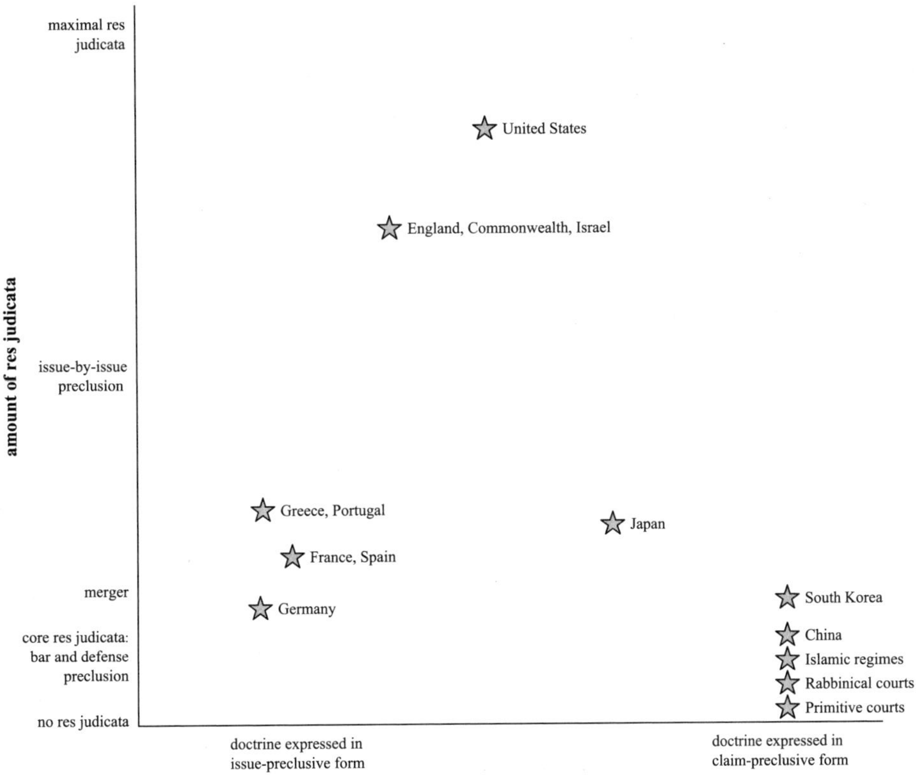

Kevin M. Clermont

译者序

译者在美国圣路易斯华盛顿大学做访问学者期间，看到《既判力：理论、原理与实践指南》这本从理论、原理与实践三个视角专门研究既判力的巨著时，不禁对其产生了浓厚兴趣，甚至有一种敬畏之情，从而产生了翻译的热情和冲动。然而，由于中国法律系统、文化与美国的法律系统、文化存在差异以及法律英语的特性，翻译过程中的艰辛使译者真实体会到法律英语翻译要实现“信达雅”三全其美何其难。特别是与翻译外国民事诉讼法教材、判例或者趣味性读物不同，翻译外国民事诉讼基础理论著作势必增加了法律英语翻译的难度，不仅花费精力，而且影响译者的论文产出。这似乎是不识时务之人所做的一件得不偿失之事。但译者认为，西方国家的法治经历了漫长的演化和发展过程，其中的成功经验和曲折教训具有可资学习和借鉴的合理性。因此，翻译外国民事诉讼基础理论学术著作对深化中国民事诉讼理论研究和制度建设具有不可替代的作用。

21 世纪的中国民事诉讼法学研究，正从对诉讼程序制度的“宽泛式”研究范式过渡到着重对其中某些重要的具体程序和制度进行“精细化”的研究阶段。然而，在比较民事诉讼法学研究方面，除了汇编和翻译了一些美国民事诉讼法教材和笼统性制度外，专门翻译美国民事诉讼中一些重要的、专题性的具体程序和制度的译著却凤毛麟角。散见于美国民事诉讼法教材、美国民事诉讼整体制度译著以及美国民事诉讼制度专著中只是少量地、局部地涉及一些重要理论、制度以及程序，即使在这些有限介绍中所披露的信息是准确的，但因其缺乏系统性和全面性，对美国民事诉讼中某些重要理论研判、制度建构的真谛和运作的内在机理只能是窥豹一斑。因此，为了弥补对外国民事诉讼法中一些重要理论、具体制度以及具体程序特别是英美学者有关诉讼法理论的原著缺乏完整、系统的翻译的不足，有必要有针对性地对民事诉讼整体设计和运作产生重要影响的、具有重要理论价值的一些基本理论、具体制度以及程序进行集中翻译。

旨在解决有管辖权法院作出的终局裁决对后诉的影响以及如何避免重复争讼等问题的既判力，被誉为欧美民事诉讼制度的基石，[1]更是大陆法系民事诉讼法学的基本理论范畴。[2]在我国诉讼法学界，既判力成果颇丰，但非常遗憾的是这些研究大多集中于既判力基本概念、制度基础和基本内容的介绍，且重复研究较多，缺乏深入和细致，对既判力研究似乎正处于一种贫困化状态。应该说，这与学界对英美法系国家和德国、法国等大陆法系国家既判力原著的翻译严重不足不无关系。因此，翻译西方有关既判力的理论及其制度原著，在一定程度上正是走出既判力循环研究状态的一种尝试。当然，更重要的理由是：我国正步入司法改革的深水区，对既判力相关制度改革未来走势的讨论存在诸多不同观点，有些学者主张借鉴大陆法系国家既判力理论及其相关制度。其主要理由是：与英美法系相比较，大陆法系主要国家和地区的诉讼制度与中国具有更高的相似性，其既判力也因此具有更大的借鉴意义。[3]有些学者则认为：我国现有的既判力制度与美国的争点排除规则具有功能上的互补性和效力上的兼容性，应仿效英美法系国家赋予前诉争点不可争议的法律效力，[4]而对请求排除规则内容，也推崇有必要以美国法为参照制定符合我国国情的请求排除规则。[5]这些观点对我国现行既判力制度的讨论无疑很有道理。但是，译者认为，我国既判力改革的未来走向问题，不论是借鉴大陆法系既判力理论及其制度，还是借鉴英

1　如有些美国法律学者所说的，“我们的法律制度没有既判力就不能存在”。参见罗伯特·C.卡萨德、凯文·M.克莱蒙特（Robert C. Casad，Kevin M. Clermont）：《既判力：理论、原理与实践指南》（RES JUDICATA：A HANDBOOK ON ITS THEORY，DOCTRINE，AND PRACTICE）（2001年版），第5页。

2　“如果说诉权理论是关于诉讼出发点的理论，那么既判力理论则是诉讼终结点的理论。”［日］兼子一、竹下守夫：《民事诉讼法》，白绿铉译，法律出版社1995年版，第156页。

3　施鹏鹏：《刑事既判力理论及其中国化》，载《法学研究》2014年第1期，第169页。就争点排除规则而言，也有学者主张“英美法系国家争点效力理论在我国缺乏必要的制度基础，而大陆法系国家对待争点效力的证据法视角则更适合我国的现实情况”。参见纪格非：《“争点”法律效力的西方样本与中国路径》，载《中国法学》2013年第3期，第117—118页。

4　具体论述参见胡军辉：《论美国既判力援引程序及其借鉴》，载《政治与法律》2014年第10期，第151页；胡军辉、刘佳美：《我国民事诉讼法设立争点排除规则的思考——以美国法为参照》，载《求索》2013年第6期，第207页；邵明：《论法院民事预决事实的效力及其采用规则》，载《人民司法》2009年第15期；常廷彬：《预决事实若干问题研究》，载《河北法学》2008年第5期。

5　胡军辉：《美国民事请求排除规则及其借鉴》，载《政治与法律》2013年第9期，第138页。

美法系既判力理论及其制度，其前提是必须对大陆法系既判力理论及其相关制度和英美法系既判力理论及其相关制度有一个系统、全面和深入的了解。国外既判力理论中既有普遍性原则和制度，也有特殊性原理和规则。我们应当尊重既判力的一般理论和基本要求，但这些一般理论和基本要求需要有与此相适应的政治、经济、文化等社会背景。更重要的是，如果对多样化和复杂化的既判力缺乏了解，我们就不可能总结、抽象出既判力的一般性理论，有可能看到的仅仅是盲人摸象。

在对英美法系既判力理论及其相关制度的原始资料掌握不够充分甚至付之阙如的情况下，不论是理论研究还是法律移植，不仅不能指导实践，甚至会在借鉴该制度时产生误解，最终导致立法或司法解释的异化以及司法实践混乱。比较典型的事例是：最高人民法院 2001 年公布的《关于确定民事侵权精神损害赔偿责任若干问题的解释》（法释〔2001〕7 号）第 6 条规定："当事人在侵权诉讼中没有提出赔偿精神损害的诉讼请求，诉讼终结后又基于同一侵权事实另行起诉请求赔偿精神损害的，人民法院不予受理。"该条规定虽未使用既判力一词，但其实质上涉及的是既判力客观范围问题，也即在前诉法院对当事人提起的物质损害赔偿请求作出的生效判决，对后诉当事人提起的因同一损害事实所导致的精神赔偿请求具有既判力。"该规定也表明最高人民法院不认同同一诉讼标的的诉讼请求可以任意拆分。"[6] 译者认为：该条规定超越了既判力效力范围狭窄的大陆法系模式，无疑是受英美法系国家既判力理论影响的结果。但令人费解的是，在前后两个虽然系同一当事人、同一法律事实但并非同一诉讼请求的诉讼中，即便是实行既判力范围宽泛模式的美国，其请求排除规则也只是排除先前诉讼中应当提出而未提出的请求事项。[7] 实践中，原告在前诉中未提起精神损害赔偿是因为条件未成就，即治疗未终结、伤残等级未能确定等，如果法院据此不予受理，则原告将被置于孤立无援的境地，其合法权益就得不到应有的司法保护。很显然，从既判力制度的功能设计上分析，此条有关既判力客观范围的规定太宽泛。这也与我国民事诉讼追求实质真实的整体制度的立法目的相去甚远。因此，当务之急应该是对大陆

---

6 张卫平：《既判力相对性原则、根据、例外与制度化》，载《法学研究》2015 年第 1 期，第 71 页。

7 该条规定类似于美国民事请求排除规则所要求的"在先前诉讼中应当提出的请求事项而未提出的，在后续诉讼中也会受到排除"。参见艾伦诉麦柯利案（*Allen v. McCurry*），《合众国案例汇编》第 449 期，自第 90、94 页开始（1980 年）。

法系和英美法系有关既判力理论原著进行翻译以弥补对既判力理论及其制度缺乏完整、系统的介绍和对原著翻译严重不足的现状。

卡罗莱纳州学术出版社于 2001 年出版的由罗伯特 · C. 卡萨德和凯文 · M. 克莱蒙特二人所著的《既判力：理论、原理与实践指南》一书是有关既判力理论和实践的重要专著。《既判力理论、原理与实践指南》一书共分为三部分：理论、原理与实践。第一部分介绍了既判力的基础理论，包括既判力的意义、渊源、内容、基本要素以及既判力规则及其例外存在的基本原理和背后的政策等内容。第二部分阐述了既判力的适用准则，包括请求排除规则和争点排除规则及其例外的适用条件和情形以及对非当事人的效力等内容。第三部分研究如何在实践中处理既判力原则，涉及何时提出既判力、提出既判力的方法、援引既判力的当事人如何提出证明、被援引当事人即受既判力攻击的当事人如何防御以及法官如何裁判等内容。

在美国，尽管有关既判力的论文汗牛充栋，但有关既判力的专著并不多，特别是像本书这样将理论、原理与实践三者结合起来论述的专著则更是屈指可数。本书在体例的完整性、内容的逻辑性、条理性以及在适用和引证的准确性上几乎达到完美。因此，该书自 2001 年出版以来，受到美国法律界和学术界的广泛关注和高度评价，已成为在美国法律界和理论界被经常参阅和广泛引用的颇具特色的经典之作。尽管本书是在 2001 年出版的，但本书绝对没有过时。作者凯文教授专门在其序言中对此作了解答，并且在其专门为本译著出版所写序言中首次对中美两国有关既判力问题进行了比较。

既判力是在西欧法律文化传统中形成的一种观念。这种观念经过长期历史过程而分别在大陆法系和英美法系的诉讼制度中被继承下来。该术语源自罗马法，最早可以追溯到罗马法上的"一事不再理"原则。"一事不再理"原则发端于罗马法"actio"（诉权）消耗理论。这种朴素的世界观受到了大陆法系德国普通法的排斥，并以"Rechtskraft"（既判力）这一概念代替了"execeptio rei judicate"（已完结事件的抗辩）。后来，"Rechtskraft"（既判力）这一法律术语得到了 1781 年的奥地利普通法院法、1793 年普鲁士普通法院法等的继承。1877 年德国《民事诉讼法》规定了既判力。之后，关于既判力的立法在大陆法系日益健全和完善。

在英美法系中，与大陆法系既判力（Rechtskraft）一词相近的词语为"res judicata"（既决事项或者既决案件），而"the effect of res judicata"（既决事项的效力）即指既判力。英美法系所称的“the doctrine of res judicata”（既决事项原理）与大陆法系既判力理论的渊源一样，其含义也基本一致。英国的普通法贯彻的就是有关既判力问题，美国除了判例体现既判力外，还在《联邦民事诉讼规则》和《判决重述》中有明确的规定。因此，可以说，既判力为两个同属于西欧法律文化传统的不同法律体系所共有，同时又在各具体诉讼制度中体现为种种保持微妙区别的制度设计。[8]

虽然既判力的基本内涵没有根本区别，但就既判事项的效力范围而言，由于国情、价值追求和立法传统的不同，既判力效力范围也存在差异。与大陆法系模式相比，英美法系模式的既判力，其效力范围最为宽泛，适用程度最高。鉴于既判力既有积极作用，也有消极作用，加上其适用呈现出扩张态势，美国已再次引入了相关特例加以限制。与大陆法系和英美法系不同，中国法律文化渊源中缺失既判力的观念。当今中国面对的问题并非是否应该采纳既判力制度，而是应该在多大程度上适用这一制度。译者认为，当今中国在多大范围和程度上适用既判力需要有相关配套制度以及特定历史条件和社会环境土壤作支撑。可以说，近年来，我国学界更多关注到既判力的积极作用，而对其消极作用没有关注或者关注不够。尽管美国既判力理论及其相关制度并非完美无缺，但作为主流的既判力模式之一，具有可资借鉴的合理因素。

本书的翻译，不仅能使读者对美国既判力的历史和现状有更加深入的了解，而且还能使读者对中国未来既判力理论及其制度的走向有更明确的、成熟的认识，并可以对未来中国既判力制度基本准则的确立具有不可替代的意义和重要的参考价值。

为了保证译著翻译质量和理解作者在书中学术思想的真谛，译者对翻译过程中所遇到的存疑词句，与作者通过邮件进行了沟通和探讨，作者都一一进行了极为详尽的解答，其治学勤勉严谨，令人钦佩。比如，原著第 37 页“Thus，the choice lies between（1）the usual <u>opaque</u> <u>brand</u> of decision-making，whereby the judge lazily takes a stab at the outcome，but thereby unavoidably performs a complex calculation shielded from appellate scrutiny and academic criticism and perhaps even hidden from the judge’s own consciousness ...”，该语句中出现的“brand”一词在

---

8 参见王亚新：《对抗与判定——日本民事诉讼的基本结构》，清华大学出版社 2002 年版，第 343 页。

此是何意呢？是否裁判具有不完全透明的特征呢？凯文·M. 克莱蒙特教授对此的解释是“brand”在此的含义是“类型”“形式”“种类”，并认为虽然裁判并非必须是不透明的，但许多法官的裁判是不透明的，而其他法官的裁判则是透明的。又比如，原著第70页第4段中有“legal-type relief”用语，该用语是什么含义？是否指普通法救济？凯文·M. 克莱蒙特教授确认我的理解是对的，并解释普通法院的补救措施（例如，损害赔偿）与衡平法法院的补救措施（例如，禁令）是不同的。又比如，原著第81页有一句：“If the plaintiff does not amend，the res judicata question is close.”译者最初的翻译是：“如果原告不作出修改，既判力将会得到遵循。”该句中“close”在此是何意？是不是“接近”“临近”的意思？经与凯文·M. 克莱蒙特核实，他的解释是：这里的“close”指的是“有难度和存在争议的”。因此，最后译者将该句翻译为：如果原告不修改起诉状，则适用既判力会有困难并存在争议。其解释的原文是：By “close”，I mean difficult and contestable. As the next sentence indicates，I think the answer is that res judicata will apply. But I concede that there is little authority，and the existing authority is unclear. 还比如，第13章标题以及该章中出现的“Jurisdiction to Determine Jurisdiction”用语，第一个“管辖权”指的是什么？第一个“管辖权”和第二个“管辖权”之间有什么区别？译者的理解是，第一个管辖权是指裁判权，而第二个管辖权则是指司法管辖权，也就是法院对标的物、地区等在法律上具有的权力。因为，此项既判力制度与中国现行既判力理论和制度存在差异，为了避免误译，译者专门就此与作者进行了沟通和探讨，作者确认译者的理解是正确的，并对此作了进一步解释，即法院具有确定它是否有权审理案件的足够权力，而且第一个权力机构有保护其作出审理案件决定的权力。因此，法院能够决定它拥有管辖权，即使法院事实上没有审理案件的管辖权，该裁决也将得到尊重。

尽管如此，有时在将一个句子或者一个词转化为中文时尽管再三斟酌、绞尽脑汁，仍难以准确表达，颇有“只能意会，不能言传”之感，只恨自己才疏学浅，不能将原著原意通过中文“白纸黑字”地显于纸上。翻译完这本罗伯特·C. 卡萨德和凯文·M. 克莱蒙特二位教授所著的《既判力：理论、原理与实践指南》一书是对自己近几年“知其不可为而为之的辛苦劳作”的一种交代和慰藉，译者衷心希望专家、学者和读者对其中的疏忽甚至错误批评指正。

需要提及的是，译著初稿完成后，蒋丽华、庞晓、王群、徐佳豆、刘舒参与了对译著部分章节的中文校对，在此表示感谢。

最后，特别要感谢中国法制出版社的侯鹏编辑，没有他严谨的态度、丰厚的学养以及高度负责、高效率的审稿工作，本书就不可能顺利出版。当然，我必须感谢中国法制出版社原编辑邱小芳女士对本书出版的前期工作所给予的大力支持。

赵泽君 谨识

2020 年 1 月 6 日

目录
Contents

第一部分　理　论 / 1

第一章　既判力引言 / 3

一、意义 / 3

二、渊源 / 5

三、内容 / 7

四、基本要素 / 7

五、术语 / 8

第二章　相关原理 / 12

一、遵循先例 / 12

二、判例法 / 14

三、作为证据的先前裁判 / 15

四、先前赔偿 / 16

五、衡平法上的禁反言 / 16

六、司法上的禁反言 / 16

七、救济方式的选择 / 17

八、其他未决诉讼 / 18

九、双重危险 / 20

第三章　规则与例外背后的政策 / 25

一、既判力规则 / 26

二、既判力的例外 / 30

三、总结 / 31

第四章　规则体系与例外 / 33

一、既判力规则与例外 / 33

二、请求排除与争点排除原理 / 36

第二部分　原　理 / 39

第五章　既判力的先决条件 / 41

一、有效性 / 41

二、终局性 / 41

第六章　请求排除 / 50

一、规则的必要条件 / 50

二、规则的例外 / 71

三、特殊性适用：反诉 / 90

第七章　争点排除 / 96

一、规则的必要条件 / 96

二、规则的例外 / 110

三、特殊性运用：多重裁决 / 122

第八章 对非当事人的作用 / 128
一、利害关系人 / 128
二、案外人 / 142

第九章 非常规性判决 / 165
一、非强制性判决 / 165
二、非对人判决 / 167
三、非民事判决 / 178
四、非司法程序 / 182

第十章 非域内判决 / 185
一、总则 / 185
二、美国法院的判决 / 186
三、外国的判决 / 200

第三部分 实 践 / 209

第十一章 既判力的援引 / 211
一、提出 / 211
二、证明 / 216

第十二章 既判力的阻却 / 220
一、攻击的方法 / 220
二、攻击的理由 / 222
三、对攻击方法和理由的处理 / 227

第十三章　确定管辖权的裁判权 / 233
一、子原则的地位 / 235
二、子原则的内容 / 235
三、确定没有管辖权的裁判权 / 240
四、有效性和终局性的结论 / 240

判例表 / 242
索　引 / 251

第一部分

理　论

“The defense of res judicata is universally respected，but actually not very well liked.”

“虽然既判力抗辩会受到普遍尊重，但其实不是非常受人喜欢。”

赖尔丹 v. 弗格森案（*Riordan v. Ferguson*），
《联邦案例汇编第 2 辑》第 14 期，自第 983、988 页
（第二巡回法院 1945 年）
（克拉可大法官持反对意见）

第一章　既判力引言

不论人们喜欢与否，既判力肯定被误解了。绝大多数人将既判力视为一堆 3
晦涩难解的技术性、专断性规则，这些规则不仅阻碍人们行使诉诸法院的权利，而且经常牺牲短期正义而追求靠不住的长期正义。绝大多数人还认为既判力仅适用于当事人判断失策之时。这两种观点都没有事实根据。

本书会直接把以上误解和其他误解列举出来。本书开头就直接叙述此书的焦点，即先前裁判（a previously rendered adjudication）在以后民事诉讼过程中的影响。在民事诉讼先前裁判范畴内，目前最重要的主题是既判力。因此，本书将详细探讨既判力这一重要原则。在第二章中，本书首先简要地对出现在焦点周遭的与既判力有关的原则给予必要的关注，然后对出现在焦点之外的其他有关原则进行概述。下一章也会叙述既判力自身向焦点之外的延伸问题，例如，某一判决在其后刑事诉讼中的效力。这些早期的迂回叙述将说明该书之后的重点是既判力在民事诉讼中的适用。

一、意义

既判力是法学院民事诉讼程序基本课程中重要的和关键的论题。在实际层面，既判力确立了任何裁判对所有后诉所具有的效力。虽然法院倾向于主要是在当事人不知何故误入歧途并由此陷入了重复诉讼泥潭时讨论既判力，但其具
有更广泛的实用性。虽然既判力似乎是一堆杂乱的规则，但其实际上也具有界 4
定先前裁判范围这一简单却意义深远的使命。最好记住：既判力字面上的含义是已被裁决过的事物或事项。

详言之，判决是法院已经裁判的具体表现。既判力的任务是描述判决的内容。既判力不仅决定已决事项是否应该重新争讼，也决定那些实际上的未决事项是否受判决的约束并因此像已决事项一样对待。它固定了判决的界限，因此，解释判决至关重要，并且它适用于每个已决判决。

- 像既判力法则描述的那样，因为判决是绝大多数裁判程序的主要目的，

因此，受过既判力训练的有知识的慧眼，对当事人在判决前后程序的执行影响很大。从最初起诉到案件和解或者用其他方式结束案件，再到通过二次诉讼攻击判决，当事人必须牢记既判力。

- 在更深层面上，既判力作用更大。它对司法活动（judicial operation），即司法部门的有序运作很有必要。如果争议方能合理地重启已决纠纷，则诉讼不仅不会有结束，而且不会有任何权威的开始。终局性不仅是一项有效的政策，也是司法机构存在的必要条件。
- 既判力是规定某一判决裁决了什么和未裁决什么的法则，或者换句话说是通过设置政府司法部门产出界限的方法而支持权力分立（separation of powers）的法则。该法则限制将司法裁决适用于非当事人，并把法律变革的溯及力限制于已决事项。因为认定一份裁决的既判力不同于立法和行政，因此，该原则在理解政府体制中极其重要。
- 此外，既判力至少隐含着对先前裁判的尊重，这种尊重甚至跨越了联邦制度（federalism）所连接的司法制度。如果没有这种尊重，权利更大的法院会不可避免地无视竞争者的存在。如果争议方在上级法院重启诉争，他们就会跳过下级法院。英国皇室法院优于地方法院，部分原因是其愿意允许重启诉讼。相反，美国州法院和联邦法院的持久繁荣发展是因为
5 有健康的既判力原则。
- 在国际法（international law）层面，既判力可能并非绝对必要。因为每个国家都有自主运作的区域，因此丛林法则能起作用。但是，特别是今天，随着全球化程度不断增强，合理的国际秩序在适用既判力中需要国际法。美国应该尊重法国的判决，反之亦然。

考虑到既判力在诉讼程序、司法运作、权力分立、联邦制度以及国际法中都发挥着至关重要的作用，其自然而然成了一个难题。此外，像任何政策一样，它不但有利益也有成本。就显而易见的成本而言，人们容易理解基于诉讼成本昂贵而考虑是否重新诉讼，且有些原则的适用似乎极其不公正。在大多数情况下，悲观的学生和既判力牺牲者，在认识到其难度和痛惜其成本之后会问：如果没有既判力我们是否会更好。然而，人们必须承认这个问题本身很荒谬。没有既判力，我们的法律制度不可能存在。当然，该制度可缩减既判力的一些扩张和一些细节。但是，界定裁判使命的既判力这一本质是没有选择的。

二、渊源

既判力是传统的普通法原则（common-law doctrine）。首先，为了回应切身
需求，每种法律制度都已经产生了既判力法则体系。“既判力原理是一种构成所
有文明国家法律制度组成部分的普遍性的法学原则。”[1] 但每一种司法权产生了其
独具特色的法律体系，如同每个州、联邦制度和其他国家独立完成的那样。与
众不同的是，美国既判力比其他国家要昂贵得多。其次，美国既判力几乎完全
是法官制造的法则体系（judge-made body of law）。法院通过制定、修订和把某一
原理细化的方式，回应它们认为最迫切的需求。宪法、法律以及规则制定确实
可推翻司法原则。本书将会讨论，美国宪法对既判力原则的影响虽然有限但很
实际。在许多司法区内，制定法涉及该主题的一小部分内容；实际上，路易斯安 6
那州按照大陆法系传统使用大量的一般术语，就该主题编纂了法典。[2] 可是，绝
大多数法院规则回避了与该主题有关的绝大多数内容。通常的观念是成功地编
纂法典太复杂。最后，既判力是由策略驱动的。尽管既判力是策略或政策推动
的结果，但它所包含的原则或标准与固定规则和例外一样多。因此，既判力一
直是一个出人意料的极具争论性与不确定性的法律领域。

我们认为英美既判力的根源可以追溯到很久远。[3] 其他一些评论者在日耳曼、罗马以及其他的古代制度中找到了其根源。但事实上，这些观点属于类推而不是真正找到了其根源。每种法律制度似乎都制定了自己的既判力法则，通常是为了满足自身终局性需求而独立地发挥作用并经常在某一独特之处终结。无论如何，在 13 世纪，布莱克顿（Bracton）承认英国案例中存在既判力原则。从那时候开始，我们的法律已经在发展了。在随后的世纪中，法院修改和细化了该原则。虽然为了适应既判力背后的政策变化，有些重要的原理无疑发生了变化，但其发展一直很稳定。

美国既判力的现代处理方式，最终出现在《判决重述（第二次）》[*Restatement* (*Second*) *of Judgments*]（1982）中。就其直接渊源而言，《判决重述》借鉴了诸如

1　A. C. 弗里曼（A. C.Freeman）:《裁判法专论》（*A Treatise of the Law of Judgments*）第 2 卷，第 627、1321 页，1925 年第 5 版。

2　《路易斯安那州修订制定法年鉴》（*La. Rev. Stat. Ann.*）第 13 条，第 4231—4232 项（西方出版社 1991 年版）。

3　参见艾伦 · D. 维斯塔（Allan D. Vestal）:《既判力 / 排除》，第 17—42 页（1969 年）。

艾伦·D. 维斯塔（Allan D. Vestal）所撰写的《既判力 / 排除》（1969 年）和发表在 1952 年《哈佛大学法律评论》第 65 卷第 818 页的“法律的发展——既判力”的重要成果。当然，《判决重述（第二次）》绝大多数内容是以重要的《判决重述（第一次）》（1942 年）为基础的。后者依次借鉴了亨利·坎贝尔·布莱克（Henry Campell Black）在该领域的经典作品《裁判法专论》（1942 年第 2 版）（两卷）和A. C. 弗里曼（A. C.Freeman）撰写的《裁判法专论》（1925年第5版）（三卷）。

美国法学会的判决重述和国家法院之间相互影响。《判决重述（第二次）》试图传达和完善联邦法院和进行革新的州法院最近所作的工作。如今，那些法院倾向于遵循《判决重述（第二次）》以进一步发展既判力原则。因此，人们已经能够认知并接受条理分明的现代既判力法则。事实上，在某一时刻，伦奎斯特（Rehnquist）大法官认为其有责任提醒其他大法官《判决重述》对最高法院
7 没有约束力。[4] 即使不受约束，《判决重述（第二次）》仍值得仔细研究，因为它设法将许多规则带到该领域，也因为其已经对法院产生了影响。正如我们会随处争论那样，它虽不完善，但它毫无争议是一部有最高价值的作品。

作为《判决重述（第二次）》与这些法院相互影响的结果，美国现已将绝大多数既判力法则半法典化，虽不正式但很统一。有些重大问题已经解决。当然，该法则的某些局部和细节仍然没有解决。两部篇幅浩瀚的民事诉讼程序著作在特定卷册中对现代既判力法则的整体做了最佳评注：一部是查尔斯·艾伦·赖特（Charles Alan Wright）、亚瑟·R. 米勒（Arthur R. Miller）和爱德华·H. 库珀（Edward H. Cooper）三人合著的《联邦诉讼实践与程序》（*Federal Practice and Procedure*）第 18 卷（1981 年和 1999 年补充材料），该书在诸多方面非常杰出；另一部是苏珊·班兹（Susan Bandes）和劳伦斯·B. 索伦（Lawrence B. Solum）合著的《摩尔论联邦诉讼实践》（*Moore's Federal Practice*）第 18 卷（1999 年第 3 版）。

本书主要强调的是既判力的现代法则。偶尔在适当的地方参考一些相对旧的法则和地方性变化。但是，本书不仅仅是传达该原则，也不仅仅是以讨论实践的形式补充该原则，尤其是在第十一章和第十二章中叙述该原理在现实世界中是如何被执行的，亦即本书不会回避理论问题。事实上，本书特别是下面第

---

4 蒙大拿诉美国（*Montana v. United States*），《合众国案例汇编》第 440 期，自第 147、164 页开始（1979 年）（赞同法院在习惯性理解上的意见，即《判决重述》草案或者最终版本参考的目的并非约束法院遵守由此案事实争点所表达的观点）。

三章和第四章从既判力理论展开论述，因为理论驱使每个有管辖权的法院创设既判力和塑造属于既判力的现实实践。此外，我们相信关注以既判力为基础的基本概念和政策对理解既判力很有帮助，学生通常在结束该主题的学习后才能认识到这一点（如果有这种情况的话），而律师或研究者也极有可能会忽视它。本书以回顾该主题原理及讨论其实践性作为开篇。因此，本书的三大部分相继涉及理论、原理和实践。

三、内容

当事人只能在裁决后援引既判力。此外，援引的场所必须是在最初裁判程序之外和诸如上诉之类的任何直接复查。因此，通常，对既判力的讨论是通过 8
思考两种诉讼情形进行的，假定对第一个诉讼作出了判决，然后宣布该判决对在第一个诉讼之前或之后已开始的未决的第二个诉讼有效力。例如，第二个诉讼的原告可能援引既判力阻止被告在诉讼中对第一个诉讼判决所形成的基础性实体事项进行防御或者可能援引既判力阻止对第一个诉讼中已裁决的特定争点进行重诉。同样，后诉被告可能通过使用判决让某一请求无效或者以排除某一争点的方式援引既判力进行防御。

本书打算从狭义语境的视角开始处理既判力理论、原理以及实践。我们首先只考虑后继效力：（1）当后诉当事人与前诉当事人相同时；（2）属于在民事法院寻求强制性救济诉讼中作出的对人判决；（3）如果后诉法院与前诉法院相同。之后我们会涉及特殊情形，即当我们求助的效力是针对第八章非当事人、第九章非普通类型判决的效力以及第十章非国内判决的效力。最后，在第十三章，我们会涉及一种特殊类型的既判力，即决定管辖权的裁判权，它可以避免前诉判决受到攻击。

四、基本要素

假定我们在狭义的语境内先思考一个案例。第一个诉讼是损害赔偿之诉，法院作出有效的、终局性的对人判决，之后第二个诉讼在相同的民事法庭（the same civil court）、相同的当事人（the same parties）之间展开。

如果原告在第一个诉讼中胜诉，通常其请求权因判决而归于**消灭**（extinguished）或**合并**（merged）。他不能为了获得更有利的判决而基于相同的请求提出第二个诉讼。

如果原告在第一个诉讼中败诉了，通常其请求权因判决而归于消灭或被阻止了（barred）。如果他再次提起第二个诉讼，被告可以既判力为理由使其停止脚步。

当然，例外很多。如果原告根据例外而以相同的请求（the same claim）提起第二个诉讼，那会发生什么？或者在更有可能出现的情形中，即原告和被告基于不同请求而卷入第二个诉讼中，但某一个请求涉及一些争点与第一个诉讼相同时，又会发生什么？这些情形会使第一个诉讼争点所作出裁决在第二个诉讼
9 中产生效力。通常情况下，如果第二个诉讼中的相同争点在第一个诉讼中实际上进行过争讼和裁决且该裁决对第一个诉讼判决是必要的，则任何这样的裁决都是结论性的。例如，在第一个诉讼中，法官裁决原告在事故中存在疏忽，前诉被告可以适用该裁决对抗原告以阻止该争点在前诉被告因自己在事故中受伤而提起的第二个诉讼中再行争讼。

五、术语

官方通过各种方式给既判力规则进行归类和标注。（完整的原则有时被绝对地和不合文法地称作既判力。）事实上，有时既判力（res judicata）术语限于对请求的排除效力（the preclusive effect on claims），因此也就拒绝了对争点的排除效力。不幸的是，这种令人难以理解的术语追随者也包括美国最高法院。[5]

最近，许多权威机构在统一术语方面已经取得了实质性进展。两次《判决重述》把既判力当作让请求权彻底消灭或者当作结论性地裁决特定争点的与判决效力有关的一般术语使用。但是，从《判决重述（第一次）》到《判决重述（第二次）》，美国法学会采纳了新术语，将一般术语分为两个与请求和争点效力有关的子原则："请求排除"（claim preclusion）和"争点排除"（issue preclusion）。这种新术语在近段时间已经获得了认可，这在很大程度上归因于艾伦·维斯塔（Allan Vestal）教授的著作。[6] 如今，最高法院似乎也正倾向同意。[7]

---

5 见，朗乐诉国家银幕服务公司案（*Lawlor v. National Screen Serv. Corp.*），《合众国案例汇编》第349期，自第322、326页开始和注释6（1955年）。苏珊·班兹（Susan Bandes）、劳伦斯·B. 索伦（Lawrence B. Solum）：《摩尔论联邦诉讼实践》第18卷，第131条第10项（1999年第3版）。

6 见，艾伦·D. 维斯塔（Allan D. Vestal）：《既判力 / 排除》（1969年）。

7 见，如贝克诉通用汽车公司案（*Baker v. General Motors Corp.*），《合众国案例汇编》第522期，自第222、233页开始和注释5（1998年）。查尔斯·艾伦·赖特（Charles Alan Wright）、亚瑟·R. 米勒（Arthur R. Miller）、爱德华·H. 库珀（Edward H. Cooper）：《联邦诉讼实践与程序》，第18卷第4402条（1981年和补编1999年）。

为什么使用这些新术语？一方面，新术语整体上承认两个最重要的子原则与提起相同请求的第二个诉讼有关；另一方面，新术语又与具体争点重诉有关。也就是说，在先前裁判的具有排除效力的情形下，请求排除和争点排除是以不同的方式对待这两种先前判决具有排除力的重要设置，即某一个先前裁判均以特定的方式具有排除效果：先前判决用以阻止全部请求而先前决定用以排除特 10
定的争点。（两个新术语附带着解决了先前的细小争议。“请求”替代了“诉因”此种比较老的用法，其曾经承载了大量狭义上的隐含意义。“争点排除”替代了许多较老的术语，诸如“决定不容反言”或“判决不容反言”，“记录不容反言”或“陪审团裁决不容反言”。）

接下来，现代方法继续对请求排除和争点排除两个重要的子规则进行细化：

- 使一项请求归于无效，可以根据设置加以区分：如果第一个诉讼的判决支持了权利人，则属“合并”；如果第一个诉讼的判决没有支持权利人，则属“阻止”。请求排除包括了合并和阻止。
- 先前判决终局性地裁决争议焦点的效力仍然是用禁反言（estoppel）[8]这样的字眼：当第二次诉讼依据的请求与第一次诉讼相同时，则属“直接禁反言”（direct estoppel），或者当第二次诉讼所依据的请求与第一次诉讼不同时，则属“间接禁反言”（collateral estoppel）。因此，争点排除包括直接禁反言和间接禁反言。然而，援引直接禁反言事实上比援引间接禁反言要少得多。原因在于：在绝大多数涉及相同请求的第二次诉讼的情况下，全部请求会被第一次诉讼判决通过合并或阻止的方式消灭，由此禁反言的问题不会发生。因此，很多时候禁反言所涉及的第二次诉讼的依据是不同的请求，这样，间接禁反言术语几乎完全取代了直接禁反言。也就是说，间接禁反言通常用来叙述特定争点先前决定的效力而不考虑后诉请求是否相同。根据这种用法，最高法院认为，间接禁反言“阻止对前诉中已实际争讼过并已作出决定的争点再提起诉讼，而不考虑前诉所依据的诉

8　译者注：estoppel，该词语来源于1575—1585年中古法语“estoupail”，其中文译名颇多，比如“禁止翻供”“不容反悔”“不可否认”“再诉禁止”“禁反言”“禁止言而无信”等，但其英文本意不仅禁止语言，也禁止行为，甚至超出言行的事项也在禁止之列，因此，与英文原意比较恰当的译名应该是“禁止反复无常”或“禁止出尔反尔”“禁止反复不定”，但基于中国学界通常和习惯使用“禁反言”用语，故虽然该译名不规范，本书仍使用“禁反言”译名。

> 因与后诉是否相同”。[9] 然而，两者择一，更可取的通用术语应该是争点排除。[10]

这种讨论充分地解释了隐含在本主题术语中困惑的渊源。律师必须警惕可
11 能出现的含糊不清的词语，并且总是要审查使用诸如既判力或者间接禁反言等术语的语境以确定其实际含义。本书中，我们使用既判力通常所指的主题是在请求排除和争点排除意义中的判决所具有的确定性效力。语境或者适当的修饰语言，会使所要表达的含义是一般主题还是更具体的请求排除或争点排除或者其他事项更清晰。我们也会使用技术性术语：合并、阻止、直接禁反言和间接禁反言。因此，这里通过摘要的方式展示既判力基本要素在我们的术语情形下如何运作。

（一）请求排除

在最初诉讼的语境之外，当事人通常不得对有效和终局判决的请求重新提起诉讼。该判决将全部请求归于消灭，排除了在最初诉讼中就该请求范围内曾经或本可以进行争讼的所有事项。请求排除细分为合并和阻止。

如果最初的诉讼判决支持原告（in the plaintiff's favor），则原告的请求应该合并在判决中。原告不得就该请求提起第二次诉讼以期赢得更有利的判决。然而，原告可以要求执行判决，且被告此后不得对在最初诉讼中曾经或本可以提出的抗辩再提出抗辩。

如果最初诉讼的判决支持被告（in the defendant's favor），则原告的请求应该被判决阻止了。原告不得对该请求提起第二次诉讼以期获得胜诉。

在第五章讨论既判力有效性和终局性条件之后，本书第六章会研究请求排除的细节，然后转入第七章研究争点排除。

（二）争点排除

在最初诉讼环境之外，不考虑谁赢得判决，如果对实际争讼过的事实或法

---

9 朗乐诉国家银幕服务公司案（*Lawlor v. National Screen Serv. Corp.*），《合众国案例汇编》第 349 期，自第 322、326 页开始（1955 年）。

10 见贝克诉通用汽车公司案（*Baker v. General Motors Corp.*），《合众国案例汇编》第 522 期，自第 222、233 页开始和注释 5（1998 年）。

律争点作出决定且该决定对某一有效的终局性判决至关重要的话，则当事人通常不得对作出决定的该事实或法律争点重新争讼。争点排除与请求排除不同，请求排除的效力甚至涵盖了本可以被起诉争讼而实际上尚未被起诉争讼的事项，而争点排除的效力范围只涉及实际上已被起诉争讼且已被裁决的事项。争点排除细分为直接禁反言和间接禁反言。

如果第二次诉讼的请求与初始诉讼的**请求相同**（第二次诉讼可以推断出属 12
于请求排除的某种例外），则可以适用的各种争点排除是直接禁反言。更常见的情况是，第二次诉讼所依据的**请求不同**。那么，可以适用的各种争点排除是间接禁反言。

第二章　相关原理

13 除了术语问题外，更多的困难在于既判力标题下的事项与某些另外确立起来的原理之间的相似性。读者应该将既判力和与其相关又相互区别的原理进行比较和对照，这事宜早不宜迟。它们共同组成了先前裁判（former adjudication）这个主题，且它们共同反映了法院不应该像在空白的石板上写作那样作出裁决。先前裁判应该而且也确实影响未来的裁判。

一、遵循先例[1]

遵循先例（stare decisis）或者尊重先例原则（the doctrine of precedent），在早期案件所做裁决对后期案件具有影响力这一点上与既判力相似。它与既判力的区别在于：我们法律制度的执行功能方面、前期案件影响后期案件的方式，以及前期案件可能影响后期案件的范围更广。

基本上，遵循先例意味着法院应当遵守其裁决和在特定司法等级中上级法院的裁决。"遵守裁决"意味着在呈现问题的每个案件中以相同的方式裁决特定法律问题，此外，这样裁决没有严格的复议。这意味着，遵循先例且切勿破坏已有定论（Stare decisis et non quieta movere），或者保持裁决不变也不妨碍已解决的事件。

14 为什么？第一，法院在裁决案件中必须裁决法律问题。在相同司法权范围内，法律应该对特定法律问题只规定一个答案。为了让一部法律在时间的长河以及司法体制中保持统一，法院必须服从先前裁决。第二，公平的、可预测的司法意味着同案同判，而不管所涉及的当事人是谁。第三，如果实践是另外的情形，则在最初进行私下安排预测和计划就会变得很困难。第四，遵循先例产生的现象是裁判意见合理、一致以及客观，这样的裁判意见增加了公众对司法机构的支持度。第五，除了服务于统一法律、培育公平和可预测的司法、促进

1　参见苏珊·班兹（Susan Bandes）、劳伦斯·B. 索伦（Lawrence B. Solum）：《摩尔论联邦诉讼实践》第 18 卷，第 134 条第 1—6 项（1999 年第 3 版）。

私人的预测和计划，以及增加公众支持外，遵循先例原则的存在在许多方面提高了司法工作的质量。这些方面包括：如果决定只在本院有效力而对其他案件没有效力，则对新的法律问题就比初审法院思考得更仔细和充分；会使得以后案件的法官依赖过去其他法官所作出的努力；因为法院相信客观判决原则而引起的实际并且显而易见的诚信，由此为克服其与生俱来的偏见作斗争；通过阻止想从不同法官口中获得不同答案的当事人进行诉讼而减轻法院的负担。总之，“如果重新审视每个案件中发生的各种问题，则没有任何司法制度能做社会工作”。[2]

因此，法院的裁决对其所涉及的法律问题是有约束力的判例：下级法院在难以区分事实的后诉中必须遵循法院的裁决并且作出裁判的法院自身也需遵循。我们制度中的遵循先例既适用于解释宪法和法律的裁决，也适用于普通法规则宣告的裁决。

然而，遵循先例有限制。通常立法机关掌握了立法权以限制法官造法，遵循先例与法院判决意见所包含的法官个人意见不同，它仅仅适用于在实际案件中构成法院裁定的部分司法裁决。一方面，法院只有在法庭上对解决案件裁决所必需的法律问题进行宣告，其作出的关于法律或法律含义的宣告作为判决先例对后续案件才有约束力。只有这种宣告才属于裁决。另一方面，包含在法院 15
意见中的对法律的附带陈述属于以后案件可以遵守或不遵守的附带意见。法官裁决与附带意见通常不容易区分，尤其是在法院公布法律建议作为裁决基础的案件中，法律建议的范围要比原本必不可少但尚未裁决的案件的范围广。不管怎么样，与英国相对严格的原则相比，遵循先例原则在美国发展灵活，更多的区别在于程度而非种类。我们的法律制度通常承认即使法官裁决对后面的案件也不是绝对地有约束力。裁判法院在有明显的证据证明它们错了的时候可以推翻之前的判决。

遵循先例适用于所有之后呈现相同法律问题的案件，不考虑谁是当事人。相反，正如我们将看到的，既判力只有在至少后诉当事人之一是先诉一方的当事人或与一方当事人有利害关系的情况下才会对后面的诉讼有影响。

总之，为了保持法律的稳定性，遵循先例规定：在司法等级相同的法院以及下级法院在将来所有呈现相同事实的案件中，一般要遵循法院对法律问题的裁

---

2 计划生育组织诉凯西案（*Planned Parenthood v. Casey*），《合众国案例汇编》第 505 期，自第 833、854 页开始（1992 年）。

决。与既判力相比，遵循先例：（1）仅适用于已裁决的法律问题；（2）允许法院更灵活地处理判例；（3）管辖甚至完全是新当事人的案件。

遵循先例与既判力如此不同，那为什么结合既判力研究它呢？原因是遵循先例原则对既判力的研究者而言有两大重要经验。

第一，遵循先例的存在能对抗既判力的扩张（extension）。法院有时通过争点排除扩大效率利益以防止重诉。即使没有扩张既判力，遵循先例的背景原理或许也有助于恢复解决法律问题的效力，尽管其灵活性会避免承担不必要强加的不正当成本。

第二，通过开辟其他的途径，遵循先例的存在可以证明既判力扩张的可能性。评论者有时会提出宪法理由反对将判决约束力向非当事人扩张，主张对当事人和利害关系人的限制是区别一方是裁判机构而另一方是立法和行政机构的关键。最简单的反驳就是看当事人 A 和 B 之间的判决在完全没有关系的 C 和 D
16 之间的诉讼中有遵循先例效力，而且没有任何人对遵循先例的宪法性提出异议。

二、判例法[3]

另外一种与既判力和遵循先例相似的原理被称为判例法。尽管名字叫判例法，但它既适用于事实裁决，也适用于法律裁决。它与遵循先例的相似之处在于其适用很灵活，因此，作出裁决的法院或同级法院如果认为该判断有错误就可以重新考虑。它与既判力的相似之处在于其适用范围狭窄，所以，其适用范围不得超出被作出裁决案件的当事人。的确，作为判例法，仅在作出裁决的特定案件的以后行为期间发生约束力，也是在最初的诉讼情境之内的。它不得在以后诉讼程序中约束不属于相同案件组成部分的当事人或其他任何人。

本质上，判例法原理意味着除了上级法院，在诉讼中曾经解决的问题在相同诉讼以后阶段不会予以重新考虑，即使某点决定是错误的。当然，这并不意味着当事人不能直接通过正常程序对裁决提出异议，例如上诉或在开庭中请求重新审理。但是，如果裁决抵挡得住直接异议，比如案件被提起上诉并被发回重审，或者如果本应该提出异议而没有提出，则该裁决应该成为特定案件的法律并且不应该被重新调查。

---

3 参见查尔斯·艾伦·赖特（Charles Alan Wright）、亚瑟·R. 米勒（Arthur R. Miller）、爱德华·H. 库珀（Edward H. Cooper）:《联邦诉讼实践与程序》第 18 卷第 4478 条（1981 年和补编 1999 年）。

适用判例法规则有许多例外，有些州声称要完全拒绝。有的人可能会质疑该原理所提供的司法效力的经济利益在通常情况下是否如此重要以至于能证明当事人在相同案件框架内仍能修正其错误判决是正当的。由于判例法原理欠缺正当性，法院没有像适用其与既判力联系时所展示的严苛与一致那样适用它，这并不出奇。但是，如果将法院不会轻易重做已完结的案件且下级法院必须服 17
从上级法院解释为纯粹的准则，则判例法仅仅表达为“保护已经解决争议不受侵扰”[4]的普通常识并且其损害甚少。

总之，为了促进司法节制，判例法规定如果当事人在相同诉讼中再次提及这一问题时，某一法院以及同级或下级法院通常应当支持特定诉讼中已宣布的裁决。与既判力相比，判例法有如下特点：（1）传统上适用于法律问题但并非仅仅适用于法律问题；（2）适用很灵活；（3）仅适用于手边的案件，通常在既判力生效之前。

三、作为证据的先前裁判[5]

按照既判力，如果某一判决在后诉中没有终局性效力，则人们会基于常识对有证明力的证据是否具有可采性提出异议。但事实并非如此。它是基于传闻原因不具有可采性，是一种为真相而提出的先前陈述。一般而言，某一判决根据既判力规则，要么具有确定性效力，要么没有任何效力。

然而，传闻规则在特定情况下是宽松的。主要的制定法和司法例外涉及行政性裁决、反托拉斯判决、专利有效性裁决以及刑事判决。因此，重罪判决通常在以后的民事诉讼中具有可采性。[6]

的确，大陆法系国家大量地将其作为证据使用而非扩张其既判力原理。有人可能主张美国也应该这样做。毕竟，这种实践赋予所有裁决的效力类似于遵循先例赋予法律裁决的效力。反对把证据力扩张到事实裁判的理由是，把过去的裁决与新证据结合起来的行为，有点儿像把苹果与橘子结合在一起，特别是我们的陪审制度在衡量过去的裁判中很可能遇到困难，并且证据方法也缺乏既

4　克里斯庭森诉柯尔特产业制造公司案（*Christianson v. Colt Indus. Operating Corp.*），《合众国案例汇编》第486期，自第800、816页开始（1988年）（引用《摩尔论联邦诉讼实践》）。

5　见藤原浩木村（Hiroshi Motomura）：“用判决作证据”（Using Judgments as evidence），载《明尼苏达法律评论》第70卷，自第979页开始（1986年）。

6　见，如《联邦证据规则》第803条第（22）款。

判力所具有的这种避免彻底审理的优势。

18 四、先前赔偿[7]

为了防止双重赔偿（double recovery），先前赔偿（former recovery）规定，按照判断作出的裁决应该扣除先前对同一损害作出的任何判决所赔偿的数额。这仅仅是一种常识。

五、衡平法上的禁反言[8]

衡平法上的禁反言（equitable estoppel）有时被称作行为禁反言，其通常规定当事人不得在诉讼中采取某种与早期行为不一致的立场，这种改变会不公正地使另一方当事人负担因信赖所产生的不利益。例如，在这一多元化原理可以适用时，考虑有这样一种情形，即某一方当事人已经获得了工伤赔偿，而在之后的侵权诉讼中不公正地试图否认她是雇员。很明显，为了惩罚仅仅不适宜的行为，这种不严谨的原理会出现扩大的风险。

与既判力相比，宽松的衡平法上禁反言原理关注当事人早期法庭内外的行为，而非先前司法裁决。因此，衡平法上的禁反言可以具有补充既判力的作用。例如，在没有以判决形式结束的诉讼程序中未提出强制性反诉（compulsory counterclaim）的情形，仍可能公正地阻止被告在之后提起反诉。

六、司法上的禁反言[9]

有些人将既判力与另一种原理即司法上的禁反言（judicial estoppel）混淆了。此种在不同司法区之间差异很大且在众多州和联邦巡回区被完全拒绝的存在争议的原理，通常认为一个人不得在诉讼中采取其在先前诉讼中早先所持的与事
19 实直接矛盾的立场。通常情况下，该原理仅适用于宣誓作出的陈述。虽然有时法院给出的理由不同，但违法宣誓滥用司法似乎是该原理存在的主要理由，有些法院甚至把该原理适用于没有经过宣誓验证的陈述，有的法院任意地使用该

---

7 见《判决重述（第二次）》第 32 条 c 项评论，第 50 条第（2）款（1982 年）。

8 参见查尔斯·艾伦·赖特（Charles Alan Wright）、亚瑟·R. 米勒（Arthur R. Miller）、爱德华·H. 库珀（Edward H. Cooper）：《联邦诉讼实践与程序》第 18 卷第 4477 条（1981 年和补编 1999 年）。

9 参见苏珊·班兹（Susan Bandes）、劳伦斯·B. 索伦（Lawrence B. Solum）：《摩尔论联邦诉讼实践》第 18 卷，第 131 条第 13 款（6）项，第 134 条第 30—34 款（1999 年第 3 版）。

术语。根据一般证据规则，当允许把不论是否宣誓的先前陈述作为后诉证据使用时，没有该原则似乎更好。

司法上禁反言与衡平法上禁反言的不同之处在于它不需要致人损害的信赖（detrimental reliance）。它与既判力的争点排除效力的不同在于它不需要先前作出裁决。

七、救济方式的选择[10]

与禁反言一样，选择救济方式针对的是当事人的行为。选择救济方式规定：通常在可选择的救济方式中作出选择的当事人，故意从事与此不一致的行为会使其丧失其中的一种或者多种救济方式。比如第一个例子，变更所购买的动产作为欺诈的救济方式可以阻止合同解除，损害赔偿是其所剩的唯一救济方式。第二个是在选择救济方式方面通常叙述的例子，可撤销交易的当事人通过提起诉讼以表明其选择确认或否认交易。被另一方当事人虚假陈述引诱而订立合同的当事人，发现欺诈后有权选择确认合同效力并且主张其合同中的权利或者否认和解除合同。任何清楚表明其选择确认合同的行为都会阻止其后期解除合同。这样的确认行为可能是实际履行行为或者违反合同造成损害赔偿的开端。在这种案件中执行合同行为的开始可以证明就是在两种冲突的实体权利之间的选择，那么原告应该获得仅有的救济方式适合所选择的权利。第三个例子，代表的是一种归纳第二个例子的逐渐过时的观点，有些法院认为仅仅启动寻求特别救济的某种行为，就会排除其他形式上矛盾的救济方式。

就是第三种纯粹“程序上”救济方式的选择，有些人把其与既判力混淆了。
但是，根据程序上可选择的救济方式，它是阻止对相同违法行为采取其他前后 20
矛盾的可选择的一种救济方式。它是激活规则运行诉讼的开始而非结论。该原理不需要在司法上作出裁决。当然，在这方面，它与既判力的差异很明显。

在早期，依据作出的选择约束原告似乎没有不恰当。要求当事人坚持其诉答状中的立场是普通法制度的一般特征。按照主要的诉答制度，救济方式选择原理在检查对相同违法行为连续诉讼案件的数量方面可能具有一些可取的目的。因为既判力不禁止曾经起诉和经常败诉的原告就相同违法行为提起再诉——要

10　参见查尔斯·艾伦·赖特（Charles Alan Wright）、亚瑟·R. 米勒（Arthur R. Miller）、爱德华·H. 库珀（Edward H. Cooper）:《联邦诉讼实践与程序》第18卷第4476条（1981年和补编1999年）。

么提起不同形式的诉讼，要么在普通法与衡平法之间转换，因此，救济方式选择规则是用来限制重复诉讼的机会。然而，该规则并非真正指向那个目标，因为不管第一次诉讼是否导致作出判决，它都适用。此外，它也适用于不管原告立场的改变是否会对被告造成不利影响的情况。

在今天的法律中，救济方式的程序性选择可能无立足之地。既判力已经扩大了适用范围。此外，救济方式选择原理似乎与不再强调诉答状的作用和默许在同一诉讼中对可选择性的、有矛盾的请求进行合并的现代诉答改革发生了冲突。提出可选择性的相互矛盾请求的一方当事人可能从实用性角度考虑，在诉讼程序的后期被要求选择一种或者另一种，但这并不是选择救济方式的一般规则所造成的。

在仍然意图适用救济方式的程序性选择原理的绝大多数案件中，不诉诸该原理也存在禁止二次诉讼的理由。假如原告提起首次诉讼导致被告信赖这种方式，如果许可原告改变诉讼性质且被告因此会受到不公平的损害，那么衡平法上的禁反言的一般原则可以阻止原告改变原理。这样的案件不需要把选择救济方式作为一种独立的规则谈论。

在程序性救济选择仅仅是解释结果的相对较少的案件中，该结果通常都是不成功的。一般的情况是转换动产的受害人。有几种普通法理论可供他选择。
21 他可提起侵权诉讼以恢复商品的价值或者恢复原状。或者他可以放弃侵权之诉转而提起准合同之诉恢复其价值或者如果侵权行为人将该商品出卖给他人，可起诉返还既得利益。有些案件认为即使首次诉讼因主动撤销而非对是非曲直作出判决而终结，依据准合同理论启动诉讼就阻止了依据侵权理论提起后诉。有些法院在原告基于侵权理论而提起的两个连续诉讼中适用了选择救济方式，也就是说，第一个诉讼是非法侵占损害赔偿之诉而第二个诉讼是返还原物之诉。在被告没有遭受信赖利益损害的案件中，这些结果的正当性是不明显的。这些结果欠缺正当性，除非适用既判力原理或衡平禁反言。总之，救济方式的程序性选择原理似乎是废除的适当候选者。

八、其他未决诉讼[11]

与既判力一样涉及相同问题但采取不同解决路径的其他未决诉讼原理（the

11 参见《美国法律百科全书诉讼终止与恢复》（C. J.S. Abatement and Revival）第1卷第16—84条（1985年）。

doctrine of other action pending），试图在作出棘手的宣判之前阻止重复诉讼的运行。这种积极抗辩（affirmative defense）有时被称作“在先进行的未决诉讼”（prior pending action），其适用范围很窄。如果当事人相同、诉讼请求相同的另一个诉讼在相同的州或者相同的联邦区正在进行，而当目前的诉讼已经开始以及如果其他诉讼仍处于待决之时，它会导致驳回诉讼，此种驳回诉讼不影响实体权利（without prejudice）。

这种抗辩似乎是一种减少重复诉讼的合理方式。其狭窄的适用范围有助于凸显一般的方法。虽然存在早期诉讼，但这种方法允许第二个法院继续进行裁决。某一个诉讼悬而未决通常不是另一个相关诉讼的障碍。虽然进入审判的第一个诉讼应该在另一个诉讼中有既判力，但平行诉讼程序悬而未决是由于没有现成的、一般的解决方法而出现的一种司空见惯的现象。[12]

除了其他未决诉讼外，还存在其他惯用方式的渗透，但它们太微不足道。某一个法院，通常是获得管辖权的第一个法院，可能禁止其他法院的诉讼程序。作为选择，一个法院，通常是第二个法院，可能停止诉讼以尊重其他法院。更详细地介绍这两种方式是合适的。

在美国，一个法院作出的反对在另一个司法管辖区进行诉讼的禁诉令 22
（antisuit injunction），通常会被禁止或者至少会通过自由裁量权被加以拒绝。然而，在国际层面，有些美国法院更愿意禁止受对人诉讼约束的当事人参加指定的外国程序，这虽需公平地平衡利益，但仍要权衡对干预的利弊。[13]

然而，如果其他法院的相关程序对法庭来说更合适，有的法院鉴于此可能停止自己的程序。这项构成一种被称作异地未决诉讼（“其他地方悬而未决诉讼”）或者未决诉讼（lis pendens）的模糊原理的自由裁量权，在司法上为法院创设了控制自己备审案件目录表的固有权利的附带条件。某种意义上它是一种其他未决诉讼原理中的跨管辖权说法。法院停止未决诉讼程序，属于行使管辖权中进行的自我约束。的确，该原理类似于不方便法院原则（forum non

12　参见詹姆斯·P. 乔治（James P. George）：“平行诉讼”（Parallel Litigation），载《贝勒大学法律评论》第 51 卷，自第 769 页开始（1999 年）。

13　参见爱德华·达博尔德（Edward Dumbauld）：“对其他法院诉讼的司法干预”（Judicial Interference with Litigation in Other Courts），载《迪肯森法律评论》第 74 卷，自第 369 页开始（1970 年）。

conveniens)。[14]

九、双重危险[15]

与既判力非常相似的另外一个原理是刑事被告不应该因为同一违法行为受到两次起诉。该原则规定在《美国宪法》第 5 修正案中，即“任何人都不应对同一违法行为而两次处于危险之中”，该原则已经通过第 14 修正案适用于各州。[16] 但双重危险（double jeopardy）在许多方面不同于既判力。首先，即使起诉回避了程序，也如同错误审理案件一样，双重危险也可适用。陪审团一宣誓，或者案件审理到法官这里，控诉方一提交证据，刑事被告就进入危险中。由于运作既判力需要有对事实作出的裁决，因此，其范围较窄。其次，双重危险只阻止
23 对同一违法行为提起另一个刑事指控。因此，在有些方面，双重危险比既判力的适用范围要窄，因为数个拥有一些不同构成要件的犯罪可能出自相同的行为，如同不同的国家起诉的相同犯罪构成了单独的违法行为。最后，与既判力不同，双重危险保护的正当理由在于禁止政府强迫。

危险来临后，除了在某些特定情况中，政府不能再次因相同行为起诉被告而不考虑起诉的结果。如果辩护方本身愿意同意错误审理或者获得驳回诉讼的胜诉，他就放弃了双重危险保护。如果被判有罪的被告获得撤销上诉的理由不同于证据不足，则政府可能因相同的违法行为再次起诉他。如果该起诉程序越过了具有危险的关键点，但案件因“明显必要”（manifest necessity）被终结，诸如法官死亡或丧失资格或者其他当事人无法控制的紧急情况，则允许因相同违法行为而提起第二次诉讼。此外，尽管存在这样和那样的一些不规范的例外，但如果首次起诉的结果是陪审团意见分歧，则因相同违法行为提起的第二次诉讼是容许的。这种结果属于复杂的法律丛林（thicket of law）。

不管怎样，双重危险原理是用来阻止因相同违法行为而对刑事被告提起的

14　参见盖里 · B. 博恩（Gary B. Born）：《美国法院的国际民事诉讼》（*International Civil Litigation in United States Courts*），第 461—474 页（1996 年第 3 版）。

15　参见韦恩 · R. 拉斐夫（Wayne R. LaFave）、杰罗尔德 · H. 伊斯雷尔（Jerold H. Israel）、南锡 · J. 金（Nancy J. King）：《刑事诉讼程序》第 25 章（1999 年第 2 版）（双重危险）；同上注 4，第 17 条第 4 款（a）项（间接不容否认）。

16　本顿诉马里兰案（*Benton v. Maryland*），《合众国案例汇编》第 395 期，自第 784 页开始（1969 年）。

不止一次的诉讼。因为判决前伴随着危险，因此，任何有效的、终局的以及以合并和阻止为目的的对事实作出的判决都被双重危险所包含，从而使双重危险保护阻止了既判力请求排除方面在重复的刑事案件中独立适用。

现在暂不论请求排除，而要考虑的是争点排除。相同历史事实和其他共同争点可能在之后对不同违法行为的起诉中出现。一个单独行为可能违反一部以上的刑事法律或者影响不止一个受害人——或者涉及不止一个被告。争点排除可以阻止先前决定对被告有利或者不利的争点在之后对不同被告的起诉中进行重诉。此外，在刑事诉讼中，争点排除在罕见的情形下适用于早期民事案件中实际诉讼和裁决的主要争点。争点排除可适用的种类是间接禁反言。的确，根据美国最高法院的说法，[17] 在一些间接禁反言适用中，其本质上是双重危险禁止 24
的一部分——如同下面的解释。

刑事案件在后面民事案件中也有间接禁反言效力。但就各种理由而言，这种沿用出现了特定的问题。这种沿用也把我们带回到了本书的主要焦点，也就是先前裁判对后来的民事诉讼所具有的排除效力。最后，我们会把刑事判决对民事诉讼效力的探讨推迟到第九章第三节，这里仍然继续探讨在随后的刑事诉讼语境中的先前判决这一主题。此外，在此单独探讨刑事诉讼中的既判力是恰当的，因为该语境与民事诉讼如此不同以至于刑事原理已经独立发展为一种非常不同的形式。

（一）间接禁反言——从刑事判决到之后对相同被告提起的刑事起诉

1. 无罪被告主张的间接禁反言

在阿西娅诉斯文森案（*Ashe v. Swenson*）一案中，[18] 最高法院认为，间接禁反言是第 5 修正案双重危险保护的一个特点，通过第 14 修正案既可适用于联邦起诉也可适用于州起诉。如果检察官后来因不同的犯罪追诉已经赢得无罪判决的被告，其中有些相同的争点对此种犯罪影响重大，则他可以基于该判决确立某一结论性的争点。也就是说，如果第二次起诉不是针对相同违法行为，则双重危险保护不会阻止此类起诉，但它可以阻止对共同争点提起诉讼。因此，如果被

17　阿西娅诉斯文森案（*Ashe v. Swenson*），《合众国案例汇编》第 397 期，自第 436 页开始（1970 年）。

18 《合众国案例汇编》第 397 期，自第 436 页开始（1970 年）。

告在因重罪——谋杀的指控中提出不在犯罪现场的辩护且依据该辩护赢得无罪判决（acquittal），则他可以依靠该裁决在之后因潜在抢劫重罪的指控中确立不在现场证明。[19] 然而，绝大多数案件认为对刑事指控作出的无罪判决不排除依据相同指控撤销的假释，因为适用于假释撤销程序中的证明标准较低。[20]

一方面，刑事诉讼中无罪判决的间接禁反言效力可能比民事判决的效力稍
25 微宽泛点。与民事判决有关，在第二次诉讼中主张间接禁反言的当事人有责任证明该争点在首次诉讼中实际上已经提起了诉讼并作出了决定。在援引基于属于总括裁断（general verdict）[21] 的某一判决的争点排除效力时，这可能是个严重的障碍。虽然刑事诉讼案件中有罪判决的概况裁断需要对所有犯罪要件作出裁判，但宣告无罪的概况裁断可能依据起诉方没有证明任何一种要件。如果被告只是对宣告无罪所依据的争点负完全证明责任，则阿西娅案（*Ashe*）的双重危险延伸将非常有限。因此，最高法院在被告援引依据概括裁断作出的先前无罪宣告判决的间接禁反言裁判该案时，法院必须积极考量所有情形以决定“理性的陪审团是否可能将其判决建立在不同于被告寻求排除的某一争点上”。[22]

另一方面，在间接禁反言一般规则的适用上存在其他限制。因此，刑事诉讼案件中此种实质意义的间接禁反言规则只在相同当事人之间适用。因此，联邦法院不会把间接禁反言效力给予在州起诉中已经提起诉讼的争点而该起诉导致对相同被告作出无罪宣告。不是州诉讼当事人的美国，不会被间接地禁止对任何争点提起诉讼。

19 特纳诉阿肯色州案（*Turner v. Arkansas*），《合众国案例汇编》第 407 期，自第 366 页开始（1972 年）。

20 见，如斯坦德里诉雷伊（*Standlee v. Rhay*），《联邦案例汇编》第 2 辑第 557 期（第九巡回法院 1977 年）；斯坦德里诉史密斯案（*Standlee v. Smith*），《太平洋区案例汇编》第 2 辑第 518 期，自第 721 页（华盛顿州最高法院 1974 年）。

21 译者注：general verdict，一般译为“一般裁决”或者“总括裁断”“概括裁断”，在民事案件中是指陪审团决定在某一特定争议中哪一方胜诉而非解决特定事实问题的裁决，在刑事案件中是指陪审团宣布被告有罪还是无罪的裁决。与 general verdict 不同，special verdict，通常译为“特别裁决”或者“特别裁断”，是指陪审团对案件事实作出裁决，但不对案件中哪一方胜诉作出裁断，而是将此问题留给法官由其通过对所认定的事实适用法律来作出判决。

22 《合众国案例汇编》第 444 页［引用丹尼尔·K. 迈耶斯（Daniel K. Mayers）、弗莱彻·L. 亚伯勒（Fletcher L. Yarbrough）：“困扰两次：重新审理与连续起诉”（Bis Vexari：New Trials and Successive Prosecutions），载《哈佛大学法律评论》第 74 卷，自第 1、38—39 页开始（1960 年）］。

虽然阿西娅诉斯文森案的裁判意见未表明间接禁反言规则并入双重危险保护属于任何例外，但可能存在例外。例如，当被宣告无罪的刑事被告之后因与被告在首次案件中的证言相关联而犯伪证罪被起诉时，该被告应该不能援引间接禁反言。如果允许某被告通过发假誓来避免定罪而在之后通过援引间接禁反言避免对假誓定罪，则这是对伪证罪的鼓励和奖励。

2. 主张对有罪被告不利的间接禁反言

现在考虑是否能依赖早期刑事诉讼程序中已诉讼的争点所具有的间接禁反
言效力，在之后对相同被告因不同违法行为再提起诉讼。这是一个与众不同的 26
问题，即它不涉及双重危险，因为这是用于反对被告而非保护被告。

最高法院未曾适用过间接禁反言。相反，法院认为关于某一犯罪构成要件的间接禁反言会违反正当程序（due process）。[23]

在双重危险条款所要求的赞成被告间接禁反言与正当程序禁止的反对被告间接禁反言之间，存在一些适用州或者联邦法律的空间从而形成对间接禁反言的补充性延伸。这种延伸会构成习惯法既判力而非宪法原理。因此，法院可能许可控诉方排除被告在某一事件上无罪或者在犯罪的某一构成要件上清白，有一个例子就是在首次刑事案件中裁决的在审前动议中出现的某一个争点，在第二次刑事诉讼案件中被作为予以排除的证据。[24] 然而，刑事案件中的准据法标准不用此方法扩张既判力，取而代之的是紧扣双重危险保护所要求的既判力最低限度（minimum）。

（二）间接禁反言——从刑事判决到之后对不同被告提起的刑事起诉

某一新被告从未就那些争点出过庭，政府就不能使用间接禁反言在刑事起诉中确立任何不利于该新被告的核心问题。因此，宣告某一被告具有某一特定犯罪的判决不会确立这样的事实，即该犯罪发生在之后对从犯、同犯或者共犯的起诉中。

另一方面，《宪法》没有规定某一无罪判决可以用来排除有利于再行起诉中

23 见辛普森诉佛罗里达案（*Simpson v. Florida*），《合众国案例汇编》第 403 期，自第 384、386 页开始（1971 年）（法官附带意见）。

24 见，如美国诉霜雷森案（*United States v. Thoresen*），《联邦案例汇编》第 2 辑第 428 期，自第 654 页开始（第九巡回法院 1970 年）；人民诉斯考特案（*People v. Scott*），《纽约州补充案例汇编》第 2 辑第 405 期，自第 169 页开始（纽约最高法院补充案例汇编 1978 年）。

某一不同被告的争点。双重危险仅适用于相同被告之间。[25] 因此，在第二次诉讼中被指控的所谓共犯，不得依赖某一宣告主犯无罪的判决来证实自己没有犯过
27 罪。[26] 然而，再说法院可以选择扩张间接禁反言违宪法律，让其朝着允许同案犯阻止起诉的方向发展，但绝大多数法院没有这样做。[27]

（三）间接禁反言——从民事判决到之后的刑事起诉

在民事诉讼中争讼过的争点在以后刑事诉讼中有排除效力的案例确实很罕见。若政府不是民事诉讼的当事人或利害关系人，那它则不受诉讼中任何裁决的约束。从另一方面考虑，由于证明标准不同，政府不得主张以早期民事诉讼中裁判的争点利益作为证实存在犯罪的任何因素。

但是，偶尔会发生一些罕见的案例。例如，有时政府会对被告启动民事诉讼，败诉后又以涉及一些相同事实的某一犯罪起诉被告。政府没有根据民法上的优势证据标准（the preponderance of the evidence standard）证实其案件就表明了，它可能不符合排除一切合理怀疑（beyond a reasonable doubt）的刑事证明标准。在这种案件中，被告应该可以依赖对共同争点作出决定性的民事判决。[28] 然而，因为首次案例不是刑事诉讼程序，适用既判力就不依据双重危险。因此，这属于准据法的另一例子，稍许扩展了属于习惯法原理的既判力组成内容的间接禁反言，补充了被称为双重危险的宪法核心。

25　见斯坦德福诉美国案（*Standerfer v. United States*），《合众国案例汇编》第 447 期，自第 10 页开始（1980 年）。

26　美国诉马斯格雷夫案（*United States v. Musgrave*），《联邦案例汇编》第 2 辑第 483 期，自第 327 页开始（第五巡回法院 1973 年）。

27　见，如人民诉泰乐案（*People v. Taylor*），《太平洋案例汇编》第 2 辑第 527 期，自第 622 页开始（加利福尼亚州 1974 年）。

28　见，如美国诉罗杰斯案（*United States v. Rogers*），《联邦案例汇编》第 2 辑第 960 期，白第 1501 页开始（第十巡回法院 1992 年）。

第三章　规则与例外背后的政策

让我们回到民事诉讼基本的语境中来。在此，我们在既判力背后发现基本 29
观念，即追求真相在某一时刻应该且必须停止。司法需要有个终点。否则，当事人可能遭受巨大的压迫和骚扰。就像爱德华·科克（Edward Coke）爵士很久以前所说的那样，“为公共利益，诉讼应当终结”（interest reipublicae ut sit finis litium），或者它关注的状态是诉讼有终点。[1]

现今经济学家会把该基本观念放到更现代化的术语中。对法庭来说，更改相同事项会造成某些直接损失，即会增加所有运行法律制度的费用。虽然没有一般的理由认定第二次审理会更准确，但通常重新裁决会避免错误的成本，即由于错误的结果而导致的社会目标最大化成本。如果重诉增加了直接成本和适当的错误成本，则法律经济学的追随者通常会站出来支持既判力。[2]

无论从哪个角度来看该题目，对该基本观念的阐述都会按照以下的思路进行。绝大多数司法程序的主要目的是作出判决——就当事人关于某一特定主题的法律关系作出权威性的裁决。该主题可能是另一方当事人主张的某一方当事人对某义务有责任或者没有责任。它也有可能是当事人的国内地位，或者是特定财产的所有权，或者是有义务为或不为的某些特定行为，或者是许多其他主
题中的任何一个。不论该主题在诉讼程序中涉及什么，其解决通常都会取决于 30
某些历史事实的法律重要性，这些事实已经或宣称已经发生。当事人可能对发生的事件有分歧。他们可能对适用何种法律意见不一。根据他们同意的法律内容，他们可能对公认的事实的法律意义有分歧。在所有的司法程序中涉及的一种或多种类型的纠纷或潜在的纠纷，裁决者必须在作出判决前权威性地解决这

1　费热案（*Ferrer's Case*），《英国案例汇编》第 77 期，自第 263、266 页开始（C. P.1599 年）。

2　见理查德·A. 波斯纳（Richard A. Posner）：“法律程序和司法管理的经济分析”（An Economic Approach to Legal Procedure and Judicial Administration），载《法律研究杂志》第 2 卷，自第 399、444—445 页开始（1973 年）。

些纠纷。这需要花费时间、精力和金钱。通常，诉讼不仅对当事人自身而言麻烦，费用昂贵，对社会亦是如此。

法律制度设计了法院解决此类纠纷的制度性程序，即确定事实、发现可适用的法律以及将法律适用于事实。不同的法庭可能有不同的程序机制用以确认和解决存在争议的事实和 / 或法律争点——需服从的基本条件是，不论机制性细节如何，该过程必须遵守正当程序的最低标准。在此语境下，正当程序条件（the requirements of due process）的目的是确保当事人具有充分而又公平的机会对争议问题阐述其观点。如果法庭程序为他们提供了这个机会，则解决争议问题的法庭所作出的判决与任何其他法庭的判决一样很可能是准确的。考虑到重诉费用昂贵，不应该允许相同当事人就同一事项再次向法院寻求解决。一个充分且公平的出庭日（One full and fair day in court）就足够了。即使第一次判决实际上是错误的，诉讼也必须有终点。

既判力的一般范围就在于此。从某种程度上说，它是正确的，但其过于简单化。首先，该解释把只影响实际上已争讼和决定的事项即争点排除与阻止对甚至从未争讼过的事项“重诉”（relitigation）即请求排除合并了。其次，作为精密规则进行构建且充满不明确例外的既判力原理，该解释未能预测到其具有显著的复杂性。最后，该解释在最近几次已成功地歪曲了既判力，因为其过于简单地强调司法经济会使法院对其他不同意扩展既判力范围的政策熟视无睹。

对详述既判力的政策进行较充分的解释会认可效率因素不仅能够商讨赞成排除而且能够商讨反对排除。此外，虽然基于公正而提出的某些主张赞成排除，但强有力的公正关切却开辟了另一条道路，要么讨论除特定案件之外停止适用
31 既判力规则，要么讨论为特定案件适用既判力规则所创造的例外情形。最后，既判力既不存在于程序上的真空，同时也回应了具体的实体政策。

一、既判力规则

（一）赞成排除的程序性因素（Procedural Factors Favoring Preclusion）

有些重要的效率因素迫切要求排除规则，但有些次要的公正因素也一样。基本分类如下（加上分类程序本身的一些附加说明）：

- Ew 或者避免浪费诉讼效率：由于避免了重复诉讼所花费的时间、精力和金钱以及为排队等候的其他人提供了接近法院的机会，因此，这对包括所有

当事人在内的整个社会都是有好处的。这似乎足够明显了，但它也需要一些不明显的推论。最重要的是，立法者不必把关注点限制于短期因素。重要的效率因素是既判力的长期性威慑效力。手边案件中请求排除最严厉的结果也许是鼓励许多未来当事人在单一诉讼中（in a single lawsuit）解决其以最佳方式界定的整体纠纷（whole dispute）。争点排除可能鼓励当事人和法院认真和细致地对待第一次诉讼。（无可否认的是，长期因素证明请求排除的合理性比证明争点排除的合理性更有力。此种观察用来说明普遍的观点，即所有这些因素略有不同地适用于两种主要的子原理。）

- Ei 或者避免可能作出不一致裁判的效率：社会在避免不一致裁判方面受益。从乐观方面看，不一致性会削弱我们司法制度的信仰和减少其产品的可适用性。在最坏的情况下，不一致性也会把当事人置于义务冲突的难以置信的境地。避免不一致在证明许多争点排除规则和一些请求排除规则的合理性方面很有力，但并不全是。例如，由于没有起诉永远阻止了整体请求，因此，失去请求权规则背后的不一致并没有风险。简言之，所有这些因素仅仅是因素，既不是规定既判力的充分条件，也不是必要条件。
- Er 或者避免降低时效（repose）的确定性和稳定性效率：社会在实现主要 32
行为的确定性和稳定性方面有很大的利益。如果法院决定了法律关系，我们都需要能在世界上行事以保证该关系的确固定到了某种已知的程度。社会在增加司法制度的稳定性方面亦获益。当法院以尊重和礼让的态度对待来自相同或其他法院的先前裁判之时，我们都受益了。（这些确定性和稳定性利益要求明确的原理，没有太多模糊的例外。此外，节约执行既判力规则成本的利益需要直截了当的原理，没有太多复杂规则。的确，简单明确似乎是该原理几乎实现其任何潜利益的前提条件，不论是他们避免浪费诉讼或不一致裁判或是他们实现安宁或公平适用该原理。）
- Fer 或者既判力“援引者”（invoker）的排除权益（equities），特别是提起新诉讼的负担：公正支持适用既判力以保护援引该原理的当事人免受重复诉讼的负担。当事人不必再为重新确立其已被裁判的权利而争斗。（法律规则背后存在许多对理由进行分类的方法。效率与公平理由之间的严格区别在既判力案件中很普遍，但逻辑上的缺陷使其最终站不住脚。与效率相似，对最终的结构性目标来说，公正实际上可能只是一项令人困惑的术语。现在的列表没有打算在两术语之间进行严格的区别。在此，效率主要表明追求降低经济成本的社会目标，而公正则涉及的是对当事人的程序待遇。）

- Fie 或者排除“被援引者”（invokee）的不公正待遇（inequities），特别是引发新诉讼的任何错误：公正也支持适用既判力以防止当事人通过滥用重复性或其他不合理诉讼技巧获益。该当事人有权出席法庭，但不能因此而重复出庭。（在考虑是否确立请求或争点排除规则方面，法院关注该规则对可能进入其范围内的那类人的公平与否。在考虑是否确立排除例外方面，与某一规则相反，法院焦点更加个体化，关注的是本案中特定当事人的公
33 正与否的问题。所以，再一次说明，所有这些因素与既判力有广义上的关联性，但权衡它们的法院必须对手边需要进行学理探究的特性保持敏感。）
- Frs 或者广泛而又严格的排除原理的公平性促进了信赖利益和相似对待：公平进一步支持相对僵化的排除规则的可预测性和一致性适用，该规则没有尺度过大或者灵活性过强的例外。这样的计划能使某人依靠先前裁判，同时通过该原理保证公平待遇。社会既在公平的外观上获益，又在公平的现实中获益。虽然类似，但这些公正的关注点有别于安宁中的效率利益，因为这些公正的关注点集中于当事人的公平待遇而非社会经济成本方面。（该公平原理因素属于另一个因素，即强调既判力原理本身的形式方面。既判力规则这种形式既对公正有影响，也对效率有影响。）

（二）赞成不排除的程序性因素（Procedural Factors Favoring Nonpreclusion）

一些主要的公正因素反对排除规则，一些次要效率因素也如此。

- Fee 或者被援引者的不排除（nonpreclusion）权益，特别是剥夺了重新审视事件造成的不公平性：生活会复杂，诉讼常常也如此。案件的实际情况可能意味着其他合理的既判力规则给受援引情形中的人带来了不可原谅的严厉后果。
- Fir 或者援引者不排除不公正性，尤其是将对方置于既判力约束下的错误行为：既判力可能是致命武器。判例汇编满是援引者试图欺骗的案例，而这些案例通常是成功的。
- Fmt 或者对案件实体问题（merits）而非对专门术语作出裁决以及拒绝剥夺社会寻求真相（truth）的公平性结果价值：人们最好记住既判力本身不是终点——它只在较大的司法制度中起作用。遗憾的是，记住这个众所

周知的道理，也只是照例向前推进了一点点。然而，它用以提醒立法者不仅把有争议的事项处理好是有价值的，而且要求与效率一样把公平的价值纳入平衡中来。

- Ea 或者执行既判力延伸的直接成本：立法者不得忘记执行既判力原理本身的成本。对是否重新诉讼再进行争执所引起的费用而言，这是一种亏损。且随着既判力规则变得更广泛和复杂，这些成本增加了，如同既判力例外扩张和细化后一样。 34
- Eo 或者首次诉讼中刺激性过度诉讼（overlitigation）的直接成本：简单的方法是假定至少在既判力能轻松适用的情况下，其总是通过阻止额外的诉讼来节约成本。但一时的想法暴露了不利影响。效力范围广的请求排除规则鼓励权利人在首次出庭前向法院提出一切事项，而效力范围狭窄的请求排除规则可能导致没有主张的事项不能提起诉讼。确立某种结果的宽泛的争点排除规则，可能为了所有目的而在任何情况下和任何时候都对最初诉讼中争点进行诉讼并一直争讼到底。很明显，每个既判力问题都需要衡量纯储蓄：增加了避免后诉的储蓄，但减少了为既判力适用而争讼的成本以及强化首次诉讼的成本。
- Et 没有通过接近事实和试图改正首次诉讼错误而寻求真相的错误成本：因为法律规则有目标——经济价值最大化或者其他实体目标——而且因为现代目标的实现需要将法律正确运用于事实，因此司法部门的错误使社会远离那些目标。这样，司法错误增加了社会成本，并且程序制度应该努力减少那些成本。程序应该反对任何纠错的障碍。因此，最初可能存在的错误是一种赞成不排除的因素。虽然评论者经常认为先前判决中错误的存在与既判力无关，但真实情况不是这样。真实情况是通常既判力可以依据错误的判决适用排除。但是，错误与既判力的形成无关这一观点确实不正确。在制定既判力规则和例外中，立法者必须认识到错误与公正和效率都有关系。最后，立法者在例如允许小额索赔法院的判决（a small-claims court's judgment）约束具有普通管辖权的法院或者如果把明显来源于和解（compromise）的陪审团的裁决作为既判力时要谨慎。

（三）所有因素的组合

严格地作为程序事项，既判力应该适用于排除的净效率的重要性高于不排 35

除的净公正。立法者——通常是法院，为了既判力必须找到平衡各种因素的方法。绝大多数法院是靠直觉进行。更严格的方法要求把这些因素转变为用某些普通货币就能衡量的成本。不论是以直觉的方式还是严格的方式进行，法院必须塑造既判力以降低那些成本总额。

不管结合这些因素的方法如何，法院必须考虑所有相关因素。至今，我们所列的因素是不完整的，如同我们列出的仅仅是程序性的政策一样，它们针对的是非实质性的而不是具体的实质性的目标说的。为了区分合理的既判力原理，平衡必须包括任何相关的实体与具体政策——范围从市场条件到律师与当事人关系。这些实体政策可能赞成排除，或者更可能赞成不排除，并且它们可能一方有几个。例如，就土地所有权而言，法律应该严格要求既判力以促进市场效率的提高。但是，当像代理人这样的受托人试图行使对像当事人这样的受益人不利的既判力时，法律应该谨慎。我们可以把代表赞成排除的实体政策总和描述成Σ Sp，而把代表赞成不排除的类似实体政策总和描述成Σ Sn。

那么，一个重要的见解就是既判力只针对各种私人和公共目的的各种政策的代数总和。很明显，衡量这些政策是主观的，并且是有争议的。

另一种见解认为既判力对最普通的法律和社会制度高度敏感。政策可以出现和消失。衡量政策会发生变化，例如，当程序性和制度性体系发展的时候。此外，那些政策的含义也会改变。因此，既判力可能长期偏向于原告在程序许可范围内把所有权利诉求加入一个诉状中。但是，这种政策意味着在联邦民事诉讼规则涉及显著扩大原告一次性提出整个交易的许可时，在需要合并诉讼的情况下既判力的范围会经受巨大的扩张（a gigantic expansion）。其底线是不存在永久的或普遍的既判力。相反，既判力无疑是其所处的那个时代和环境的产物。

二、既判力的例外

36 相同的因素，尤其是那些依靠个案正义的因素，支持脱离排除原则。也就是说，案件经过过去和将来的运作，所有因素可能支持排除的一般规则。但是，在法院面临的个别案件中，这些相同因素可能要求不排除，并由此证明对该规则的特别例外是合理的。

现代既判力原理发展的**重要趋势**（grand trend）一直在扩张排除规则在理论上的适用，但同时承认大范围和自由裁量性质的例外越来越多。

这种趋势的有利条件是值得怀疑的。一方面，甚至许多现存的例外没有把所有的疑问从有时严格的既判力原理中消除。这些例外没有赶上该规则快速扩张的脚步。另一方面，在这些例外继续增加时，引起的问题是效力范围宽泛但略有缩小且自由裁量渐增的既判力原理，相对于不加掩饰而又清晰的最低限度排除是否更可取。必须承认如果法律选择把大量的角色分配给既判力，则法院为了达到目的，必须适用该宽泛而又僵化的原理。

在现代美国，其底线（bottom line）是一种也许有问题但无疑是相当大的既判力范围的纯扩张（net expansion）。

三、总结

推动排除的因素，P 代表总数：

$Ew+Ei+Er+Fer+Fie+Frs+\sum Sp=P$

赞成不排除的因素开辟了另外一条道路，N 代表总数：

$Fee+Fir+Fmt+Ea+Eo+Et+\sum Sn=N$

法律应在 P 大于 N 的时候排除我们社会把寻求裁决视为人的正常权利。相反，当 P 小于和等于 N 时，排除不应该获胜——也就是既判力规则不应该扩张。相较于效率损失，如果社会在某种程度上更不愿意通过其法院妨碍公平，则对由两个不同的不公正符号所代表的说服责任的分配而言，其论证力度更强。 37

如果案件属于一个既定的既判力的规则，当一个更具体的调查显示在本案中 P 小于 N 时，立法者应该制定一个例外。

诚然，虽然这个公式化的模式简单易懂，但其看起来有点不合理。然而，不要被其外表所愚弄。它并不是为了表明分析的精确性。这仅仅是为了恢复复杂性政策驱动下既判力的本质，同时强调需要对一切变化的程序性和实质性政策进行广而全面的思考。

直观上，许多人强烈反对这种刻板的方法。他们声称没人能用这样复杂且综合多种因素的方式思考，没人能用客观的方式权衡这些政策的分配，没人能把像效率和公平这样如此风马牛不相及的政策变成一种相互衡量的普通货币。

那么，除了社会已将通常属于法院的这些合理任务交给了既判力的立法者这一不可避免的事实外，相信所有是最好的。法院必须暗中提炼出所有相矛盾的政策。如果法院对某一政策不假思索，则其暗含的价值为零。如果法院认为在法院负担过重的年代要减少其诉讼事件表非常重要，则其主观上高估了 Ew。如果法院承认排除将会造成严重的困境且因此提升了 Fee，然而，从排除的长远利益看，比起简单地宣称 Ew 大于 Fee，其成本是值得的。

因此，在二者之间进行选择就在于：（1）通常晦涩的决策方式，靠这种方式法官怠于尝试寻求结果，但因此不可避免地执行一种上诉审查和学术评判遮蔽下的甚至可能隐藏在法官潜意识中的复杂计算方式；（2）也许是一种缺乏常识的严格的决策方式，这种方式用于提醒法官什么是利益攸关的东西以及通过完整解释迫使思维过程进入开放状态。

第二种方法中更有经验的批评人士退而求其次，主张数学氛围让司法程序失去了人性（dehumanize）。相反观点则认为，对以未详细说明的方式结合而成的不明确政策考虑不全面使得司法过程太过人性化、普遍太过主观以至于犯错或产生偏见。另外，使用代数方法的目的很简单，就是提醒所有人如何将诉讼
38 理想化，并鼓励他们尽可能把工作做到最好。当然，计算在人类的掌控下仍然容易算错甚至篡改，但与立法者尝试的晦涩和困惑相比，其微不足道。

第四章　规则体系与例外

前面一章所述的竞争性政策决定了排除的范围，从而决定了不排除的补充 39
性范围。但另一个单独的问题是形式问题。为了既判力，立法者（通常是法院）应该如何把该原理规划为规则和例外呢？

该问题或许意味着在规则与例外之间存在一些固有的差异。但是，规则和例外，最终在逻辑上可以相互交替。任何排除或者不排除的命题，可以是两种方式中的一种，要么是规则，要么是例外。例如，法律可宣称某一特定排除规定仅适用于涉及土地的先前判决，或者适用于不涉及土地的所有先前判决。表达规则和例外这两级原理结构的另一种方式是，“如果”从句条款和“除非”从句条款。如果 A 和 B/ 除非 C 或 D，那么就适用既判力。作为一种逻辑事项，任何条件都可以表述为如果从句或否定性地重新叙述为除非从句。简而言之，任何规则与例外之间的区别，其根据似乎不可靠。[1]

然而，我们可以从内容方面界定规则和例外，以便这两种表达方式至少在等级上有意义。此时，“规则”意味着确立该原理初步范围的、组成对包含的普通表达方式的一系列陈述，“规则”意味着确立该原理初步范围的**对内容组成部分的大体构想**的一系列陈述，且“例外”存在的独特性仅仅在于**把某些特殊情** 40
形排除在该原理适用之外。此外，只要规则和例外至少在等级上有差异，则原理背后的政策对规则和例外内容的分配不会漠不关心。这些政策要求对该原理使用最佳的措辞。

一、既判力规则与例外

既判力在明确、简单以及严格的法律需要与敏锐的适用要求之间呈现出真实的、典型的竞争。这种竞争永远不会有一个完美的解决方案，但其可能有最

1　要了解更多涉及法理学问题的一些内容，见理查德·A. 艾珀斯坦（Richard A. Epstein）：“诉答与推定”（Pleadings and Presumptions），载《芝加哥大学法律评论》第 40 卷，自第 40、556 页开始（1973 年）。

佳的解决方案。立法者就何时制定规则、何时创立例外的谨慎注意很可能有助于形成最佳既判力。

随着对规则和例外含义的理解和对有关政策的认识，我们对既判力原理的最佳措辞的理解可以作出大体的评价。下面有关既判力规则和例外的性质和范围及其理想的法理关系三个方面的戒律，应该有助于其完成解决既判力典型竞争的任务（这些戒律信条专门适用于既判力，因此，不一定是适用于其他法律原理的措辞）。

- **明确、简单且严格的规则应该达到平衡效率、公正以及既判力背后实体政策的结果。**

上述第三章显示了既判力背后的政策如何要求明确、简单而又严格的原理。立法者应该通过既判力规则而非例外寻求正式的价值。

该原理的总体目的是按照政策平衡的可倾斜性把排除情形与禁止排除情形区分开来。规则应该象征着一种接近原理最终范围的真挚努力。也就是说，规则应该获得非常接近理想终点的初步结果。换句话说，规则在没有例外帮助的情况下单独给出了大部分结果，应该是正确的。但在明晰性、简单性以及严格性方面，具体利益表明规则能做的不外乎接近理想的终点。规则不能将无限制的细微调整体现在个案的精确上。相反，规则必须画出一系列只能接近无数理想结果的有限线路。

41 由于立法者通过规则勾勒出的界限很粗糙，因此就会出现故意过度包含或包含不足的情形。也就是说，排除规则将达到它们理想上本不应该达到的情形，而没有达到它们理想上应该达到的情形。大部分情况是，这两种失败并不是同等重要的，过度排除危险更大。排除扰乱了我们社会将寻求裁判视为个人的正常权利。从表面和实质上看，过度排除会导致违背该规范，这是不可取的。排除不应该排除的人会导致净公正成本增加，虽然禁止排除按照净值计算，可能效率极低，但社会宁可对边缘性案件（cases on the margin）重新诉讼而践踏效率，也不愿由于排除而践踏公正。相对损失效率而言，通过法院扰乱公正可能让社会承担的风险更多。

也许社会是正确的，因为可以想象的是过度排除的边际成本可能超过排除不足的边际成本。但是，如果立法者对相关政策已经进行了合理衡量和平衡，则过度排除和排除不足的边际利润差异应该很小。此外，过度包含有纠正的办法。排除例外可以存在，保持其处于最低限度的愿望是情有可原的，尽管它们确实努力纠正一切过度包容。

总之，或许该规则应该在某种程度上更关注既判力的过度包含而非包含不足。然而，大多数时候，直观立场中更细微的因素表明就立法者而言，其对过度包含不同需要的担忧应该是微不足道的。立法者的主要目标应该是通过接近政策平衡的结果来制定承担大部分责任的规则。

- **灵活甚至特别的例外（flexible or even ad hoc exceptions）应该用来纠正在特殊情况下残存的既判力过度包含的错误，即使这些例外在总量上必然很大，但其范围应该很小。**

第三章显示既判力背后的一些政策如何要求精确化和个性化地适用该原理。立法者应该通过例外而非既判规则实现这些正式的价值。

这些精确而又个性化的例外可能包括了立法者为法律适用者以后使用而汇编的一份灵活的因素清单。或者坦率地说，例外可能是特别的，所以作为原理 42
使用者的法院在全面地考虑的基础上裁决是否撤销排除。无论如何，这些例外是事后适用，而规则是事前形成的。相对于规则的僵化，这些灵活或特别的例外是不明确的。

不明确的例外制造了既判力适用不确定和不可预测的灰色地带（a gray zone），因其或多或少由法院事后自由裁量。该原理应该旨在将灰色地带最小化。制定规则本身更加模糊化会将灰色地带最大化。但是，广泛而又僵化的规则加上少而模糊的例外在表面和实质上设法使既判力灰色地带的适用范围最小化了。既判力不仅看上去更确定，而且事实上也更确定了。

清晰、简单和严格的规则确立了排除的外部边界，加上缩减排除的例外，通过清楚地描述不适用既判力的范围，又有利于增加其确定性和可预测性。也许不知道既判力法对某人的案件是否有利的单位成本，不会超过不知道某人是否可以摆脱既判力法的单位成本。但是单项混淆似乎比双向混淆更可取。至少既判力外部边界仍可以确定。

- **例外不应该有例外，因为扩展排除代价高而利益少。**

虽然规则和例外能依靠人力尽量接近该原理想要达到的终点，但如果该原理包括对例外的例外（exceptions to exceptions），则法律趋向终点的方法可能更简洁或更容易。也即，一种“不同于在 E 胜诉时适用既判力，如果 A 和 B，除非 C 或者 D，则适用既判力”的公式，对起草规则而言可能比选择缩小 C 或者 D 更简洁。因此，例外的例外可能会再次将排除扩展到例外的禁止排除范围之中。

但是例外的例外具有复杂性，让该原理囊括例外的例外不仅没有必要性，而且代价高。由于存在例外的例外，适用该原理会变得更复杂，因此管理费用更昂贵。这些成本换回的是干净利落地纠正包含不足错误的微小利益。毫无疑问，没有例外的例外这种技巧，立法者有时不会自寻烦恼缩小例外，因此可能无法排除。但这样又怎么样呢？当立法者关注的是特定的案件而非与规则制定
43 有关的所有案件的运作问题时，排除真的会变得极其不公正。因此，例外必须存在。相反，特定案件中的禁止排除要求的仅仅是重新诉讼的稳定性而不是离谱的费用。因此，例外的例外不需要存在。就平衡而言，在排除适当的情况下，法律在不处理所有案件情况下可以生存和繁荣。因此，事实上现代既判力原理并没有例外的例外特征。

总之，该一举三得的规范方法最大限度地服务于效率和公正。这三种戒律信条应该是立法者在规则与例外的形式之间进行选择的主要指南。但它们并非唯一的指南。立法者可能会考虑的具体结果是遵循缩小规则而非创造例外。

最为显著的是，立法者可能会过多考虑既判力的援引者与被援引者的证明责任而倾向于遵循规则和例外的区别。通常援引既判力的当事人必须证明满足规则的条件，而反对既判力的当事人必须证明存在例外的条件。如果是出于某种实质性的政策原因，特定的证明责任分配是可取的，则立法者可能会基于正规理由考虑司法实践的责任分配，并因此将法律相应地放入规则和例外中。

此外，在特殊情况下，法律规划的效率和无拘无束可能影响立法者在缩小规则和创造例外之间的选择。如果现行规则异乎寻常地可行和高效，则立法者可能倾向于通过创造例外改变法律。相反，如果某一适当的例外很难简洁陈述时，立法者可能选择通过如外科手术般地减少规则本身的方式来绕开该难题。

二、请求排除与争点排除原理

整个理论对该原理具有切实的影响。例如，如果普通的既判力规则接近政策平衡，与请求排除相比，争点排除规则应该需要更多的例外以扩展个案情形。[2]

2　见联合百货公司诉莫伊特案（*Federated Dept. Stores v. Moitie*），《合众国案例汇编》第 452 期，自第 394 页开始（1981 年）（拒绝请求排除例外）；斯皮尔克诉汉金案（*Spilker v. Hankin*），《联邦案例汇编》第 2 辑第 188 期，自第 35 页开始（哥伦比亚地区巡回上诉法院 1951 年）（支持争点例外）；参见查尔斯·艾伦·赖特（Charles Alan Wright）、亚瑟·R. 米勒（Arthur R. Miller）、爱德华·H. 库珀（EdwardH. Cooper）：《联邦诉讼实践与程序》第 18 卷第 4415、4426 条（1981 年）。

支持和反对例外的不同主张，从例外对两大子原理产生的效力所组成的网格中显露出来（见下表）。 44

因此，请求排除倾向于严格，而争点排除倾向于灵活。但是把许多个案例外方法推行到极限将会重新规定该规则的终极条件。到目前为止，争点排除子原理范围上如此有限以及含义上如此模糊以至于只要废除其绝大多数，法律就会更好吗？只要法院在创造例外中保持一些限制，就不会更好。

最后，在认识到整个理论之后，我们来叙述一下请求排除和争点排除规则和例外的细节。我们转到本书下一部分内容。

有关规则与例外的谱系

45

政策 来自第三章	请求排除 反对例外的主张	争点排除 赞成例外的主张
对既判力援引者的公正	例外意味着援引者，经常是重复诉讼的被告，必须面对整个新诉，不仅仅是对某一争点重新诉讼：因此，例外特别不受欢迎	例外意味着援引者，经常是正在选择重复诉讼法院的原告，失去了滥用程序机会，该机会在此是多面的：因此，例外是可取的，例如，援引者试图适用由不便管辖法院的某下级法院对某一共同法律争点作出的先前决定
对既判力被援引者的公正	不需要例外，因为被援引者经常能够对抗请求排除的效力：例如，一个被充分通知的被援引者可能已经将整体请求提交给了先前法院	更需要例外，因为被援引者经常不能对抗争点排除的效力且因此无辜地丧失了重新诉讼的机会，例如：在被援引者与援引者有信任关系的情况下，不能对先前决定提起上诉，也不能预见该争点会再次发生
涉及的其他公正：公正原理与公正结果	请求排除易受广泛和僵化规制的影响；请求排除的一次咬苹果机会（one-bite-at-the-apple）的观念能公正地适用于几乎所有权利人并且有直观的吸引力，甚至没有例外	争点排除抵制被缩减为一种简单和明确的规则；社会有时由于争点排除不公正地无视真相，不管什么情况，没有直观的吸引力且因此需要例外

续表

45

政策 来自第三章	请求排除 反对例外的主张	争点排除 赞成例外的主张
直接的花费	例外意味着社会必须处理整个新诉，也要承担例外适用范围所涉及的诉讼费用	例外意味着社会避免了在前诉中的过度诉讼，尽管因对某单一争点重诉产生了费用
其他所涉及的效率：不一致、减少的时效与错误成本	例外会损害由阻止整个请求所带来的一致性和时效性	例外会避免当争点排除效力从一个请求波及另一个请求时增加的错误成本
实体政策	不需要例外来实行实体政策，因为请求排除阻止的仅仅是特定的已作出裁判的诉求	更需要例外来执行实体政策，因为永久地在所有情况下为所有目的确立的法律争点可真正地阻止实体政策

第二部分

原　理

Res judicata facit ex albo nigrum；ex nigro，album；ex curvo，rectum；ex recto，curvum.

A thing adjudged makes white，black；black，white；the crooked straight；the straight，crooked.

判决即出，黑白立现，曲直分明。

（罗马法专家格言）

第五章　既判力的先决条件

很明显，已裁决的事项属于约束力很强的东西，但如同古老格言所言那样， 49
当它可以使曲者变为直的时候，我们应该开始变得害怕了。我们必须把这种魔术限制于某些判决吗？是的，判决具有既判效力前，它必须是有效的和终局的。

一、有效性

某一判决要有既判力，它必须是“有效的”（valid）。判决要有效，该判决必须有足够好的质量能经受住以请求形式对判决进行的攻击。

有效性需要结合判决救济加以考虑。因此，有效性和判决后对判决救济的请求都是第十二章深入探讨的主题。然而，这里可以说明的是后面的这章对有效判决特征提供的是简略但又有用的惯例。该范围的要点是：

当且仅当作出判决的法院符合事物管辖权（subject-matter jurisdiction）、地域管辖权（territorial jurisdiction）以及充分通知（adequate notice）的条件时，判决通常能承受寻求对判决进行救济的攻击。

如果作出判决的法院对诉讼标的（subject matter）、被告或者其他诉讼客体有管辖权且遵守程序性正当程序的基本要素，则该判决就既判力而言通常是有效的。即使犯了其他错误而成为在上诉中被撤销的根据，它在此意义上讲仍然
可能是有效的。因此，错误的判决在既判力方面可能是有效的且会约束当事人， 50
除非错误的判决在上诉中被撤销。

即使它的范围仅限于这些基本的缺陷，但其有限性仍是一个非常深奥的主题，管辖权和正当程序的深渊中填满了令人难以置信的大量法律。作为既判力的先决条件，有效性可能产生于试图攻击该原理的适用过程中。因此，研究有效性和既判力原理本质上是相互联系的。

二、终局性

某一判决要有既判力，其必须是“终局的”（final）。作出判决的法院必须对

请求或争点作出定论使裁决具有终局性资格。

如同既判事项（res judicata）或已裁决事项（thing adjudged）一样，有关诉讼中的物（res litigiosae）或正在讼争之物（thing being litigated）没有一般性原理。法律并非特别关注的是多重诉讼的审理期间。[1] 但是，一旦某一诉讼作出判决，法律就十分看重其约束力。因此，某判决的有效日期是作出裁决的日期，与诉讼开始的日期没有关系。[2]

一旦初审法院作出判决，那该判决就通常被认为是终局的。虽然有些州认为上诉或其他撤销判决程序的未决期间（pendency）使判决在既判力方面不具终局性，但今天在绝大多数司法管辖区的法律不会把终局性推迟到未决期间的复查阶段。因此，在绝大多数司法管辖区内，如果在复查期间履行或执行判决的权利被推迟或者中止了，这没有什么区别。的确，无论失意的一方当事人是否采取复查方式，这都不会产生什么影响。法律不会等到提起上诉时间期满，或者甚至等到时间期满以图在初审法院通过申请提起新诉或类似诉讼法的方式而撤销判决。判决从其作出时间起就是终局的，且保持终局状态直到其实际上被推翻。

同样，寻求控制未来活动诸如禁令、具体履行法令、供养命令、抚养权决
51 定以及类似的判决，通常服从于修改，甚至追溯到作出判决的法院并由其进行修改。但是就既判力角度而言，这类判决完全是终局的。不过，排除效力可以适用的那些请求或争点是作出判决时存在的那些请求和争点。有些情形发生变化可能会产生不同的请求和争点。例如，在监护权辩论中的一项认为孩子母亲是称职的的认定，并不会当然阻止她就关于是否称职的问题在后续的诉讼程序中重新提起诉讼。

（一）终局性的含义

那么，初审法院（trial court）最后作出判决的精确时间是什么？终局性的含义在请求排除与争点排除之间开始发生变化。这种二分法的条件存在很大的争议。

1　参见第二章第八部分（其他待决诉讼原则、禁诉令以及未决诉讼）（other action pending doctrine，antisuit injunctions，and lis pendens）。

2　见《判决重述（第二次）》第 14 条（1982 年）。

1. 请求排除

要实现请求排除，除了对诉讼费用进行裁决和对判决的执行外，判决在初审法院结束了对请求审理有关的所有常规程序之时就成为终局。

判决除非是终局的，否则其不具有合并和阻止的效力。[3] 法律不在具有尝试性的、偶然性的或者暂时性的基础上进行排除。法律要求裁判法院能就请求做出定论。判决终局的时间是当所有争点已经裁决和当事人胜诉判决已经作出时。它关注的不是在初审法院或上诉法院仍然存在的攻击时间或者甚至是败诉方提出的这种直接攻击（direct attack）。它关注的仅仅是初审法院在对请求判决中已经结束了常规的诉讼程序。因此，例如，即使申请新的诉讼或上诉正在进行，判决也是终局的，但是如果损害赔偿金仍需要认定，则对责任的认定不是终局的。

请求排除中的终局性含义很粗略，不精确，就如同用“终局性裁决”（final decision）这个术语来描述那些可以立即上诉的命令一样。两种含义有一些区别。请求的终局性比可上诉的终局性既狭窄也宽泛。

一方面，最近法院已经许可通过使用对终局性的细化进行上诉。现在，对
附带命令（collateral orders）可以立即上诉，[4] 这是根据立即上诉的好处远远超过 52
成本而随时为一套少见的命令设定的。[5] 这种细化还未扩展到坚持接近终局裁判传统定义的请求排除。因此，在此方面请求排除的终局性范围，比现代可上诉的终局性裁决规则更狭窄。

另一方面，根据普通法，在涉及多重请求（multiple claims）或者多方当事人（multiple parties）诉讼中的某一判决，只有其对所有请求作出裁决，该判决才具有实现上诉目的的终局性。然而，在多重请求或多方当事人中某一个请求作出的某一个终局性决定，只要法院已经明确地终结了该诉讼中那部分诉讼程序，该决定就可具有实现请求排除的终局性。在此方面，请求排除终局性范围比可上诉终局裁决规则要宽泛。但是，要注意的是根据《联邦民事诉讼规则》

3　参见《判决重述（第二次）》第 13 条（1982 年）。

4　见科恩诉收益产业贷款公司案（*Cohen v. Beneficial Indus. Loan Corp.*），《合众国案例汇编》第 337 期，自第 541 页开始（1949 年）。

5　见吉莱斯皮诉美国钢铁公司案（*Gillespie v. United States Steel Corp.*），《合众国案例汇编》第 379 期，自第 148 页开始（1964 年）。

（Federal Rule of Civil Procedure）第 54 条（b）和类似州的规则，在多重请求和多方当事人诉讼中对某一请求最后作出决定的某一裁决现在可以宣布为具有可上诉性（appealable），即使其他请求仍然处于等待裁决的状态。那么，在此种程序制度下，上诉终局性与既判力终局性的含义更接近于相同。

2. 争点排除

就争点排除而言，有时某些裁决被作为终局判决的阶段比请求排除要早。根据一些权威机构的说法，即使在初审诉讼中尚未对某请求作出终局判决，但如果初审法院经过充分庭审和全面审议后对该争点作出了严格的决定，则后诉法院有权谨慎地把前诉决定作为终局性对待。

传统上，争点排除一直被视为仅适用于判决中的决定，且仅适用于终局性判决。为此，通常对终局性的检验标准被认为与用来检验请求排除的终局性而确定的标准是一样的。

然而，当援引的最初诉讼的排除效力不是为了消灭整体请求而是为了禁止对某一特定争点或某些争点进行重诉的时候，则把初审诉讼的排除效力推迟到
53 所有争点都已解决的重要性是不明显的。当然，对某一争点确实只是尝试性地作出的决定就不应该具有排除效力。但是，如果在有效的诉讼后完整地对争点作出决定且符合争点排除的其他先决条件是很清楚的，则该争点决定具有的终局性足以证明排除效力是合理的。也就是说，即使在前诉中还没有作出处置所有争点的终局性判决，但如果在后诉中应该排除的特定争点已实际地、充分地、公正地以及最终地在前诉中作出了决定，则争点排除就是适当的。在解决其他争点期间，把有些实际上已经被解决的争点排除效力推迟将会产生不必要的重诉或对后诉产生不当迟延（undue delay）。此外，鉴于现代民事诉讼程序具有易于滋生复杂而又多层面型诉讼、涉及众多争点且持续多年的庞大而又延伸型诉讼的这种趋势，因此，在争点排除情形下放松传统的终局性观念似乎是特别可取的。

几个受人尊重的权威机构已经采取这种立场。在鲁玛斯诉英联邦炼油公司案（*Lummus Co. v. Commonwealth Oil Refining Co.*,）中，[6] 法官弗兰德利（Friendly）发表评论："在此情形下终局性的意思，可能与就特定争点所进行的诉讼达到了法院认为确实没有许可再进行诉讼的充足理由的这样一个阶段差不多。"然而，

---

6 《联邦案例汇编》第 2 辑第 297 期，自第 80、89 页开始（第二巡回法院 1961 年）。

那种案件涉及的情形特别适合排除，因为对事实争点的早期裁决是由上诉法院（by a court of appeals）在中间撤销临时禁止令（preliminary injunction）时明确作出的。

《判决重述（第二次）》采纳和推广了这种观点，宣布"(与合并和阻止不同)要实现争点排除目的，'终局判决'包括在任何其他诉讼中对争点作出的先前裁判被认定足够严格而被赋予决定性效力"[7]。然而，《判决重述（第二次）》通过让援引既判力的人承担证明终局性的责任的方法修改了弗兰德利法官的意见。据此，《判决重述（第二次）》以一种模糊的规则而结束，即要求后诉法院衡量先前裁判是否进行过争讼、是否充分地审议过以及表述是否足够严格。除了模糊规则这种明显的困难外，对一个可能还在变化的裁决赋予争点排除效力会显露出许多潜在的不可取的复杂化问题。

因为中间裁决（interlocutory decisions）通常在整个诉讼的判决作出后才具有可上诉性（appealabl），因此《判决重述（第二次）》采取的方法是许可赋 54
予在那时不具有上诉性的裁决以争点排除效力。由于争点排除所扩展到的裁决有可能在很久以后上诉时会被复查和撤销，因此，有可能出现相互矛盾的判决。不可否认的是，尽管短期内争点排除即使被限制在严格意义上终局判决内的裁决，但这种相同的可能性仍然会存在，因为被提起上诉或者可能被提起上诉的此类判决都有排除效力。因此，仅仅是对裁决立即上诉的条件不成熟的事实，不应该自动阻止在后诉中争点排除。然而，就实现争点排除目的而言，对中间裁决上诉条件不成熟的事实至少应该使后诉法院倾向于把裁定看作不具有终局性。

《判决重述（第二次）》淡化终局性带来的另一个问题是初审法院自己可能在初审诉讼程序中重新审视该争点并改变其意见。早期的终局性只是增加了之后发生的事件使得争点排除还是不可取的可能性。

第三个甚至更麻烦或者发生更频繁的问题就在于，最初案件结果很可能在某种程度上使得争点决定对终局判决不具有必要性，因此，最终不会被赋予争点排除效力（issue preclusion effect）。例如，中间争点的败诉方可能会胜诉。或者是案件也许正好和解了，当事人反对争点排除效力。简而言之，《判决重述（第

---

7 《判决重述（第二次）》第13条（1982年）。

二次）》把过渡时期的争点排除扩展到最终不应该得到争点排除效力的决定。[8]

因此，人们会极具说服力地认为，《判决重述（第二次）》对争点排除的扩张造成诉讼费用相应增加的一系列重大连锁反应（some major complications）。的确，这种扩张在范围上相对较小，但这也相应地意味着获得的利益也小。换句话说，这种发展是不划算的。相反，就争点排除而言，法律应该回到与适用请求排除一样严格的终局性标准。

但是，最近权威机构考虑接受《判决重述（第二次）》，把争点排除效力归于
55 不具有实现请求排除目的非终局性裁决。不过，该权力应该谨慎地行使，也就是说，如同鲁玛斯案（*Lummus*）一样，争点排除仅在适当和好处明显的情况下适用。

（二）终局性的复杂因素

1. 撤销的效力（Effects of Reversal）

如果某一判决通过上诉（或者其他方法）被撤销或修改，其排除效力从此就应遵守新的条款。如果在此期间，有的其他判决是依据被推翻前的先前判决作出的，则对其他判决的救济通常可以通过适当程序进行。[9]

一般的规则是某一终局判决即使受到攻击或上诉也有既判力。当然，如果判决被撤销或推翻，它就不再具有相同的既判效力。

如果作为后一判决基础的前一判决被推翻，则这种方法可能会产生异常情况。例如，原告依据某一仍处于上诉中的判决进行起诉，且在上诉进行中依据第一个判决获得一个新判决。如果第一个判决最终在上诉中被撤销，假定第二个诉讼程序现在结束了，则以第一个判决为依据的第二个判决有什么效力呢？

最高法院曾经认为，撤销第一个判决不会自动影响依据其作出的第二个判决。[10] 虽然第一个判决被撤销的事实，在某种程度上可以据此成为从第二个判决中获得救济的理由，但受害当事人必须遵守适当程序予以撤销。《联邦民事诉讼规则》第 60 条（b）款第（5）项授权依据向承认第二个判决的法院提出的申请而准许对该判决进行救济，特别是当“它所依据的先前判决被撤销或被宣布无

8　见阿文达尔造船公司诉被保险人劳埃德公司案（*Avondale Shipyards v. Insured Lloyd's*），《联邦案例汇编》第 2 辑第 786 期，自第 1265、1269—1271 页开始（第五巡回法院 1986 年）。

9　参见《判决重述（第二次）》第 16 条（1982 年）。

10　艾伦诉麦柯利案（*Reed v. Allen*），《合众国案例汇编》第 186 期，自第 191 页开始（1932 年）。

效时”。在没有类似规则的州，撤销第二个判决的适当程序可能是提起一个独立的诉讼以阻止对其执行。如果有必要，也可以对其恢复（restitution）。

2. 前后矛盾的判决（Inconsistent Judgments）

如果由于未能援引或适用既判力而两个判决相互矛盾，则后作出的判决具有支配性排除效力。这种有点武断的做法被称作最后规则（last-in-time rule）。[11] 56

既判力的目的之一是减少可能对同一请求或争点作出前后矛盾的判决。然而，该原理不能完全消除此种可能性。首先，既判力必须由寻求利用它的当事人在后诉中提出。如果当事人没有主张先前判决具有排除效力，则在后诉中作出的某一判决可能与前诉判决不一致。其次，虽然有权依据先前判决的当事人主张既判力，但在后诉法院错误地拒绝授予其排除效力的情形下，先后矛盾的判决也可能会出现。后诉法院可能相信缺乏既判力的一些条件或者适用某些例外以及由此导致的重复诉讼可能会产生不同的结果。

因此，当先后矛盾的判决出现时，法律如何处理呢？根据通常遵循的规则，当存在两个有效、终局而又先后矛盾的判决时，后面那个判决有获得既判效力的资格。[12]

以请求排除为例，获得胜诉的原告可能对所判的赔偿数额不满意。其不寻求执行该判决，可以对原请求再次起诉。尽管将某一请求合并在某一判决中有利于权利人，但后诉法院通常不会主动提出对既判力的抗辩。如果被告没有提出合并抗辩，则对原请求的实体可能再次进行审理。第二次诉讼作出的判决可能有利于被告。前后矛盾的判决因此可能出现。

- 如果在第三个诉讼中提出同一请求，则引起的问题是对现在两个有效、终局而又相互矛盾的判决应该在第三个诉讼中将排除效力给予哪一个判决。也就是说，如果最初胜诉的原告现在依据原请求或者第一次判决提起了第三个诉讼，被告可以援引第二个判决作为抗辩吗？是的，第二个判决有资格获得既判力。

11　参见《判决重述（第二次）》第 15 条（1982 年）；露丝·B. 金斯伯格（Ruth B. Ginsburg）：“寻求充分诚信和尊重的判决：解决冲突判决的最后规则”（Judgments in Search of Full Faith and Credit: The Last-in-Time Rule for Conflicting Judgments），载《哈佛大学法律评论》第 82 卷，自第 798 页开始（1969 年）。

12　见，如特雷聂斯诉阳光矿业公司案（*Treinies v. Sunshine Mining Co.*），《合众国案例汇编》第 308 期，自第 66 页开始（1939 年）；唐纳德诉 J. J. 白色木材公司案（*Donald v. J. J.White Lumber Co.*），《联邦案例汇编》第 2 辑第 68 期，自第 441 页开始（第五巡回法院 1934 年）。

57 • 如果被告在原告提起的第二个诉讼中提出了对既判力的抗辩而法院错误地拒绝考虑或者拒绝维持，除非第二个判决被提起上诉且被撤销，否则，其结果与该抗辩好像没有提出一样。

• 如果在示例中被告没有在第二个诉讼中获得胜诉，而原告获得胜诉的判决数额大于第一个诉讼所判数额，则第二个判决仍然是有资格获得既判力的判决。

现在，以争点排除为例，在第 1 号法庭，某一事实争点（a fact issue）可能有利于 A 而不是 B。如果同一争点出现于根据不同请求在第 2 号法庭提起的第二个诉讼中，且 A 没有提出间接禁反言，则再次审理案件实体可能对争点作出的决定有利于 B，那么，相互矛盾的判决有可能再次出现。

• 如果同一争点基于不同请求在第 3 号法庭提起第三个诉讼且 B 提出了间接禁反言，面对两个有效、终局但又相互矛盾的判决会发生什么呢？第 3 号法庭必须接受第 2 号法庭作出的决定。

• 如果第 3 号法庭和第 1 号法庭实际上是同一法庭，其结果仍然是第 2 号法庭作出的决定获胜。因此，即使第 1 号法庭先行动且第 2 号法庭的诉讼程序被禁止了，第 1 号法庭也必须撤销自己对争点的先前决定。

• 如果第三个诉讼程序最终是在第 1 号法庭对第一个判决提起的上诉，即使那样，第 2 号法庭的决定也应该支配该上诉的处理，使第 1 号法庭早期初审法院的决定服从于之后第 2 号法庭作出的决定。尽管第 1 号法庭上诉法院会自然地倾向于对抗此种对最终规则令人震惊的适用，[13] 但对第 1 号法庭而言，实际上最好的方法是至少在第 1 号法庭初审和上诉法院正常诉讼程序过程中要尊重既判事项及其最新的效力。[14] 但是，第 2 号法庭在其作出决定时，如果在第 1 号法庭中那些正常的初审和上诉程序是完整的，则第一个判决通常不会被撤销或者被推翻，但它会从此被剥夺其

---

13 见，如美国邮政工人联盟哥伦布地区诉美国邮政服务公司案（*American Postal Workers Union Columhus Area Local v. United States Postal Serv.*），《联邦案例汇编》第 2 辑第 736 期，自第 317、319 页开始（第六巡回法院 1984 年）。

14 见帕森斯钢铁公司诉第一亚拉巴马州银行案（*Parsons Steel，Inc. v. First Ala. Bank*），《合众国案例汇编》第 474 期，自第 518 页开始（1986 年）；查尔斯·艾伦·赖特（Charles Alan Wright）、亚瑟·R. 米勒（Arthur R. Miller）、爱德华·H. 库珀（Edward H. Cooper）：《联邦诉讼实践与程序》第 18 卷第 4404 条，第 30—31 页，第 4433 条，第 314 页（1981 年）。

排除效力。第 2 号法庭之后作出的决定会有资格获得既判力。 58

最后规则的基本原理可能不是压倒性的，但是确实存在。为了避免理论上无休止的重诉，相互矛盾判决中有一个判决必须优于另一个判决。也许第二个判决更倾向于正确，因为它来源于重诉和重新认定。在任何情况下，有资格在第二个诉讼中获得既判事项利益的当事人处于一种避免可能出现相互矛盾判决的地位。如果他没有利用援引既判力的机会且由此许可对该事项进行重诉，则当第二个决定在第三个诉讼中被视为具有决定性时，他没有资格提出控诉，除非在第二个诉讼中存在不公正因素导致其放弃权利。如果他确实主张了权利，但第二个诉讼法院错误地予以驳回，如同初审法院犯的其他错误一样，那他本应该通过上诉寻求纠正第二个法院的错误。

有人已经提出最后规则的一些例外。貌似最有理的一种例外涉及的是，在与作出第一个判决的州不同的州提起的第二个诉讼中的案例；第二个诉讼法院错误地拒绝把排除效力赋予第一个判决，违反了美国宪法中充分信任与尊重条款（the Full Faith and Credit Clause）；第二个州上诉法院维持了判决。如果主张第一个判决利益的当事人无过错地不能获得由美国联邦最高法院复查第二个判决，则最后规则应该在第三个诉讼中提出事项时仍然起作用吗？

存在争议的是当事人不应该受第二个判决排除效力的约束，因为当事人本来可以不做任何事情来避免相互矛盾的判决。[15] 但是，既判力经常把错误的判决奉为神圣，包括最高法院作出的那些驳回诉讼文件移送命令（certiorari）的判决。为了始终如一，既判力应该通过最终判决规则保护第二个判决。虽然根据异常扭曲的事实，这种假定的情节很好地揭示了最后判决规则有些任意性，但该规则背后的其余理由推动其甚至在极端情景下也适用。有一个判决应该占优势， 59
而第二个判决更倾向于在案件实体问题上是正确的。[16]

15　见露丝·B. 金斯伯格（Ruth B. Ginsburg）："寻求充分信任和尊重的判决：解决冲突判决的最后规则"（Judgments in Search of Full Faith and Credit: The Last-in-Time Rule for Conflicting Judgments），载《哈佛大学法律评论》第 82 卷，自第 798 页开始（1969 年）；比较《冲突法重述（第二次）》第 114 条 b 项评论（1971 年）（在不采取立场的情况下提出问题）。

16　见查尔斯·艾伦·赖特（Charles Alan Wright）、亚瑟·R. 米勒（Arthur R. Miller）、爱德华·H. 库珀（Edward H. Cooper）：《联邦诉讼实践与程序》第 18 卷第 4404 条，第 28—29 页（1981 年和补编 1999 年）；参见帕森斯钢铁公司诉第一亚拉巴马州银行案，《合众国案例汇编》第 474 期，自第 518 页开始（1986 年）（强烈支持在联邦—州规制中的最后规则）。

第六章　请求排除

一、规则的必要条件

61 一旦请求被提交裁判，并在之后作出了有效和终局性判决，则在后诉中就不能主张同一请求。判决消灭了请求，然而，对请求需要进行界定。这就是既判力请求排除原理，其包含合并（merger）和阻止（bar）子原理（subdoctrines）。

该原理的一个结果就是禁止分割请求（prohibition against splitting a claim）。任何原告，如果只主张部分请求，就会被认为是分割了请求，请求排除阻止以后对请求的剩余部分提出主张。例如，P 因车祸引起的人身损害赔偿起诉 D。对案件事实作出了有效和终局判决后，P 以同一事故中的财产损害赔偿起诉 D。D 以既判力答辩。根据可适用的既判力，当且仅当同一事故造成的人身和财产损害赔偿构成了相同请求，则 P 就是未经许可分割了请求，请求排除于是会禁止第二个诉讼。[1] 因此，请求排除不仅涉及前诉实际上已经主张的事项，也涉及本可以但没有提出裁判的属于该请求范围内的事项。

请求排除原理可以被视为强制性合并诉讼（compulsory joinder）的普通法规则（common-law rule）。不论其是否存在权利主张，判决排除对要求在诉讼中合并的权利诉求（grievances）提起后诉。然而，请求排除已经不从传统上的强制合并角度进行描述了。原告不被视为有几个必须合并的权利主张，而是被视为
62 有一个不能分割的权利主张。因此，决定哪些内容必须被包括在单一诉讼中的问题，就成为界定不能分割的单一请求的范围问题。

总之，请求排除禁止对同一请求重复诉讼。如果第一个诉讼的请求与第二个诉讼中某一个请求相同，则通常会适用请求排除。这种规定使请求的同一性变成该原理的关键性条件。该条件需要了解什么是请求。特别是禁止分割请求揭示了要知悉请求排除就有必要从请求范围的角度界定请求。

1　见《判决重述（第二次）》第 24 条 c 项评论，图示 1–2（1982）。

（一）请求的范围（Dimensions of Claim）

“请求”已经替代了“诉因”（cause of action）这种古老的用法，此种古老用法承担了对狭义含义所承载的许多隐含意义。这些术语的含义是什么？除了既判力外，这些术语在几种语境下有重要的意义，事实上加重了为了特定目的界定它们的难度。因此，对既判力而言，这些术语的含义是什么？

有些司法管辖区仍然坚持古老理念，从单一法律理论或当事人单一实体权利或救济方式的角度更狭义地界定诉因。现代理念是：就引起诉讼的交易而言，请求包括赋予原告向被告提出救济权利的所有理论根据。

现代的或者所谓交易性的既判力理念，要求原告如同根据现代程序规则能够做的那样，应该在单一的诉讼中对某一交易产生的所有权利主张提起诉讼。理论依据是该理念提高了效率，同时对追求公正所带来的负担也是可以接受的。

1. 交易理念的演变（Evolution of Transactional View）

诉讼形式（Forms of Action）。根据普通法程序制度，像其他大多数事项一样，很清楚的是：认定请求排除范围是诉讼形式的功能。[2] 可以提出既判力抗辩的条件是：当原告在先前所宣称的基本事实相同和诉讼形式相同的诉讼中胜诉或 63
败诉时。也就是，通常认为原告不能仅通过改变诉讼形式避开既判力，且不论原告在首次诉讼中胜诉还是败诉都应该如此。[3] 但是，实际上在第二个诉讼中是否提出相同的基本事实在某种程度上依赖于原告在首次诉讼中是胜诉还是败诉。[4]

如果原告在第一次诉讼中胜诉，则不能仅通过改变诉讼形式的权宜之计对相同的被告以相同损害为由提起另一个诉讼。法律通常不容许原告为同一损害获得两次赔偿。

---

2 见罗伯特·维内斯·米勒（Robert Wyness Millar）：“记录禁反言与既判力的史学关系”（The Historical Relation of Estoppel by Record to Res Judicata），载《西北大学伊利诺伊法律评论》第 35 卷，自第 41 页开始（1940 年）；罗伯特·维内斯·米勒（Robert Wyness Millar）：“判决在大陆法系和英美法系中具有既判力的前提（第 1—2 部分）”[（The Premises of the Judgment as Res Judicata in Continental and Anglo-American Law（pts.1—2）]，载《密歇根法律评论》第 39 卷，自第 1、238 页开始（1940 年）。

3 见亨利·坎贝尔·布莱克（Henry Campbell Black）：《裁判法专论》第 2 卷，自第 1091、1095 页开始（1902 年第 2 版）；查尔斯·E. 克拉克（Charles E. Clark）：《法典诉答规则手册》（*Handbook of the Law of Code Pleading*）第 473—474 页（1947 年第 2 版）。

4 见《判决重述（第二次）》第 25 条第 1 项评论（1982 年）。

然而，如果原告在第一次诉讼中败诉，则情形就不那么清楚了。如果第一个诉讼败诉是因为原告选择了一种与案件事实不适合的诉讼形式，则以正当形式提起的后诉就会存在。出现这种情况的理由不是第二个诉讼依据不同的诉因，而是第一个判决不是“针对案件实体”（on the merits）作出的。然而，甚至在其他情况下，后诉通常会以不同的形式存在。应该承认同一事件可能引起两个或两个以上不同的诉因。在很大程度上，如果与事件相关的事实可能适合于涉及不同法理对应的不同诉讼形式，则存在既判力的不同诉因。因此，尽管大体上有通过改变诉讼形式不能避开既判力的所谓一般规则，但在第一个诉讼中对原告不利的判决在不同诉讼形式的后诉中，即使基本事实相同也不具有请求排除效力。

基本权利（Primary Right）。19 世纪程序改革对诉讼形式的废除，导致了对有关合并和阻止规则更细致的分析。虽然最初似乎认为，通过分析确实存在确定性的诉因概念，但统一定义没有获得普遍接受，且最终认识到该术语在不同环境下可能所指的事物不同。《菲尔德法典》（the Field Code）在规定起诉状必须
64 包括的内容中顺便提到了“构成诉因的事实”。这就说明诉因是一组事实，但它没有说明在该组中应该包括哪些事实，特别是没有从既判力目的上说明。法院已经使用几种不同方法来解决该问题。

通常与 19 世纪学者约翰·诺顿·波默罗伊（John Norton Pomeroy）有关的一种测试方法，主要关注对基本权利的侵犯。它把诉因视为“原告基本权利和被告相应义务产生的事实和构成被告侵权行为或违法行为的事实”。[5] 这两种事实一起构成了实现既判力的诉因。

按照这种观点，可以用一个简单例子说明，一份土地合同中的买方就被告拒绝交付的违法行为只有一个诉因。虽然原告在此情况下可以有两个可供选择的救济方式——要求损害赔偿或特定履行，但不管原告寻求哪种救济方式，原告将只有一个诉因，因为原告对承诺交付享有的主要实体权利和被告拒绝交付的侵权或违法行为是相同的。

相比之下，因为通过分析得出身体完整性权利和个人财产权利是可以分开的基本权利，因此，给原告人身和财产造成损害的被告肇事司机的单一疏忽行为会

5　约翰·诺顿·波默罗伊（John Norton Pomeroy）：《民事诉讼救济及其救济权》（*Remedies and Remedial Rights by the Civil Action*）第 488 页（波士顿：利特尔－布朗公司 1876 年版）。

产生两种不同的诉因。这种结果说明按照基本权利理论，诉因范围过于狭窄。

同样，根据该理论，当被告两种独立的违法行为导致对原告基本权利相同的侵犯时，两种独立的诉因似乎是存在的。以一个极端的例子为例，如果被告存在的疏忽不仅在于操作制动有缺陷的汽车，也在于没有保持适当观察，且这两种事实都造成了原告被撞的结果，则看起来该理论会区分两种不同的诉因。尽管如此，通常案例并没有把这种理论置于那样极端的情形，实际上所有案例都把被告给原告造成单一损害的不同疏忽行为视作单一诉因（a single cause of action）的组成部分。[6]

救济权利（Remedial Right）。该理论认为，诉因是由单一救济权利组成。[7] 与刚讨论的基本权利理论不同，这种方法把根据同样是违反合同的损害赔偿请求和具体履行请求视为两个单独的诉因，因为原告寻求的是两种不同的救济。同样，要求把原告向被告提供商品或服务的议定价格作为赔偿救济的违反合同请求权的此种诉因与按照不当得利理论（an unjust enrichment theory）在按值付价或按劳计酬中寻求合理价值的诉因是不同的。[8] 65

在这种方法中有另一种方式可以对本质上属于同一违法行为给予两种独立诉讼，对这种违法行为通过非法侵入不动产而仅仅导致损害那里的固定物的事例加以说明。根据普通法，该种损害会在侵害他人土地的侵权之诉（an action of trespass）中作为加重事项获得赔偿或者该损害会在过失损害侵权之诉中获得赔偿。甚至在废除了诉讼形式后，这两种诉讼也被认为是可供选择的救济方式，尽管事实上使用的是相同的赔偿措施。因此，对不动产附着物的损害可以提起两种独立的诉讼（但是，当然只能获得一项赔偿）。顺便提一句，在此法院根据基本权利理论会得出相同的结果，因为在理论上拒绝进入的权利和避免损害的权利是分开的。

6　见恩斯特·绍普夫洛彻（Ernst Schopflocher）："何为以既判力原则为目的的单一诉因？"（What Is a Single Cause of Action for the Purpose of the Doctrine of Res Judicata？），载《俄勒岗法律评论》第 21 卷，自第 319、329—333 页开始（1942 年）。

7　见 O. L. 麦卡斯基尔（O. L. McCaskill）："诉讼与诉因"（Actions and Causes of Action），载《耶鲁法学杂志》第 34 卷，自第 614 页开始（1925 年）。

8　见，如史密斯诉柯克帕特里克案（*Smith v. Kirkpatrick*），《东北区案例汇编》第 2 辑第 386 期，自第 209 页开始（纽约州最高法院 1953 年），推翻了奥布雷恩诉锡拉丘兹市案（*O'Brien v. City of Syracuse*），《东北区案例汇编》第 2 辑第 429 期，自第 1158、1160 页开始和注释 1（纽约州最高法院 1981 年）（采纳了交易性观点）。

相同的证据。鉴于这些比较旧的理论所存在的明显的困难和狭窄，绝大多数法院按照功能上相关的一组事实界定诉因，而没有直接参考这些事实是否可能涉及一种或一种以上的权利或救济方式。然而，应该在这组中考虑有什么事实的问题存在各种各样的答案。

有一种方法关注的是证明初步证据案件（a prima facie case）所具有的必要证据。不管两种诉讼背后的法学理论如何，也不需要考虑诉状中不同的陈述，如果需要支持第二个诉讼的证据与支持第一个诉讼的证据相同，则每个案件涉及的诉因相同。如果支持第二个诉讼的证据不支持第一个诉讼，则诉因是分开的，且第二个诉讼是不被排除的。

根据这种方法，源于同一疏忽行为提起的人身和财产损害赔偿之诉的诉因是不同的，因为证明损害赔偿对确立一个初步证据案件是必要的，且对财产损
66 害赔偿的证明并不支持对人身伤害享有请求权。在此情形下，独立诉因造成的结果令人困扰。

因此，虽然相同证据的检验标准经常被称作是一种通用的检验标准，但它作为一种包容性检验标准比排斥性检验标准效果更好。它是一种识别何时两个诉讼*涉及*相同诉因的好方法，但没有识别何时*没有涉及*。支持两个诉因的证据相同性可以表明，第二个诉讼与第一个诉讼关系如此密切，以至于应该只许可一个诉讼。然而，缺乏证据的相同性并不必然意味着容许第二个诉讼。许多判例承认这一点，[9] 且这是在《第二项重述》中反映的观点。[10] 因此，当第二个诉讼不是取决于支持第一个诉讼的相同证据之时，第二个诉讼是否应该被排除就必须使用其他标准来决定。

交易理念。所有上述方法都试图把某一种交易细分为许多诉因。没有一种方法包括一种以上交易。所有这些都涉及在界定上的难题。那么，为什么不把交易本身作为请求排除的单位？这会使该原理的适用更加简单。这种宽度会提高该原理的效率利益。一旦诉状、证据开示以及补充条款的程序规则变得已经宽松到足以许可当事人在一个诉讼中充分地对整个交易提起诉讼，则这种宽度就是公正的。

当然，此种交易理念仍然需对交易进行界定，但是现代程序习惯从功能上

9　例如威廉姆斯诉詹森案（*Williams v. Jensen*），《太平洋区案例汇编》第 2 辑第 408 期，自第 920 页开始（内华达州最高法院 1965 年）。

10　见《判决重述（第二次）》第 24 条 a—b 项评论，第 25 条 b 项评论（1982 年）；《判决重述（第二次）》第 61 条（1942 年）。

而非通过分析灵活和严格地对该术语进行界定。该定义在此语境下务实性地转向了既判力的效率与公正理论。通过考虑主要与审理方便和审理公正有关的具体条件，这种与现代程序理念最为一致的务实性方法就是查看在第二个诉讼中提出的请求是否为了裁决本应该在先前诉讼中提出。现代程序通过鼓励在单一诉讼框架内对提出的所有权利主张能方便且公正地加以审理的方法，寻求最大化地提高司法程序效率。

例如，《联邦民事诉讼规则》第 18 条许可原告在单一诉讼中针对被告加入尽量多的请求。当加入的请求并不构成一个方便、公正的审理单位时，法官可以分割请求或争点以便分开审理，且根据《联邦民事诉讼规则》第 42 条规定，命令分开审理（或者合并诉讼）的标准非常实用。应该考虑相同的实际条件是：在界定原告请求范围中，即不能将其分为多个诉讼或者以不同方式叙述该相同要点；在决定何时应该通过运作既判力强制原告在单一诉讼中提出权利主张。 67

《联邦民事诉讼规则》第 13 条（a）要求被告以反请求向原告提出可以提出的“产生于原告请求的诉讼标的交易或事件”的任何请求。但是，在第一审程序中原告加入发生于相同交易或事件的所有权利主张没有明确的条件。存在强制合并的要求体现在请求排除的原理中。务实性方法使用的条件类似于在解释强制反诉规则时发展起来的那些条件，该规则用以决定原告的权利主张的关联性如此密切以至于它们是唯一诉讼的主题——也就是用以决定原告请求的范围。

《判决重述（第二次）》赞同这种务实的方法。它抛弃了《判决重述（第一次）》试图把旧的检验标准合理化的不成功（失败）。的确，在试图阻止任何倾向于将陈旧的检验标准理解为新方法的过程中，《判决重述（第二次）》避开使用“诉因”并且用《联邦民事诉讼规则》中充满怀旧气息的术语规定黑体字规则（the black-letter rule）：

第 24 章“请求”合并或阻止的范围——有关“分割”请求的一般规则

（1）当原告的请求根据合并或者阻止规则在诉讼中被作出的有效和终局判决消灭时，被消灭的请求包括：就引起诉讼的全部或部分交易或者一系列相关交易而言，原告对被告享有的所有救济权利。

（2）什么事实组合构成“交易”和什么组合构成“系列”需要通过务实的方法决定，衡量诸如这些事实是否在时间、空间、来源或者动机上有关联，它们是否构成了一个方便的审理单位以及将其作为一个单位对待是否符合当事人的交易期望或者商业协议或习惯。

68 为了使所摒弃的旧理论不会被误解，《判决重述（第二次）》在第 25 条中详细地宣布，交易理念可以是：

尽管原告在第二个诉讼中做了准备，但原告对被告的请求也被消灭：（1）提出在第一个诉讼中没有提出的案件证据或者理由或者理论；或者（2）寻求在第一个诉讼中没有提出的救济或者救济方式。

也就是，原告必须小心地把要主张的请求完整地提交给法院，因为判决不仅阻止目前的重诉，也阻止之后对部分未主张请求进行追诉。根据交易理念，请求重要到足以包括：（1）不同的伤害；（2）不同的证据；（3）不管是累积的、可选择的或者甚至是矛盾的不同的法律理论；（4）不管是普通法的或者是衡平法的不同的救济方式；（5）一系列相关事件。

虽然早年交易方法被强烈地批评为太模糊和给法官留下太多随心所欲的余地，但最近人们开始承认其他检验标准可能具有的适用方面的确定性，诸如基本权利或救济权利检验标准，大多都是虚幻的。在司法利益需要的时候，法官能够而且会找到办法来改善任何检验标准的严苛性。交易检验标准的优势是识别法律生活事实和集中调查真正与司法管理有关的因素，而非把它们隐藏于一些大量地人为分析的概念中。同样，交易理念很明显比其他检验标准更符合当今法律推理。因此，决策的趋势是更广泛地接受它。[11]

然而，交易理念至今没有完全取代比较旧的检验方法。至少法院还在继续
69 引证诉因此种较旧的定义。不过，在此类案件中相同的裁决通常遵守交易理念。

2. 交易理念的适用

在一些常见的案件类型中，裁决的数量多到足以允许按照交易理念对请求范围进行归类。事实上，不管法院对请求的定义采用哪一种方法，法院总是倾向于在这些案件中作出相同的结论，但也不总是这样。

多方当事人（Multiple Parties）。传统上，为了既判力目的，产生于被告同一行为的数个原告请求被分析为不同的请求。在其他人不是当事人的诉讼中，通常对其中一个原告作出的胜诉或败诉判决不具有排除其他人请求的效力。在

---

11 例如威廉姆斯诉哥伦比亚燃气和电力公司案（*Williamson v. Columbia Gas & Elec. Corp.*），《联邦案例汇编》第 2 辑第 186 期，自第 464 页开始（第三巡回法院 1950 年）；奥布雷恩诉锡拉丘兹市案（*O'Brien v. City of Syracuse*），《东北区案例汇编》第 2 辑第 429 期，自第 1158 页开始（纽约州最高法院 1981 年）。

被告属于多方当事人的案件中情况也相同。

然而，在有些情形下，判决在涉及非当事人（nonparties）的后诉中可能具有请求排除效力（claim-preclusive effects）。这些情形可能与对物诉讼程序（in rem proceedings）或集团诉讼（class actions）有关或者存在于非当事人利益由某个当事人代理的情形中。如果将这些情形视为共同利益关系（privity）的应用而不包括由多方当事人提出或针对其提出的权利主张的单一请求范围中的情形，则其更容易被理解，[12] 虽然有些案件把该问题分析为请求范围之一。

还存在这样一种情形，即被起诉的债务是以债务人的连带义务为特征。根据普通法规定，连带债务人必须在同一诉讼中被起诉。如果原告没有就所有连带债务人提起诉讼并作出判决，该判决通常排除对未参加诉讼的债务人提起后诉。因此，可以说此类案件中的请求范围包含了一人以上所承担的义务。今天，在此意义上的真正连带义务的实例比普通法中实例少得多。[13] 请求排除的狭小领域，特别是在赔偿案件中仍然有利于非当事人。但是，这些情形最好被分析为非相互性请求排除，[14] 而不能分析为涉及包括由多方当事人提出的或者针对其提出的权利诉求的重要请求。

总之，根据交易理念，典型的请求所涉及的仅仅是单一原告和单一被告。 70
因此，通常任何一方存在多方当事人就意味着有多重请求（multiple claims）。

基于相同的基本事实产生的普通法和衡平法的权利主张。普通法与衡平法合并之前，在诉讼中根据普通法作出的判决应该排除依据衡平法就相同诉因提起后诉。然而，虽然一般事实具有相似性，但经常发现衡平诉讼涉及的是不同的诉因。或者由于其他原因，不会导致请求排除的发生。其中有这样一种理由是以请求排除的一般性例外为依据：当原告可能寻求的部分救济超出了受诉法院的司法管辖权时，该诉讼判决不会排除提起后诉以寻求可能不会获得的救济。[15]

然而，当第一个诉讼依据的是衡平法，则通常不会获得一般性例外，因为一般情况下衡平法清理原则（clean-up principle）[16] 许可结合衡平诉讼就普通法类

12　见第八章第一部分。

13　比较《判决重述（第二次）》第 49 条 b 项评论（1982 年）与《判决重述》第 101 条（1942 年）。

14　见第八章第二部分第（二）目第三项。

15　见第六章第二部分第（二）目。

16　译者注：清理原则（clean-up principle）是一项管辖权原则，即衡平法院一旦获得对某一案件的管辖权，它就可以就衡平法问题和普通法问题作出裁决，但条件是普通法问题是衡平法问题的附带问题。

救济作出判决。在有些法院，这意味着衡平诉讼排除通过清理原则获得普通法上的救济。[17] 然而，在其他法院，既判力坚持把两种救济形式作为不同诉因看待并因此容许提起后诉，除非在先前诉讼中要求过普通法上的救济。[18]

随着普通法和衡平法的合并以及对请求范围的务实性事实组合理念的日益接受，对有时起因于相同基本事实的两种不同请求的混淆似乎不再是合理的。因此，为实现既判力目的，今天绝大多数司法区把基于相同基本事实而提起的普通法和衡平法诉讼视为同一请求的组成部分。[19]

71 **依据合同提出请求。**除了多重违约或者多重救济以外，最常见的疑难案例是单一合同。

多重违约（Multiple Breaches）。某一特定合同可能包括几项任务，且对任何一项任务的懈怠都可能构成一种违约。若在违约之后，任何一方拒绝接受，合同就终止。原告之后必须在一个诉讼中寻求与合同有关的所有救济。[20]

在没有拒绝接受的情况下，对合同的每种违约一般被视作一项单独的请求，并且可以就发生的每种违约提起单独的诉讼。但是，如果受害当事人没有很快单独起诉，则每种违约就不再存在单独的请求。与可以分开的违约行为不同，对整个合同违约的请求范围通常包括了诉讼前发生且不是作为前诉判决对象的违约行为的所有权利主张。[21]

一方面，在类似租赁此种要求定期付款的未撤销合同中，除了在前诉中已经起诉而作出判决的分期付款外，请求包括所有诉讼开始时已到期而未付的分期付款。对少于全部到期未能分期付款的请求作出的判决会排除之后对其他到

17　例如吉伯特诉博克菲希公司案（*Gilbert v. Boak Fish Co.*），《西北区案例汇编》第 90 期，自第 767 页开始（明尼苏达州最高法院 1902 年）；普鲁特诉哈默尔斯案（*Pruitt v. Hammers*），《太平洋区案例汇编》第 2 辑第 292 期，自第 157 页开始（俄克拉何马州最高法院 1955 年）。

18　例如查努特砖瓦有限公司诉燃气皮带燃料公司案（*Chanute Brick & Tile Co. v. Gas Belt Fuel Co.*），《太平洋区案例汇编》第 130 期，自第 649 页开始（堪萨斯州最高法院 1913 年）；公民电话公司诉安德森公司案（*Citizens Tel. Co. v. Anderson*），《西南区案例汇编》第 2 辑第 291 期，自第 527 页开始（肯塔基州最高法院 1956 年）。

19　例如亨内平造纸公司诉韦恩堡波纹纸公司案（*Hennepin Paper Co. v.Fort Wayne Corrugated Paper Co.*），《联邦案例汇编》第 2 辑第 53 期，自第 822 页开始（第七巡回法院 1946 年）；见《判决重述（第二次）》第 25 条 i 项评论（1982 年）。

20　见《判决重述（第二次）》第 26 条 g 项评论（1982 年）。

21　见《判决重述（第二次）》第 24 条 d 项评论（1982 年）。

期未能分期付款提出请求。[22]

另一方面，如果分期付款义务规定在流通票据中，比如票据，则合同应该是可分的。对每个票据的拒付就构成一个单独的请求，对其作出的判决不会阻止对其他票据提出请求，即使它们是在诉讼开始时到期未付。[23] 考虑到交易理念在功能上的灵活性，当事人的期望和商业谅解也因此成为界定请求的内容。

多重救济（Multiple Remedies）。在普通法和衡平法合并后，产生于同一违约行为的损害赔偿救济和特定履行救济通常在现代法院被认为是属于既判力的同一请求范围之内。同样，在普通法和衡平法合并后，虽然传统实践容许现代法院在违约之诉败诉后以欺诈或错误为由对变更书面协议提起第二个诉讼，但变更书面协议之诉通常被认为是与违约之诉同一请求的组成部分。[24]

如果作为单一商业交易的组成部分，既产生了个人义务，又设立了财产担 72
保权益，请求的范围是什么？当然，在不动产和动产销售中，这种债务和抵押权协议很普遍。

传统方法一直把债务和抵押权视为具有实现既判力的单独请求。债务是对人权益；抵押权是对物权益。由于司法管辖权的限制，不同法院的判决可能有必要实现两种请求。然而，即使对债务和抵押权的裁判管辖权出现在一个法院，传统观点也一直认为分开诉讼是被允许的。在诉讼中依据个人义务作出的判决不会阻止为取消赎回抵押品而提起后诉。如果原告在债务问题上胜诉且对判决满意，则抵押权当然被解除，但仅是判决的作出不会阻止为变卖抵押品而提起后诉。间接禁反言可能阻止后诉中某些争点，但请求本身不会被合并或阻止。同样，关于取消赎回抵押品权利的判决不排除依据个人义务提起后诉，除非通过取消抵押品权利获得的财产足以满足该债务。

对请求范围采用日益盛行的务实性事实组合的概念可能表明，应该只存在

22　见福克斯诉康涅狄格州消防有限公司案（*Fox v. Connecticut Fire Ins. Co.*），《联邦案例汇编》第2辑第380期，自第360页开始（第十巡回法院1967年）；乐·约翰制造公司诉威布案（*Le John Mfg. Co. v. Webb*），《大西洋区案例汇编》第2辑第91期，自第332页开始（哥伦比亚特区最高法院1952年）；琼斯诉莫利斯计划银行案（*Jones v. Morris Plan Bank*），《东南区案例汇编》第191期，自第608页开始（弗吉尼亚州最高法院1937年）。

23　见克伦威尔诉索克县案（*Cromwell v. County of Sac*），《合众国案例汇编》第94期，自第351页开始（1877年）。

24　见马萨里诉艾斯得乐案（*Massari v. Einsiedler*），《大西洋区汇编》第2辑第78期，自第572页开始（新泽西州最高法院1951年）；《判决重述（第二次）》第25条f、i项评论（1982年）。

对人和非对人救济的一种请求。因此，有时有人辩论说，如果原告既能取得对债务人的对人管辖权，又能取得对抵押权益诉讼标的物的非对人管辖权，则原告就不应该被许可提起对债务和抵押权两种不同诉讼。[25] 但是，一般情况下这些案件不接受这种主张。这种对债务和抵押权提起独立请求的传统观点直到今天除了偶有例外一直被广泛地遵守着。[26]

73 **因侵权提出请求。**最常见的疑难案件类型是：（1）单一违法行为损害原告一项以上可识别权利；（2）被告可能犯有一项以上可识别的造成原告损害的侵权行为；（3）侵权行为或其效力延续相当长一段时间。

损害一项以上权利的单一违法行为（Single Wrongful Act Injuring More Than One Right）。典型的第一类案件就是上述情形：由于被告单一疏忽行为致使原告人身和财产遭受了损害。在此情形下，原告是否具有一个或两个请求的问题，遵循请求范围不同理论的案件所得出的结论就不同。事实上，越来越多的案件遵守交易理念，把该情形视为一个请求。[27]

由一种以上违法行为造成的单一损害（Single Injury Caused by More Than One Wrongful Ac）。当被告两种或两种以上侵权行为共同给原告造成损害时，同类别的差异在案件中可以看得到。尽管有共同事实因素，但有些法院强调分析性定义，把可区别的侵权行为视为单独请求对待。其他法院专注于诸如不同侵权行为证明中事实重叠程度的务实性因素，而把整体事件看作一个请求。

一方面，较早的权威认为“尽管不同的非法侵入或其他侵权行为或多或少有

---

25 见《判决重述（第二次）》第 30 条 b 项评论（1982 年）（阐明论点）。

26 例如，关于威尔逊案（*In re Wilson*），《联邦补充案例汇编》第 390 期，自第 1121 页开始（堪萨斯州联邦地区法院 1975 年）。（认为对票据的判决合并了担保请求，从而使权利人在债务人的破产程序中被剥夺担保债权人地位）但是，见俄克拉何马州银行诉富达国家银行与信托公司、堪萨斯州道奇市案（*Bank of Okla. v. Fidelity State Bank & Trust Co., Dodge City, Kan.*），《联邦补充案例汇编》第 623 期，自第 479 页开始（堪萨斯州联邦地区法院 1985 年）（以“大错特错”为由拒绝威尔逊案）。

27 见迪尔登诉海伊案（*Dearden v. Hey*），《东北区案例汇编》第 2 辑第 24 期，自第 644 页开始（马萨诸塞州最高法院 1939 年）（一个诉因）；拉什诉梅普尔海茨市案（*Rush v. City of Maple Heights*），《东北区案例汇编》第 2 辑第 147 期，自第 599 页开始（俄亥俄州最高法院 1958 年）（相同）；《判决重述（第二次）》第 24 条 c 项评论（1982 年）。但是，见克兰希诉麦克布赖德案（*Clancey v. McBride*），《东北区案例汇编》第 169 期，自第 729 页开始（伊利诺伊州最高法院 1929 年）（两个诉因）。参见安德里亚·G. 纳德尔（Andrea G. Nadel）的评述：“产生单一诉因的对人身和财产的同时侵害”（Simultaneous Injury to Person and Property As Giving Rise to Single Cause of Action—Modern Cases），《美国法汇编》第 4 辑，自第 646 页开始（1983 年）。

联系，但其产生的诉因不同”。[28] 他们因此支持的观点是：诉讼中对被告的牛非法侵入原告土地作出的裁决，不会阻止对作为先前诉讼根据前而发生的类似非法侵入提起后诉。[29] 堪萨斯州早期的一起案件认为，在一头母马和其小马都走在铁路通行道上而被相距大约 165 码远的一列火车撞击并死亡的情况下，两个独立的诉因发生了，对小马价值作出的原告胜诉判决并不阻止对母马价值提起后诉。[30]

另一方面，《判决重述（第二次）》遵循的是交易理念。它宣称当一个人在 74
一周内每天非法侵入另一个人的土地时，这是由一系列非法侵入构成的请求——虽然如同分期付款支付义务的案件一样，所有权人对发生的每次非法侵入本可以单独起诉。[31] 同样，即使被告侵入原告住宅、袭击原告并偷窃原告的物品，也只能提起单一诉讼。[32]

如上述注解的那样，法院通常根据稍旧的观点不把共同造成事故或损害的单独疏忽行为或懈怠行为视为单独的请求。因此，在被告驾驶刹车有缺陷的汽车和保持适当观察方面存在疏忽并且二者与原告受伤害的事故有因果联系的情况下，原告只有一项实现既判力的请求。[33]

持续一段时间的侵权行为（Tort Extending for a Period of Time）。原告遭受被告行为伤害可能有很长一段时间。该因素对请求范围有什么影响呢？

如果侵权行为是单纯接触性侵权行为（impact tort），即出现一次就结束但有持久影响的行为，则只存在一个请求。原告可能因被告单独的过失行为而导致的伤残使其 1000 天无法工作。但是，原告对该伤残只有一个请求，并且只有一次上法庭的机会去追偿到那时为止所遭受的所有损失和过失行为造成的未来将

28　亨利·坎贝尔·布莱克（Henry Camphell Black）：《裁判法专论》第 2 卷，第 1116 页（1902 年第 2 版）。

29　见迪·拉·款拉诉纽霍尔案（*De La Guerra v. Newhall*），《加利福尼亚案例汇编》第 55 期，自第 21 页开始（1880 年）。

30　密苏里太平洋铁路公司诉斯凯门案（*Missouri Pac. Ry. v. Scammon*），《太平洋区案例汇编》第 21 期，自第 590 页开始（堪萨斯州最高法院 1889 年）。

31　见《判决重述（第二次）》第 24 条 d 项评论（1982 年）。

32　见《判决重述（第二次）》第 24 条 d 项评论、图示 6（1982 年）；《判决重述（第二次）》第 62 条 f 项评论（1942 年）。

33　见恩斯特·绍普夫洛彻（Ernst Schopflocher）：“何为以既判力原则为目的的单一诉因？”（What Is a Single Cause of Action for the Purpose of the Doctrinc of Res Judicata？），载《俄勒岗法律评论》第 21 卷，自第 329—333 页开始（1942 年）。

遭受的所有损失。这种“一次总额追偿”（one sum recovery）原则起到了禁止后诉的作用，即使原侵权行为的后果直到判决之后才表现出来。[34]

如果侵权行为涉及的是产生或维持一种或多或少的永久性条件而该条件构成对原告权利的侵害随时具有可诉性，则既判力情形就更加复杂。持续性侵权
75 行为（ongoing tortious act）的情形是以逐渐蚕食建筑物形式的这种非法侵入案件和妨害案件为典型。在这些案件中，原告可能不仅对直到诉讼时所受伤害有获得赔偿的权利，即根据损害赔偿甚至包括未来的损害赔偿所作出的判决进行执行，而且有摆脱未来处境的权利，即根据禁令消除妨害（nuisance）或者结束非法侵入（trespass）或者根据驱逐之诉（ejectment）强制排除非法侵入状态。这些案件在实现既判力的请求范围方面所得出的结果一直存在矛盾。

人们普遍认为，在持续性妨害或非法侵入损害赔偿诉讼中提出的请求至少包括原告起诉前所遭受的所有损失。[35]此外，归纳更困难，并且不仅需要考虑在管辖权问题中所遵守对请求范围的界定方法，也需要考虑以下事项：首先，持续性妨害或非法侵入案件中“永久性伤害”的细节；其次，根据制定法、规则或裁判而已进行修改的普通法上驱逐之诉的范围；最后，普通法和衡平法在该司法管辖区中合并的程度。

首先，许多司法管辖区遵循的观点是：即使判决认为妨害或非法侵入的存在是对原告权利的侵权干涉，但其结构具有无限期地持续下去的持久性质，则原告就对永久损害具有先行的损害赔偿诉讼权利，该权利是根据归因于妨害或非法侵入原告土地从而造成总价值减少来衡量的。也就是，如果前提条件被认为具有永久性，[36]则原告只有一个损害赔偿请求。在由这种条件引起的损害赔偿诉讼中，不论对原告作出的是有利还是不利的判决，都阻止依据同一条件再提起损害赔偿之诉，即使原告除了对起诉前造成的损失提出索赔外再没有提出别的

34　见《判决重述（第二次）》第 25 条 c 项评论（1982 年）。但是，评注：“当代潜伏性疾病案件的请求排除：允许再次诉讼的建议”（Claim Preclusion in Modern Latent Disease Cases: A Proposal for Allowing Second Suits），载《哈佛法律评论》第 103 卷，自第 1989 页开始（1990 年）。

35　见贺内伽诉国际矿物和化学公司案（*Henegar v. International Minerals & Chem. Corp.*），《西南区案例汇编》第 2 辑第 354 期，自第 69 页开始（田纳西州最高法院 1962 年）；《判决重述（第二次）》第 26 条 h 项评论（1982 年）。

36　见丹 · B. 多布斯（Dan B. Dobbs）：《多布斯论救济法》（*Dobbs Law of Remedies*）第 1 卷，第 822—825 页（1993 年第 2 版）（此种情形给予永久性标准）。

要求。

如果妨害或非法侵入被认为是暂时的，通常的观点是只要条件仍然存在，原告就必须提起连续性的损害赔偿诉讼。每次这种诉讼中的请求包括从进入审判的最后一次诉讼起直到提起新诉时为止所遭受的所有损失——或者法定诉讼时效期限内所有损害的一部分。

然而，有些法院从实体法角度确立了原告具有把妨害或非法侵入视为永久 76
性或者暂时性的选择。因此，既判力法相应地作出调整以尊重原告的选择。[37]

其次，根据普通法，驱逐之诉是为收回占有土地设置的。非法剥夺原告占有导致的损失，比如被告使用土地的价值，不能在驱逐之诉中获得赔偿，而必须在占有权恢复后在“返还不当得利之诉”（trespass for mesne profits）这种单独诉讼中寻求赔偿。然而，在现代司法实践中，如果不仅对财产本身而且对被告个人取得管辖权，则土地占有和中间利益损害通常可以在同一诉讼中获得恢复。[38] 当在同一诉讼中可以获得恢复时，适用于妨害或非法侵入的损害赔偿诉讼规则的逻辑是原告必须在一个诉讼中对诉讼开始时产生的所有损失进行追偿——产生的观点是对占有土地进行的救济和对非法剥夺占有进行的救济应该在一个诉讼中进行并且因此构成既判力视角下的单一请求。[39] 尽管如此，一些采取某一种较旧方法对请求范围进行界定的法院已经表明占有权和损害赔偿诉讼仍旧是不同的请求，因此，容许提起单独的诉讼。[40]

最后，普通法和衡平法合并前，在赔偿已遭受损害提起的诉讼中所作出的判决，不阻止之后提起为防止未来侵害的衡平法诉讼。得出此种结果的理由或许是损害赔偿诉讼和禁令诉讼是既判力目的视角下的单独诉因或者部分救济超出了法院的管辖权。因此，原告可能依据普通法对由于妨害或非法侵入产生的损害提起诉讼，之后可以再次起诉以防止这种状况在未来持续存在。

37　见雷诺金属公司诉万德案（*Reynolds Metals Co. v. Wand*），《联邦案例汇编》第 2 辑第 308 期，自第 504 页开始（第九巡回法院 1962 年）；斯波尔丁诉坎默隆案（*Spaulding v. Cameron*），《太平洋区案例汇编》第 2 辑第 239 期，自第 625 页开始（加利福尼亚州最高法院 1952 年）；《判决重述（第二次）》第 26 条第（1）款（e），h 项评论（1982 年）。

38　见《联邦民事诉讼规则》第 18 条（b）款。

39　见《判决重述（第二次）》第 25 条 j 项评论（1982 年）。

40　例如克雷诉菲尔德案（*E. g.，Clay v. Field*），《合众国案例汇编》第 115 期，自第 260 页开始（1985 年）。

77 然而，如果原告依据衡平法单独提起第一个禁令之诉，有的法院就认为该判决阻止了之后提起损害赔偿之诉，因为原告可能凭借衡平法的清理原则在同一衡平法诉讼中同时获得禁令和损害赔偿。不过，其他一些法院坚持的观点是禁令和损害赔偿诉讼的诉因是不同的。目前，根据现代程序哲学，更好的观点是在两种形式的救济都可以在同一诉讼中获得的情况下，损害赔偿的请求被作为同一请求一部分的准许或者否认禁令的裁决阻止了。由于这种可用性几乎在现在这个合并后的国家里无处不在，因此，排除通常会遵循禁令之诉。[41]

尽管如此，目前还不清楚这种相反的说法是否正确，也就是在首次诉讼中依据普通法单独就累积损失作出的判决是否应该阻止之后对将来继续妨害和非法侵入提起禁令之诉。正如我们已经观察到的那样，旧的案例通常不会在此情形下判决阻止禁令之诉，而且现在可能存在不这样做的合适理由。首先，禁令仍然被看作是属于比损害赔偿更具严厉性质的救济方式。它们不仅使被告服从可能比损害赔偿判决运作更严厉的藐视处罚，而且它们可能需要法院持续关注执行救济且可能需要对遵守问题提起后诉。如果损害赔偿判决充分地保护了原告的利益，法院因此就不发出禁令。其次，至少存在的待商榷之处是，是否通过鼓励原告只寻求对持续性妨害或非法侵入进行损害赔偿的方法进一步实现了司法运行的经济性目标，该目标是建构整个既判力规则的基础。当有些单独的争点在先前诉讼中可能本不必进行诉讼而提起诉讼时，如果原告必须把损害赔偿要求与禁令要求结合在一起，则一定会耗费非必要的司法努力。原告在诉讼开始时可能相信，损害赔偿判决既赔偿了过去的损害又使被告出于自身利益停止妨害或非法侵入以避免将来的责任。事实上，在此类案件中作出对原告有利的判决能够促使被告停止侵权行为。即使不会如此，但在之后提起禁令之诉的情况下，有关是否妨害或者非法入侵案件的主要争点将会被提起诉讼，并且应该通过争点排除加以确定。另外，当然，在损害赔偿诉讼中作出有利于被告的判决可以结束争议。

78 因此，在持续性妨害和非法侵入案件中，当是否可获得救济的问题作为请求范围的一个问题被提出时，该范围似乎取决于第一次诉讼是只寻求禁令还是损害赔偿。禁令之诉会阻止包括损害赔偿的请求。但是，因暂时性妨害或非法

41 见《判决重述（第二次）》第 25 条 i 项（2）评论，图示 19（1982 年）。

侵入寻求累积损害赔偿的诉讼不应该阻止之后提出禁令请求，正如同它不阻止为之后累积损害赔偿提出请求一样。请求概念的柔韧性进一步证明了交易理念在功能方面的灵活性。

所建议的区别是取决于首次诉讼中寻求救济种类的不同，即救济是前瞻性的还是回顾性的，而不是取决于首次诉讼是以衡平法还是普通法为特征这个技术问题。寻求前瞻性救济的普通法诉讼会阻止之后的禁令之诉。例如，在持续性非法侵入案件中，原告可以享有提起特别履行的普通法救济，也就是驱逐之诉；如果首次诉讼中原告寻求的是指示具体停止非法侵入状态的命令，则为实现既判力的请求应该既包括驱逐之诉也包括作为一种选择性救济方式的禁令以及损害赔偿；如果原告在首次诉讼中寻求的仅仅是驱逐之诉或仅是禁令，则最后的判决应该阻止之后为遗漏救济提起的诉讼。[42] 同样，如果原告在永久性非法侵入案件中寻求未来损害赔偿，最后的判决应该阻止之后为特别救济提起诉讼。[43]

基于同一基本事实的联邦和州权利主张。同一组基本事实可以依据州和联邦法律产生诉讼权利。例如，同一行为可能同时违反州和联邦反托拉斯法，每种法律都产生权利。或者同一行为可能涉及某一普通的州法律侵权请求和涉及以《美国法典》（U. S.C.）第 42 卷第 1983 条中《联邦民事权利法》（the Federal Civil Rights Act）为依据的请求。这种重叠是一些有趣的既判力问题的来源。在此类案件中，只有一种实现既判力的请求或者是有两种请求？按照基本权利方法对请求界定就会包括两种请求，但按照交易理念对请求界定就只有一种请求。我们可以找到呈现每种方法的案例。

因为我们所指的案例是根据州和联邦法律提出的权利诉求，本质上是基于同一事实，因此，一次出庭陈述的机会就足以对二者作出裁判。当同时依据州和联邦法律提出的权利主张可以在州或者联邦法院裁决时，无论是州还是联邦法院作出的某一判决可以据此对来自两个来源的权利具有确定性。考虑三种可能的情形。首先，如果联邦性质的权利主张不能够在联邦法院审理（例如，由 79

42 见豪尔诉苏勾案（*Hahl v. Sugo*），《东北区案例汇编》第 62 期，自第 135 页开始（纽约州最高法院 1901 年）。

43 参见查尔斯·艾伦·赖特（Charles Alan Wright）、亚瑟·R. 米勒（Arthur R. Miller）、爱德华·H. 库珀（Edward H. Cooper）：《联邦诉讼实践与程序》第 18 卷第 4409 条，第 77—80 页（1981 年和补编 1999 年）。

于争议金额不足等），那么州判决可以同时包括州和联邦性质的权利诉求。其次，如果联邦权利诉求可以在联邦法院审理，则在通常情况下联邦法院也可以依据《美国法典》第 28 卷第 1332 条规定的异籍管辖权或者《美国法典》第 28 章第 1367 条规定的补充管辖权容纳州性质的权利诉求。除非依据制定法所确立的联邦性质的权利诉求专属于联邦法院管辖，否则，两种权利诉求都可在州法院审理。最后，如果联邦权利诉求专属于联邦法院管辖（例如，联邦权利诉求产生于反托拉斯法），则州法院没有资格直接裁判该联邦权利诉求。

如果州和联邦权利诉求都属于裁判法院的管辖范围，那么请求范围的现行交易理念表明，无论是州法院还是联邦法院作出的判决都应阻止在另一个法院中再次诉讼，即使事实上在前诉中没有对整个请求提出主张。法律不应该容许这种分割请求的做法。[44]

当联邦法院对州性质的权利诉求缺乏独立的事物管辖权时，如果原告在联邦法院起诉，则联邦法院的判决通常应该仍然依据交易理念阻止在州提起后诉，因为联邦法院通常本可以行使补充管辖权。但是一种例外应该适用于：联邦法院拒绝或者明确地不行使补充管辖权（supplemental jurisdiction）。[45]

当联邦性质的权利主张属于联邦法院专属管辖权（exclusive jurisdiction）范畴内，如果原告就州性质的权利主张在州法院起诉，那么原告之后可以就联邦性质的权利主张在联邦法院起诉吗？如果可以，则某种程度上既判力政策就被破坏了。原告可选择法院，因其本来能够在联邦法院提出州权利主张和联邦权利主张，因此，可以推断出，原告由于选择在州法院起诉就放弃了联邦权利主张。
80 然而，法律制度不愿强迫原告放弃进入州法院的权利。此外，即使许可之后提起联邦诉讼，但争点排除通常用来恢复损失掉的效率。最后，赋予州判决请求排除效力会极大地损害规定在国会立法中联邦管辖权的专属性目的。总之，这是一个疑难和有争议的问题（close question），但绝大多数法院已经许可原告之后就专属性的联邦性质的权利主张在联邦法院提起诉讼。它们得出那种结论的方法是：通过裁决联邦和州性质的权利诉求是具有既判力的单独请求，或者更好的方法是当第二次诉讼中寻求的救济超出了第一个法院的管辖权时援引可适用

44 见《判决重述（第二次）》第 25 条 e 项评论，图示 11（1982 年）。

45 见杯里斯同诉德士古公司案（*Belliston v. Texaco, Inc.*），《太平洋区案例汇编》第 2 辑第 521 期，自第 379 页开始（犹他州 1974 年）；《判决重述（第二次）》第 25 条 e 项评论，图示 10（1982 年）。

的请求排除例外。[46]

准据法（Choice of Law）。我们前几章所描述的是典型的美国司法管辖权中的既判力，其会在与最初诉讼相同的法院系统的后诉中起作用。但是，在此我们已经浏览了涉及两种不同法院系统中的连续诉讼的假设性问题。后面，在第十章第二部分下面，我们将涉及适用于这些非国内判决的既判力法的性质问题。该范围的主旨是作出最初判决的拥有司法管辖权法院的法律通常会在其他法院的后续诉讼中起作用。这样，即使是在我们最后关于州判决对专属联邦救济产生影响的假设中，州既判力法通常也会适用。因此，本章我们所说的是典型的州法律实际上容许原告之后对专属性联邦权利诉求在联邦法院提起诉讼，因为在第二个诉讼提出的救济超出第一个法院管辖权时，州既判力法不会适用请求排除。

说明。为了检讨整个问题领域，根据州和联邦证券立法提出的权利诉求是具有说明性的。原告不能在州法院提出联邦权利主张，因为这种请求的联邦管辖权是专属性的。此外，除非公民的州籍不同（diversity of citizenship），否则原告可能无法在联邦法院提出州权利主张。当然，根据补充管辖权，联邦法院可以受理源于同一交易的州权利诉求。

因此，如果首次证券诉讼是在联邦法院，则不管原告是否选择在联邦诉讼 81
提出州权利主张，判决通常也会阻止对其提出。然而，补充管辖权的行使是由初审法院自由裁量的。如果原告确实提出州权利主张而联邦法院拒绝受理它，则该判决将不阻止在州提起后诉。理由是如果原告不能向法院提出两种权利主张，则该法院的判决就不应该阻止根据其他法律产生的部分请求。

同样，如果首次证券诉讼在州法院，则判决不会阻止对联邦权利主张提起后诉。州法院不能审理联邦权利主张，并且除非原告被认为放弃了依据联邦规定提出诉求的权利，否则没有任何规定要求原告在对州权利诉求起诉前处理联邦权利诉求。

46　见克雷木·汤普奶油商诉迪安牛奶公司案（*Cream Top Creamery v. Dean Milk Co.*），《联邦案例汇编》第 2 辑第 383 期，自第 358 页开始（第六巡回法院 1967 年）；《判决重述（第二次）》第 26 条第（1）款（c），c 项评论（1）目，图示 2（1982 年）；评注："前诉非联邦上诉按照 1934 年《联邦证券交易法》第 10 条（b）款所规定的对联邦专属管辖权的影响"（The Effect of Prior Nonfederal Proceedings on Exclusive Federal Jurisdiction over Section 10（b）of the Securities Exchange Act of 1934），载《纽约大学法律评论》第 46 卷，自第 936、943—947 页开始（1971 年）（引用案例）。

然而，如果被告以公民异籍为根据把州证券诉讼移送至联邦法院，则原告为了增加联邦证券权利主张就可以在此修改起诉状（complaint）。如果原告不修改起诉状，则适用既判力会有困难并存在争议。因为法院本可以在被移送的诉讼中裁判联邦权利诉求，因此，不论原告是否提出联邦权利主张，最后的判决都可能排除这一点。[47]

小结。说到最后，根据交易理念，一个简单的方案出现了：

基于同一基本事实的联邦和州权利主张构成一个单一请求。但是，如果原告在司法管辖权上不能同时主张二者，则有一种例外用以许可在其他法院提起后诉。

避让（Abstention）。然而，不可否认的是，联邦和州关系很复杂，这样就产生了一些特殊问题。以避让原则（abstention doctrine）产生的案例为例。如果选择联邦法院的原告所具有的联邦和州权利主张，是基于同一基本事实且在州法院对州法律中不确定性问题作出决定前，则法院可以放弃对联邦宪法性权利诉求作出裁决。[48]原告之后终究必须在州法院启动某类诉讼程序。根据州程序，不论该诉讼程序是什么性质，尽管原告可以将联邦权利主张留待联邦法院以后
82 裁决，但他必须按照联邦权利主张提出州权利主张。不奇怪的是，既判力法容许原告在州法院判决后回到联邦法院追索所保留的联邦权利主张。[49]这在性质上属于请求排除的一般例外，即承认法院可以授权原告分割请求。[50]然而，原告基于经济利益或其他理由可以决定将州和联邦权利主张无限制的同时提交给州法院进行裁判。在此情况下，最后的判决将对整个请求具有正常的请求排除效力。

如果原告律师想在联邦法院提出联邦权利主张，相对肯定的是，如果诉讼首先在联邦法院开始而联邦法院放弃管辖，则律师就可能决定首先在州法院进行诉讼，在提出州权利主张的同时保留联邦权利主张以便之后在联邦诉讼中提

47 见恩格哈特诉贝尔霍威尔公司案（*Engelhardt v. Bell & Howell Co.*），《联邦案例汇编》第 2 辑第 327 期，自第 30、35 页开始和注释 2（第八巡回法院 1964 年）。

48 见铁路委员会诉普尔曼公司案（*Railroad Comm'n v. Pullman Co.*），《合众国案例汇编》第 312 期，自第 496 页开始（1941 年）。

49 见英国诉路易斯安那州医学检查委员会案（*England v. Louisiana State Bd. of Med. Exam'rs*），《合众国案例汇编》第 375 期，自第 411 页开始（1964 年）；《判决重述（第二次）》第 86 条 f 项评论（1982 年）。

50 见第六章第二部分第（三）目。

出。然而，从既判力角度看，这种本来合理的策略是非常有风险的。律师可能发现，即使其明确地拒绝在州法院提出联邦权利主张，州法院的判决也会排除联邦权利主张。换句话说，这两种权利主张会被视为实现既判力目的的单一请求，司法不许可分割请求。[51]

（二）通过判决消灭请求（Extinguishing Claim by Judgment）

在首次诉讼背景下，当事人通常情况下不得对已由有效的、终局的判决确定的请求再进行讼争。判决消灭了整个请求，排除了对在首次诉讼中已经或本可以进行讼争的请求范围内的所有事项。请求排除原理又细分为合并（merger）和阻止。

该请求排除原理不仅适用于经过充分审理后作出的判决，也适用于缺席（default）判决或驳回起诉（dismissal）判决。同样，在缺乏某些规定以表明当事人考虑可能对部分请求提起后诉的情况下，这类案件通常也将该原理适用于依据当事人协议或和解作出的判决，例如合意判决。然而，有些法院采取的观点是：由于根据请求排除的一般例外，当事人可以同意分割某一请求，[52] 因此，至少在合意判决没有包括所有请求时，这种协议将被推定为没有相反规定。[53]

1. 合并

如果首次诉讼的判决有利于原告，则原告的请求可以说合并于判决中。原 83
告不能对该请求提起第二次诉讼以期望赢得更有利的判决。然而，原告可以寻求执行（enforce）该判决且被告此时不得提起在该首次诉讼中已经或本可以提出的防御。

有利于权利请求人的判决阻止对潜在请求提起后诉。[54] 最初的请求都在判决中合并以至于不准许对该请求提起其他诉讼。即使权利请求人在首次诉讼中没有寻求可以提出的所有救济方式，情况也一样。对某一个请求作出的某一判决

51　参见查尔斯·艾伦·赖特（Charles Alan Wright）、亚瑟·R. 米勒（Arthur R. Miller）、爱德华·H. 库珀（Edward H. Cooper）:《联邦诉讼实践与程序》第 18 卷第 4471 条（补编 1990 年）。

52　见第六章第二部分第（四）目。

53　见 E. H. 史考布勒（E. H. Schopler）的评述：“受协议或合意方式作出的前诉判决事实所影响的既判力”（Res Judicata As Affected by Fact That Former Judgment Was Entered by Agreement or Consent），载《美国法律汇编》第 2 辑第 2 期，自第 514、562 页开始（1948 年）。

54　参见《判决重述（第二次）》第 18 条（1982 年）。

是对权利请求人有权利提起的所有请求作出的判决。权利请求人不能把该请求分为两个或两个以上的诉讼。

虽然不容许对原始请求提起第二个诉讼，但胜诉的权利请求人可对判决提起新诉。按照普通法，金钱判决本身就被视为一种诉因。它是一种债，是支付一定金钱的、以“记录在案的债”（debt on a record）的形式支持诉讼的债。判决本身就是一种请求，与其所依据的原始请求是不同的，这种理念一直持续到现在。合并的子原理确实有时需要通过被较高权利（以判决为依据的请求）替代的较低权利（原始请求）进行解释。

当依据判决提起诉讼时，目的仅仅是获得另一个判决，如果被告不履行，则该判决仍然必须通过执行或其他程序加以实施。那么，对判决进行起诉的要旨是什么？为什么不简单地寻求对第一个判决进行执行呢？答案是在发现、查获以及销售被告财产以履行该判决或找到被告这个人的此时和此地，第一个判决不能通过正常程序执行。首先，随着时间的流逝，最初判决可能已经处于“休眠状态”（dormant）而需要重新激活，对判决提起的诉讼可以是实现该目的的
84 一种方法。或者执行最初判决的法定诉讼时效或许即将期满。其次，最初的判决可能是在某一个州而非现在寻求执行的州作出的。地方司法官通常不执行另一个州作出的判决，并且当地法官不会被授权执行在该州没有记录在案的判决。一个州的判决在另一个州变为具有可执行性的传统程序是：通过对其他州的判决所体现的义务在执行州提起诉讼的这种方法，从而作出一个顺理成章的具有可执行性的当地判决。

如果对判决提起诉讼，则不得对已经或本可以在最初诉讼中提出的原始请求中的案件实体问题的争点重新审查。这不仅包括原告请求本身的要素，也包括被告对原始请求的答辩。

正如上面提到的那样，判决本身就是为了作出新判决而支持诉讼的一个请求。逻辑也许会导致人们得出结论，在对先前判决提起的诉讼中获得一个新判决时，对先前判决的请求消失了，即合并在新判决中，因此，任何对先前判决进一步提起的诉讼将会被阻止。但是，就在此方面的现行法而言，逻辑推理会误导人们。为了说明，假定 A 在 X 州获得对 B 的一份金钱判决。由于在 X 州不能获得对判决的执行，A 就以判决为依据在 Y 州提起诉讼并且在 Y 州得到了一份可在 Y 州执行的判决。如果不能在 Y 州得到全部执行，A 则可能需要再在 X 州获得一份执行令。如果 A 获得了执行令或者 X 州判决合并于 Y 州判决中，则

此时在X州对Y州判决提起诉讼有必要吗？绝大多数法院认为，早期判决仍然有效。就早期判决在X州执行而言，X州判决没有合并于Y州判决中，因此，没有必要在X州起诉从而把Y州判决变回到X州判决中。同样，如果A现在寻求在Z州执行，A可以对X州或Y州判决提起诉讼。A可以寻求对任何或所有这些判决的执行，但当然限制于一次执行。[55]

2. 阻止

如果在最初诉讼中判决有利于被告，原告的请求应该说就被判决阻止了。原告不能对该请求提起第二次诉讼以期望这次获得胜诉。 85

对权利请求人作出的不利判决阻止对同一请求再次提起诉讼。[56]在此情况下，请求没有合并于判决中。相反，不论涉及的是在首次诉讼中已经提出还是本可以提出的要素方面，判决都阻止了请求和对其进一步诉讼。因此，如同合并规则一样，阻止规则用以制止把单一请求分割成一个以上诉讼。

的确，绝大多数合并原则适用于对权利请求人作出的不利判决。但是，请求排除的阻止方面有一些不同的特征。最显著的特征是涉及对权利请求人不利的判决是“关于案件实体”（on the merits），这在下面讨论。

二、规则的例外

可以预见，宽泛的请求排除交易概念已经产生了若干重要的、普遍被公认的例外。在有些情况下，一个有效的和终局的判决不会阻止对原始请求提起后诉，因此，原告可以对部分或全部同一请求提起第二个诉讼。

（一）不对案件实体作出的裁判（Adjudication Not on the Merits）

以前，请求排除只在判决“针对案件实体”作出的情况下才运作。今天，该条件已分解，排除的适用范围更广，但仍然存在一些不以评价诉讼实质为依据的门槛式终结诉讼的案件，这些案件被看作请求排除的例外。

有利于原告的每个判决都是对案件实体权利作出的判决。即使这种判决是通过缺席判决或未经审理作出的，但其是正式地对请求的实体有效性作出决定

---

55 见穆尔诉市法院法官案（*Moore v. Justices of the Mun. Court*），《东北区案例汇编》第197期，自第487页开始（马萨诸塞州最高法院1935年）；《判决重述（第二次）》第18条j项评论（1982年）。

56 参见《判决重述（第二次）》第19条（1982年）。

的。它具有合并效力。然而，不利于原告的判决可能是基于各种与请求的实体
86 有效性无关的理由作出的。请求可能因提交的形式或方式有某些程序性缺陷而被驳回。权利请求人不应该由于技术性错误而被处罚到失去对请求的实体性事实有权公平出庭陈述的程度。因此，有一些对权利请求人不利的判决，虽然其是有效和终局的，但其没有阻止效力。[57] 此种类型中一个很好的例证就是因审判地不正当而被驳回的诉讼，其没有阻止效力。

通常用来区别有阻止效力判决和没有阻止效力判决的一个术语就是“损害权利”。[58] 如果判决影响实体权利，它就阻止后诉；如果没有影响实体权利，它就不阻止后诉。但这个术语本身并非有助于识别哪些判决有阻止效力。

“基于案件实体”至少表明在这类判决中有些具有阻止效力。《判决重述（第一次）》就使用该术语。[59] 但是，使用基于案件实体术语用来描述那些判决被批评为误导，因为它没有正确地描述此类别。对请求的实质内容决定后所作出的判决经常具有阻止效力，但并非所有具有阻止效力的判决都以这种实质性决定为依据。因此，阻止规则事实上适用于在逻辑上可能被描述为对案件实体作出的判决，并且最近也越来越多地适用于其他因没有沉溺于虚构而不能被这样描述的判决。后面这类恰当的例子就是因没有依法起诉被驳回诉讼，其有阻止效力。

《判决重述（第二次）》在其阻止规则中抛弃了基于案件实体这个传统术语；[60] 在避免使用基于案件实体这个术语的时候，它涉及把判决类型区分为有阻止效力和没有阻止效力，其方法是先宣布阻止适用于所有有效和终局性判决，但之后把包括绝大多数传统上不是以基于案件实体为特征的此类案件所作出的判决排除在外。[61] 其方法有助于消除一些混淆，这些混淆起源于根据传统方法得出的必要性。这种传统方法把一些裁决分为对案件实体具有阻止目的，即使它们实际上从未涉及案件的实体性争点。[62]

87 然而，许多案件继续使用传统的术语。许多制定法和规则同样使用“影响实体”和“基于案件实体”术语来描述具有阻止效力的裁决。因此，读者不应

57 参见《判决重述（第二次）》第 20 条（1982 年）。
58 见，《联邦民事诉讼规则》第 41 条（a）款。
59 见《判决重述》第 48 条（1942 年）。
60 见《判决重述（第二次）》第 19 条（1982 年）。
61 见《判决重述（第二次）》第 20 条（1982 年）。
62 见《判决重述（第二次）》第 19 条 a 项评论（1982 年）。

该忘记旧的方法，如同我们简要描述《判决重述（第二次）》中有关一般阻止规则例外的细节一样。

1. 因缺乏管辖权被驳回诉讼（Dismissal for Lack of Jurisdiction）

很明显，一些门槛式防御不涉及案件实体，从这个意义上说，没有法院视其会产生阻止效力。因此，因缺乏事物管辖权（subject-matter jurisdiction）或地域管辖权（territorial jurisdiction）、审判地不当（improper venue）、通知不充分（inadequate notice）或者未使应参加诉讼的当事人参加诉讼（nonjoinder）或诉讼当事人的错误合并（misjoinder of parties）而作出的驳回诉讼，不会具有阻止效力。[63]

2. 因起诉不充分被驳回诉讼（Dismissal for Insufficiency of Complaint）

较旧的方法。基于起诉不充分而提出抗辩或者因对未能陈述可给予救济的请求而提出驳回诉讼的更现代的动议，对维持此抗辩或动议作出的判决是对案件实体作出的判决吗？历史上，有些对原告起诉的抗辩作出的维持判决确实有阻止效力，而有些则没有。这些案例寻求解释这种差异，宣布有些抗辩涉及诉因的案件实体，而有些则没有。《判决重述（第一次）》赞成这种方法但未阐释它。[64]

原则上，根据旧的案例法，如果抗辩依据的是门槛缺陷而不是没有陈述诉因，则对此抗辩作出的判决就不会起阻止的作用，因为它不是对案件实体作出的判决。这些诸如对人或对事物管辖权、未使应参加诉讼的当事人参加诉讼或诉讼当事人的错误合并以及拖延诉讼事项可能被提出抗辩，并且基于那些理由作出的维持抗辩的判决不阻止基于同一诉因提起后诉。

对确实因没有陈述诉因而提出的抗辩可能涉及案件实体，也可能不涉及案件实体。一方面，如果抗辩提出的缺陷仅与起诉形式有关，则案件实体就不复杂，且不会产生阻止效力。另一方面，如果起诉状诉称的事实显示答辩有效，比如欺诈法律，则起诉状就具有可抗变性，并且依据这种抗辩作出的判决会阻止后诉。同样，如果诉称事实表明原告寻求对法律根本不承认的一种所谓完全没有 88
陈述诉因的违法行为进行救济，则对起诉状抗辩所作出的判决就有阻止效力。因此，为了对讨论中的违法行为规定救济方式，即使实体法后来已经改变，它

---

63 见《联邦民事诉讼规则》第 41 条（b）款；《判决重述（第二次）》第 20 条第（1）款（a）项（1982 年）。

64 见《判决重述》第 50 条（1942 年）。

也会阻止对同一请求提起新诉（比如，精神痛苦）。

有一种常见情形特别麻烦。当原告的起诉状诉称的事实说明存在法律上可以审理的事由，但忽略了一个或多个必要的陈述，这种起诉形式中的缺陷不涉及案件实体吗？或者它更像是原告提出一起法律不承认诉因的案件，其缺陷不涉及案件实体权利吗？当然，如果原告再次起诉所称的事实基本上是同一事实，则直接禁反言会阻却新诉。但是，如果原告在起诉状中增加了遗漏的陈述该怎么办呢？一般的方法是因诉因陈述不充分作出驳回诉讼是基于形式上的缺陷而非案件实体，因此，此种判决不会阻止依据同一诉因提出后诉。[65] 换句话说，第一个判决仅仅是认定这里诉称的事实不够充分；它没有认定那些事实加上其他事实是不充分的；原告应该有出庭陈述机会以检测后一组事实的法律充分性。这种方法用来保护原告不会因不正当起诉或律师疏忽大意而失去诉因。然而，它同时提供了一种可能使用起来很麻烦的方法。只要新诉状提供了另外的事实，对遗漏主张必要事实的抗辩所作出的判决，就不会阻止后诉，因此，原告可以在判决后再次提起诉讼。

一些法院遇到同样令人烦恼的情形，宣称因遗漏必要诉称而作出维持抗辩的判决，既是对完全没有陈述诉因的抗辩作出的判决，也是对案件实体权利作出的判决。然而，按照这种处理方法，被阻止的诉因仍然可能被视为仅是在第一个诉讼中提出的诉因。提出那些事实的诉状加上遗漏的那些事实可
89 能被视为陈述一种不同的诉因。因此，结果会与根据处理问题的一般方法得出的结果一样：因遗漏主张必要事实而导致的驳回诉讼不阻止原告提出后诉从中主张遗漏的事实。

其他难题存在于一些旧观念的背景中，这些观念依据的是起诉和动议实践中的陈旧概念。如果第一次起诉实际上提出了所有必要因素，但初审法官错误地裁判某一种附加的诉称是必要的，这导致了一种奇怪的情况。在第二个诉讼中增加一种非实质性的诉称并没有提供任何第一个诉讼真正丢失的东西，因此，第二个起诉状与第一个诉讼没有实质性的区别。应该容许原告对本质上相同的案件再次起诉辩论吗？或者阻止原告提出，从而迫使其对错误的裁决提起上诉吗？在此类没有上诉必要的案件中原告是否能够提起一个新的诉讼是存在争议

65　见凯戴姿诉奥尔巴尼案（*Keidatz v. Albany*），《太平洋区案例汇编》第 2 辑第 249 期，自第 264 页开始（加利福尼亚州最高法院 1952 年）。

的。然而，有些法院作出了相反的裁判。[66]

限制这些潜在滥用和潜在申请困难的可能性的一种方法是：许可原告在第一个诉讼中通过对遗漏诉称的增加来修改诉状。因此，如果原告修改了起诉状，则维持抗辩的判决就会避免。如果原告不能修改，或不修补或者无论如何没有根据这些情况修改诉状，则就会对该抗辩作出判决。因此，有些法院裁判该判决阻止后诉，即使在后诉中提出了所遗漏的诉称。然而，其他法院没有遵守这样的处理方法，原告仍然能在修改起诉状和提起新诉之间进行选择。[67]

现代处理方法。实际上，这种修改矫正方法并不足以满足现代的要求。[68]当然，请求交易理念放弃了把连续性诉讼看作依据不同请求提出的处理方法。此外，政策驱使扩展既判力的这种倾向打破了如同不对案件实体那样提出抗辩而作出驳回诉讼的旧观点。因此，今天绝大多数司法管辖区认为，因起诉状不充分而作出的判决具有阻止原告试图陈述现行请求的作用。[69]当特定情形有保证之 90
时，作出判决的法院通过规定其判决对新诉的案件实体没有影响的方法来详细说明判决不存在阻止效力。但在没有详细说明的情况下，因没有陈述请求而作出的驳回诉讼具有阻止效力。

应该承认，并非所有现代案件都以那种方法裁判。有些法院仍然认为，提出新事实的第二个诉讼不被排除。[70]有人建议，考虑到要求被告作出的努力有限，要求原告为根据驳回诉讼的动议，特别是基于形式上的理由而最终裁决整个案

66　例如韦德诉皮德思案（*Wade v. Peters*），《太平洋区案例汇编》第 173 期，自第 567 页开始（俄勒冈州最高法院 1918 年）。

67　比较：艾尔夫曼诉格拉斯案［（*Elfman v. Glaser*），《东北区案例汇编》第 2 辑第 47 期，自第 925 页开始（马萨诸塞州最高法院 1943 年）（如果修改诉状申请得到许可而又拒绝修改，则禁止再诉）］与柔斯特诉柯洛克案［（*Rost v. Kroke*），《西北区案例汇编》第 262 期，自第 450 页开始（明尼苏达州最高法院 1935 年）（不禁止再诉）］。

68　见奥色曼诉捷克布斯案（*Osserman v. Jacobs*），《东北区案例汇编》第 2 辑第 339 期，自第 193 页开始（马萨诸塞州最高法院 1975 年）；“法律的发展——既判力”，载《哈佛法律评论》第 65 期，自第 818、836—837 页开始（1952 年）。

69　例如莱因哈特诉洛克案（*Rinehart v. Locke*），《联邦案例汇编》第 2 辑第 454 期，自第 313 页开始（第七巡回法院 1971 年）；见《判决重述（第二次）》第 19 条 d 项评论（1982 年）；查尔斯·艾伦·赖特（Charles Alan Wright）、亚瑟·R. 米勒（Arthur R. Miller）、爱德华·H. 库珀（Edward H. Cooper）：《联邦诉讼实践与程序》第 18 卷第 4439 条（1981 年和补编 1990 年）。

70　见查尔斯·艾伦·赖特（Charles Alan Wright）、亚瑟·R. 米勒（Arthur R. Miller）：《联邦诉讼实践与程序》第 9 卷第 2373 条，第 407—408 页（1995 年第 2 版）（引用案例）。

件做好准备，这是不公平的。然而，现代程序通过赋予原告准许修改诉状、详细说明不影响案件实体或者至少有上诉的机会，就可以避免对驳回诉讼的原告造成不公平。因此，在判例法中显而易见的趋势是倾向于有阻止效力。

的确，对于根据《联邦民事诉讼规则》第 12 条（b）（6）作出的联邦判决而言，有些人主张该问题不再是一个开放的问题。《联邦民事诉讼规则》第 41 条（b）在专门处理因不能起诉或遵守规则而被非自愿地驳回诉讼时，更概括地作出了如下规定：

除非法院在其驳回诉讼命令中另有说明，否则，与因缺乏管辖权、管辖地错误或者没有根据《联邦民事诉讼规则》第 19 条加入当事人所作出的驳回诉讼不同，根据分项作出的驳回诉讼和在本规则中没有规定的任何驳回诉讼是作为对案件实体作出的裁判。

根据《联邦民事诉讼规则》第 12 条（b）（6）的规定，因未能提出可以给予救济的请求而导致的驳回诉讼似乎是在所引述段落的字面范围内。它们属于《联邦民事诉讼规则》第 41 条中“没有规定的驳回诉讼”。“对案件实体作出裁判”这一短语似乎明显暗示此类判决应该有阻止效力，除非作出判决的法院另有特别声明。因此，确定因没有陈述请求而被驳回诉讼所具有的请求排除效力的任务显然是交给第一次诉讼的法官，而非如同根据既判力通常运作那样留给第二次诉讼的法官。

91 然而，美国联邦最高法院在科斯特洛诉美国案（*Costello v. United States*）中，[71] 没有用那种方法解释《联邦民事诉讼规则》第 41 条（b）。在该案中，由于政府没有在诉状附上作为法定诉讼必要前提的有充分理由的宣誓书，驳回剥夺国籍程序的裁决就不能阻止之后基于同一事实寻求剥夺国籍的诉讼，尽管在先前判决中没有说明其不是对案件实体问题作出的判决。因没有满足宣誓条件，法院裁决驳回诉讼是一种“因缺乏管辖权”导致的驳回诉讼。就实现《联邦民事诉讼规则》第 41 条（b）目的而言，法院作出的裁决并非具有技术上或者狭义上的含义。这种解读破坏了《联邦民事诉讼规则》第 41 条（b）大部分的确定性。“与因缺乏管辖权、管辖地不正当或者没有根据规则第 19 条加入当事人而被驳回诉讼不同”，法院事实上解读了该条款对阻止的例外规定，这并非是一个详尽的清单。针对管辖权、审判地或共同诉讼作出的驳回诉讼不会有阻止效力，但是，

71 《合众国案例汇编》第 365 期，自第 265 页开始（1961 年）。

其他驳回诉讼可能也不会有阻止效力。按照《联邦民事诉讼规则》第 41 条（b）的明确术语，除非另有命令，“因原告没有起诉或遵守这些规则或任何法院命令”而作出的驳回诉讼会产生阻止效力，但其他没有提及的驳回诉讼也可能有阻止效力。因此，这就由个案裁判来决定哪些其他驳回诉讼没有或有阻止效力。判例法目前已经确立了真正的门槛式驳回诉讼缺乏阻止效力，而其他驳回诉讼，诸如因诉状不充分驳回诉讼，有阻止效力。[72] 这些案件关注的是既判力背后的政策而非机械性地适用《联邦民事诉讼规则》第 41 条（b）。

总之，通过关注既判力政策，今天绝大多数法院认为，无论通过什么样的程序手段，对缺乏陈述诉讼请求导致的诉讼被驳回都构成对新诉的阻止。

3. 因过早起诉被驳回诉讼（Dismissal for Prematurity in Bringing Action）

如果诉讼被驳回是因为损害赔偿的必要事实还未发生，则驳回诉讼的判决不会阻止在事件发生后再提起的诉讼。[73] 因此，在违反合同的诉讼中，如果情况是被告履行的时间未到，或者如果其他一些适用条件还未能得到满足，则基于该理由的驳回诉讼判决就不会阻止条件成就后提起后诉。这是通常的做法，即 92
使是在案件审理后过早诉讼才被披露，或者在修改或补充诉状本可以弥补过早诉讼的情形下也是如此。

不论此种方法是否符合《联邦民事诉讼规则》第 41 条（b）的规定，其既在联邦法院运作，也在绝大多数州法院运作。根据该规定，除了缺乏管辖权、审判地不正当或者缺乏必要的诉讼当事人，基于任何理由作出的驳回诉讼判决似乎确实是对案件实体作出的裁判，除非审判法院另外说明。然而，如同解释的那样，联邦最高法院在科斯特洛案（*Costello*）中没有把《联邦民事诉讼规则》第 41 条（b）理解为阻止规则例外的穷尽清单，并且最后的判例法确立了过早诉讼或没有满足诉讼的一些先决条件导致的驳回诉讼没有阻止效力。

就一般例外而言，因过早诉讼作出的驳回诉讼判决的阻止效力，应该具有一般公正例外的空间。如果要求被告遵从后诉的情况是不公正的，则毫无疑问第二个诉讼应该被阻止。此种不公正的情况是争点在前诉中已进行过充分审理，

---

72 参见查尔斯·艾伦·赖特（Charles Alan Wright）、亚瑟·R. 米勒（Arthur R. Miller）、爱德华·H. 库珀（Edward H. Cooper）:《联邦诉讼实践与程序》第 18 卷第 4435 条，第 332—338 页（1981 年和补编 1990 年）。

73 见沃特豪斯诉莱维内案（*Waterhouse v. Levine*），《东北区案例汇编》第 65 期，自第 822 页开始（马萨诸塞州最高法院 1903 年）;《判决重述（第二次）》第 20 条第（2）款（1982 年）。

而造成过早诉讼的前提是在前诉期间由原告控制。例如，如果仅仅是因为原告没有在起诉前要求救济，诉讼就为时过早，则在法院明确表明救济是必不可少后而拒绝提出正式要求就损害了原告的权益。然而，被告可以在审理前提出该前提条件或可以放弃该前提条件的要求。另外，如果被告的权益很重要，则被告本可向初审法院寻求说明其判决对新诉有实体影响，并请求驳回。有鉴于此，该例外不应该存在例外，并且任何因过早起诉而被不合格地驳回的诉讼都应接受没有阻止效力的结果。[74]

4. 因违反防止欺诈法被驳回诉讼（Dismissal for Statute of Frauds）

虽然就依据防止欺诈法驳回诉讼，但在传统权威中存在无稽之谈一说——
93 该观点认为这种驳回诉讼在某种程度上是否认救济措施而非否认根据合同或属于制定法范围内其他文书所产生的权利的实体有效性——今天依据反欺诈法作出的驳回诉讼判决应该被视为对案件实体作出的。不论在作出判决的法院内还是在该法院外，它都阻止依据同一请求提起后诉。[75]

5. 因诉讼时效被驳回诉讼（Dismissal for Statute of Limitations）

如果诉讼时效法被视为切断了原告的实体权利（substantive right），如同经常适用于恢复动产和不动产诉讼的制定法的相关案件一样，依据制定法作出的驳回诉讼判决如同宣布某一诉称的权利不存在的其他判决一样，是对案件实体作出的判决。它在同一或不同法院管辖区内阻止对该请求提起后诉。

然而，绝大多数时效法被视为否认的仅仅是救济而非权利。不过，如果随后的诉讼在同一管辖区法院提出，则依据这种制定法作出的驳回诉讼判决会导致排除效力。即使前诉判决因为其不是对案件实体作出的而缺乏阻止效力，但是它确实排他性地对制定法适用于该特定请求的争点作出了裁决：对适用于该请求的制定法已经过期的决定，在第一个诉讼中已经争讼过且对驳回诉讼是必要的，则直接禁反言规则会阻止对该争点进行重诉。因此，如果第二个诉讼只是对第一个诉讼一味地重复处理，则阻止就产生了。

但是，如果原告重造诉讼理由以适应较长时效期限会怎么样呢？在同一管

74　见约翰·E. 艾赤耳斯特（John E. Eichhorst）的评注："非自愿撤诉的既判力效果：当以不适当时间或者没有满足起诉条件为依据作出的非自愿撤诉应该禁止再诉之时"（Res Judicata Effects of Involuntary Dismissals: When Involuntary Dismissals Based upon Prematurity or Failure to Satisfy a Precondition to Suit Should Bar a Second Action），载《康奈尔法律评论》第 70 期，自第 667 页开始（1985 年）；第四章第一部分。

75　见《判决重述（第二次）》第 19 条 f 项评论，报告人的注解（1982 年）。

辖区法院内的第二个诉讼仍然被禁止。人们会十分清晰地把此设想为必要的直接禁反言，即广义上把讨论中的争点界定为整个制定法适用于请求的一种禁反言，然而，该请求可以被抗辩。[76]不过，这些案件倾向于援引请求排除，裁决早期驳回诉讼是针对案件实体作出且阻止对同一请求在同一管辖区法院中提起第二次诉讼。[77]不管怎么样，如果在同一管辖区法院内进行诉讼程序，原告必须在第一个诉讼中通过补正寻求新的理论依据，否则行不通。

如果原告在适用一种不同的、诉讼时效足够长的不同司法管辖区内再次提 94
起诉讼，结果就会不同。如前所述，根据否认实体权利的时效法作出的判决，被认为是对案件实体作出的判决，该判决不论是在作出判决的管辖区内还是在其他地方都阻止基于同一请求再次进行诉讼。然而，如果第一次诉讼判决是基于某一制定法作出，该制定法不否认权利而仅否认对执行权利进行司法救济，则该判决很可能确定的仅仅是在第一次诉讼管辖区法院内不能进行救济。因此，尽管存在在第一次诉讼管辖区内会排除再次诉讼的事实，但是对该请求可以在不同管辖区再次提起诉讼。该问题的典型案例是瓦尔纳诉布法罗船坞公司案（*Warner v. Buffalo Drydock Co.*），[78]在该案中法官奥古斯都·汉德（Augustus Hand）表达了如下建议。

俄亥俄州时效法阻止救济的决定并不是在主张原告权利的另一个法院诉讼中具有既判力。如果俄亥俄州时效法消灭了原告的权利，如同不利占有的不动产超过法定时效期间的案件一样，此时情况就会有所不同。最高法院裁判和英国判例都表明：外国法院因时效法而作出驳回诉讼理由的判决，不是对案件实体作出的决定，也不会阻止根据同一请求在另一个国家法院提起新诉。

许可第二次诉讼仅盛行于适用不同时效法的第二个司法管辖区。因此，如果在第二个管辖区的准据法规则或借用法规要求与第一次诉讼一样适用同一管辖区时效法，则既判力就阻止再次提起诉讼。

《判决重述（第二次）》重申此种传统原则，同时质疑该原则部分内容允许

76　见《冲突法重述（第二次）》第 110 条（1971 年）。

77　例如威廉姆斯诉哥伦比亚燃气和电力公司案（*Williamson v. Columbia Gas & Elec. Corp.*），《联邦案例汇编》第 2 辑第 186 期，自第 464 页开始（第三巡回法院 1950 年）；见《判决重述（第二次）》第 19 条 f 项评论（1982 年）。

78　《联邦案例汇编》第 2 辑第 67 期，自第 540、541 页开始（第二巡回上诉法院 1933 年）；见《判决重述（第二次）》第 19 条 f 项评论（1982 年）。

根据诉讼时效法作出驳回诉讼判决后在另一个司法管辖区进行二次诉讼的公正
95 性。[79] 事实上，有些法院愿意把阻止效力给予依据诉讼时效法作出的所有非内国判决。[80] 其理由是多方面的。原告已经出庭，而被告不应该遭受另一次诉讼。毫无疑问，时效法抗辩本质上与许多对案件实体权利的抗辩难以区别，特别是当阻止的范围已经扩展到没能够提出请求和防止欺诈法的时候。如果不是确实违背了充分信任和尊重原则，则至少在第二个法院因时效法作出的驳回诉讼的效力与作出判决法院的效力不同就是不恰当的。同样，如果驳回诉讼在第一次诉讼管辖区有阻止效力，则在第二次诉讼管辖区中应该有阻止效力。因此，看来未来的趋势是把依据时效法作出的驳回诉讼与类似于其他对案件实体作出的驳回诉讼，也看作是一种创设的阻止效力。

考虑到未来法律，有些法院依据《联邦民事诉讼规则》第 41 条（b），决定联邦法院由于时效法作出驳回诉讼的判决是否阻止第二次诉讼。一直争论的是《联邦民事诉讼规则》第 41 条（b）取代了瓦尔纳诉布法罗船坞公司案（Warner v. Buffalo Drydock Co.,）的原则并且使以时效法为理由作出的联邦性质的驳回诉讼成为对案件实体作出的判决，除非法官做出了对《联邦民事诉讼规则》第 41 条（b）许可的保留说明。[81] 但是，其他的权威主张《联邦民事诉讼规则》第 41 条（b）没有解决该难点，而正如前面已解释的那样，他们是正确的。[82]

总之，法院已经发展了一种基于时效理由作出驳回诉讼的特殊例外，当原告之后在同一法院重新提起诉讼或在其他法院提起新诉以试图回避时效法时可以适用该例外。这种驳回诉讼在适用同一管辖区时效法的法院中具有阻止作用，但由于难以弄清理由，其可能在其他管辖区对同一请求不具有阻止作用。

该特殊例外扩展到什么程度？不远。有一些基于公共政策驳回诉讼的判例根据。因为损害赔偿违反提起诉讼的司法管辖区的公共政策，因此，请求可能

79　见《判决重述（第二次）》第 19 条 f 项评论，报告人的注解（1982 年）。

80　例如，塞姆特克国际有限公司诉洛克希德·马丁公司案（*Semtek Int'l Inc. v. Lockheed Martin Corp.*），《大西洋区案例汇编》第 2 辑第 736 期，自第 1104 页开始（马里兰州特别上诉法院 1999 年），依据其他理由撤销判决，万律数据库 2001 年第 182650 号（《合众国案例汇编》）。

81　见布沙建筑公司诉国家剧院公司案（*Bertha Bldg. Corp. v. National Theatres Corp.*），《联邦案例汇编》第 2 辑第 248 期，自第 833 页开始（第二巡回法院 1957 年）。

82　见查尔斯·艾伦·赖特（Charles Alan Wright）、亚瑟·R. 米勒（Arthur R. Miller）、爱德华·H. 库珀（Edward H. Cooper）：《联邦诉讼实践与程序》第 18 卷第 4441 条，第 372—373 页（1981 年和补编 1990 年）。

被驳回。此种驳回诉讼被认为是针对案件实体权利作出的，而如果法院公共政 96
策否认存在实体权利，则此种驳回诉讼也阻止对同一请求再次提起诉讼，但如果仅仅否认司法救济，则就不一定具有阻止作用。也就是说，在此相关问题在否认实体权利存在的判决与否认执行该权利的判决之间的基本特征是同一的。基于公共政策理由作出的驳回请求的判决，在同一司法管辖区对新诉起阻止作用。但如果此种判决仅仅否认司法救济，则其不阻止在不同管辖区提起的新诉。[83]

6. 简易判决（Summary Judgment）

如果法院确信重要事实不存在真正争点且提起动议的当事人有权获得法律角度上的判决，则法院可以根据《联邦民事诉讼规则》第 56 条或州相同规定作出简易判决。有利于被告的此种判决通常是针对案件实体权利作出的，并且阻止对同一请求提起后诉。[84] 然而，如果简易判决真正的基础是管辖区缺陷、过早诉讼或者时效法，则该判决不会仅凭简易判决标签来增加排除效力。[85]

7. 自愿撤销诉讼（Voluntary Dismissal）

虽然通过自愿撤销诉讼的设置，诉讼费用由原告承担，但普通法许可原告从权利的角度在裁判作出前任何时候，终结诉讼而不影响其基于同一诉因再次起诉。此种设置很难与既判力原则背后的政策相协调，因此，在大多数州，制定法、规则或者裁决都对该设置进行了修改。《联邦民事诉讼规则》第 41（a）规定，如果原告在对方当事人送达答辩状或简易判决的动议之前行使撤销诉讼权利，则原告可以不受限制地自愿撤销诉讼，该撤销诉讼不影响实体权利。因此，通常情况下，根据现代法律，原告仍然有权不影响实体权利地自愿终结案件，但该实体权利必须在诉讼程序早期阶段行使。该权利在今天也要遵守其他诉讼时效。[86]

作为实体权利问题，虽然当今的原告在特定情况下不能自愿撤销诉讼而不影响实体权利，但如果不论有无条款和条件，法官认为这种命令是正当的，初
审法院有权基于原告动议命令驳回诉讼。这种撤销诉讼不会有阻止效力，除非 97
法官另外说明。除非被告面临特别不利的情形，法官通常许可原告在不影响实体权利情况下撤销诉讼，而不是未来必须对后诉进行抗辩。另外，如果所有诉

83　见《判决重述（第二次）》第 19 条 f 项评论（1982 年）。

84　见《判决重述（第二次）》第 19 条 g 项评论（1982 年）。

85　参见查尔斯·艾伦·赖特（Charles Alan Wright）、亚瑟·R. 米勒（Arthur R. Miller）、爱德华·H. 库珀（Edward H. Cooper）:《联邦诉讼实践与程序》第 18 卷第 4444 条（1981 年和补编 1999 年）。

86　见《判决重述（第二次）》第 20 条第（1）款（b）项（1982 年）。

讼当事人同意撤销诉讼，则自愿撤销诉讼不会有阻止效力，除非他们例外将其指定为和解的组成部分。

原告可以在同一请求的系列诉讼中使用自愿撤销诉讼。但第二次这样的撤销诉讼可能会有阻止效力。《联邦民事诉讼规则》第 41 条（a）（1）规定“当曾在任何联邦法院或州法院撤销过诉讼的原告基于或包括同一请求提出撤销诉讼的时候，该撤销诉讼通知书被看作是对案件实体权利作出的裁判”。《联邦民事诉讼规则》第 41 条（a）（1）规定，此两种自愿撤销诉讼规则明显不适用，除非两种撤销诉讼是由原告行为单独进行而非法院命令或当事人约定。[87] 此外，此种特定的两种撤销诉讼规则仅仅在联邦法院第二次撤销诉讼中起作用。如果第二次撤销诉讼发生在州法院，则由州规则而非《联邦民事诉讼规则》第 41 条（a）（1）调整该阻止效力问题，即使首次撤销诉讼发生在联邦法院也一样。

当然，即使原告有权撤销诉讼而不损害权利，但如果原告想要该结果，则自愿撤销诉讼有阻止效力。依据普通法，情况的确如此，因为原告可以在公开法庭上放弃诉讼并且获得一个相当于撤诉而非驳回诉讼的判决。按照现代法律，这点仍然如此。和解协议达成后，自愿撤销诉讼的判决一般规定该判决影响案件实体或针对案件实体权利作出。《联邦民事诉讼规则》第 41 条（a）（1）规定，允许撤销诉讼通知、命令或者契约规定撤销诉讼将有阻止效力。

8. 非自愿撤销诉讼（Involuntary Dismissal）

除了已讨论的内容外，每个州可以规定非自愿撤销诉讼判决是否针对案件实体作出或者可以授予裁判法官管理此类判决的既判力事项。在联邦法院，该事项是由《联邦民事诉讼规则》第 41 条（b）调整，并且这类判决有既判力，除非裁判法官详细说明此类判决并非针对案件实体权利作出。因主张请求失败
98 而被驳回诉讼或因未遵守规则或法院命令而遭受处罚性驳回诉讼是此类判决在州或联邦法院中主要例证。[88]

将阻止适用于此类处罚性驳回诉讼的趋势说明了“案件实体权利”短语存在不足之处。在此类案件中，可能并不存在任何案件实体权利的条件，而驳回诉讼会排除第二个诉讼。对原告的严厉结果是法院在控制其待审案件表（docket）

87　见康奈尔诉查斯铜业公司案（*Cornell v. Chase Brass & Copper Co.*），《联邦补充案例汇编》第 48 期，自第 979 页开始（纽约南区联邦地区法院 1943 年）。

88　见《判决重述（第二次）》第 19 条 e 项评论（1982 年）。

与执行其规则方面利益所必需的，更不要说被告利益了。[89]

9. 因证据不足撤销诉讼（Dismissal for Insufficiency of Evidence）

许多不同术语已经用于在审理时作为提出原告证据充分性问题的手段：非自愿（强制性地）终结诉讼动议、对证据提出异议、非自愿撤销诉讼动议、对部分裁判结果的判决动议、指令判决动议、要求法庭作出与陪审团裁决相反的判决动议以及作为法律问题由法官判决的动议。非自愿终结诉讼是普通法自愿终结诉讼的一种后期发展，并且与其一样被认为并不排除基于同一诉因而提起后诉。相反，根据普通法对证据提出的异议确实导致针对案件实体权利作出的有阻止效力的判决，其他所有更现代的动议也是如此。

将不同既判力的效果归于基于相同的但名称不同的基础性决定的判决，其正当理由并不明显。到目前为止，在此系统中，我们已经坚定地就案件实质利益作出决定。今天，普通法非自愿终结诉讼大部分被废弃了。[90]不管怎么样，现代方法是把基于原告没有充分举证作出的任何判决视为有阻止效力，除非裁判法官另有说明。[91]

10. 总结

某些并非针对案件实体作出的驳回诉讼一直是阻止规则的例外，即：（1）因缺乏事物管辖权或地区管辖权、审判地非正当、未充分通知或者未使应参加诉 99
讼的当事人参加诉讼或诉讼当事人的错误合并而被驳回诉讼；（2）大多数因提前诉讼或未满足诉讼条件而被驳回诉讼；（3）大多数自愿撤销诉讼。此外，除非制定法或规则禁止，第一次诉讼的法院可以说明其驳回诉讼不具有阻止效力；第二次诉讼的法院会遵守该说明。

也许不是真正意义上针对案件实体权利作出的其他驳回诉讼和判决——原告在此之前有充足机会对请求进行诉讼——至少最近在许多法院和立法机构看来属于阻止规则。范例包括：（1）因没有陈述请求被驳回诉讼；（2）简易判决、部分判决或者法官依法判决和其他直接对案件实体权利的裁决；（3）因没有依法起诉或遵守法院命令或规则而被驳回诉讼，即使其不是真正地对案件实体权利

---

89 见查尔斯·艾伦·赖特（Charles Alan Wright）、亚瑟·R. 米勒（Arthur R. Miller）、爱德华·H. 库珀（Edward H. Cooper）：《联邦诉讼实践与程序》第 18 卷第 4440 条（1981 年和补编 1999 年）。

90 见《判决重述（第二次）》第 20 条 g 项评论（1982 年）。

91 见《判决重述（第二次）》第 19 条 h 项评论（1982 年）。

作出的。

（二）管辖权上限制或程序上限制（Jurisdictional or Procedural Limitation）

如果原告在第一次诉讼中因管辖权或程序上的限制导致禁止主张某一特定法律理论或要求某一特定救济而无法提出整体请求，则原告可以根据该法律理论或者为该救济提起第二次诉讼。

当请求包括不同种类救济而并非所有救济可以在法院予以追偿时，以前曾经间接提到请求排除适用的例外。[92]讨论中的主要例子是联邦法院和州法院权利诉求如何构成单一请求。假设 P 在州法院起诉 D 欺诈。判决后，P 根据《联邦证券交易法》就同一交易在联邦法院起诉 D，该诉讼属于联邦法院专属管辖。D 提出既判力。通常的结果是对联邦性质的部分请求不产生请求排除效力。

在此需要说明的是此种例外允许原告仅保留审理第一次诉讼的法院明显不会受理的那部分请求。因此，如果前述例子 P 选择首先在联邦法院起诉，P 则必须在该法院同时主张联邦和州理由以避免使其输于请求排除。

100 此外，此例外许可原告保留的仅仅是原告在同一法院系统内通过选择其他法院本来不可能与其余请求合并的那部分请求。因此，如果原告自愿选择在有限管辖权的州法院起诉，并且获得了法院判决的所有赔偿，但在一般管辖权（general jurisdiction）的州法院可以获得，那么请求排除就会阻止为了另外的救济在一般管辖权法院提起的诉讼。更具体地说，对下级法院（inferior courts）管辖权的金额限制很普遍，原告可能无法就所遭受的损害在这种法院获得判决。鉴于在同一法院体系中具有一般管辖权的法院通常可以受理整个请求，选择在不能给予充分赔偿的下级法院起诉的原告据此就无法避开请求排除的结果。虽然既判力不强迫原告为联邦法院体系而放弃州法院体系，但事实上它迫使原告选择进入一个适当的州法院中。

管辖权限制可能引起适用合并或阻止例外的另一种情形是长臂送达（long-arm service）只能向被告提供部分请求。例如，原告可能对同一基础性事实的赔偿同时具有侵权和合同根据。长臂法则可以根据侵权理论，要求被告遵守对人

---

92 见《判决重述（第二次）》第 26 条第（1）款（c）项（1982 年）；查尔斯·艾伦·赖特（Charles Alan Wright）、亚瑟·R. 米勒（Arthur R. Miller）、爱德华·H. 库珀（Edward H. Cooper）：《联邦诉讼实践与程序》第 18 卷第 4412 条（1981 年和补编 1990 年）。

管辖权，但不涉及合同理论，[93] 而由于被告出庭或其他原因对人管辖权不可能实现。[94] 在此情况下，原告要么仅根据侵权理论起诉，要么将案件拿到被告总是能被送达的州法院进行诉讼。原告应该有权选择从前的替代性方法，最后判决不应该使合同性权利诉求受请求排除约束。

（三）司法许可（Judicial Permission）

除非制定法或规则禁止，第一次诉讼法院可以说明其判决在实体权利上不影响对部分或全部同一请求提起第二次诉讼，或者用其他词语表达类似的意思。

作出判决的法院可以许可分割请求（claim splitting）。[95] 当特定情况证明第二 101
次诉讼合理时，诸如仅在初审时原告律师察觉到请求的范围过宽的时候，法院才会这样做。第二次诉讼的法院会遵守该判决不影响实体权利的说明。

考虑一下司法权限的这种转折。有时法院的错误可能导致或促成这种分割。例如，原告本可在同一诉讼中寻求就单一事故造成的人身和财产损害提出赔偿请求，而初审法院可能因合并不当而错误地驳回了部分请求。原告虽然在其他部分胜诉，但可以对错误的裁决提起上诉。如果他没有这样做，合并原则会阻止就删除部分寻求损害赔偿的后诉吗？理论上不管如何解释，答案应该是否定的：错误的第一次判决不应该排除原告的第二次诉讼。[96] 原告并没有造成请求分割。由于他没有过错，因此，同一请求的两个诉讼无论如何是需要的，不论是允许他就被错误地驳回的那部分请求单独起诉，还是他必须寻求撤销错误的判决并要求再次审理。在这种情况下，通过要求上诉法院的干预规则很难促进司法努力的经济公益。被告难以对缺点进行争辩，因为如果被告提出诉讼合并错误问题，那么被告实际上同意分割请求。此外，错误地裁决两种损害不是同一

93　见罗伯特·C. 卡萨德（Robert C. Casad）、威廉姆·B. 里奇曼（William B. Richman）："民事诉讼管辖权"（Jurisdiction in Civil Actions）第 4—7、5—2 页［4］［f］（讨论附属对人管辖权的范围）（discussing the reach of supplemental personal jurisdiction）（1998 年第 3 版）。

94　见《判决重述（第二次）》第 9 条（1982 年）（详细说明出庭的效果）。

95　见《判决重述（第二次）》第 26 条第（1）款（b）项（1982 年）；查尔斯·艾伦·赖特（Charles Alan Wright）、亚瑟·R. 米勒（Arthur R. Miller）、爱德华·H. 库珀（Edward H. Cooper）：《联邦诉讼实践与程序》第 18 卷第 4413 条（1981 年和补编 1990 年）。

96　见《判决重述（第二次）》第 26 条 d 项评论（1982 年）。

请求的组成部分，可能会根据直接禁反言对当事人有约束力。所有这些都是充分的理由。然而，对否定答案最容易的解释是把第一次诉讼法院设想为许可分割请求。

顺便地说，就裁判法院所作出的既判力说明这一主题而言，如果第一次诉讼法院主动说明其判决影响实体权利，则该说明对第二次诉讼法院没有约束力。但在相近案件中，第二次诉讼法院通常在决定是否适用请求排除时会极为重视该说明。与此相比，如果早期判决本质上是一种不针对案件实体权利作出的驳
102 回诉讼，比如缺乏管辖权、审判地非正当或者缺乏必要的当事人，则第二次诉讼法院应该不理会影响实体权利的说明；实际上，第一次诉讼法院可能没有对不正确案件最终处理的权力，并且可能没有任何很恰当的理由尝试这样做。[97]

（四）当事人协议（Party Agreement）

当事人可以合意，原告就能分割请求，或者被告甚至可能无意中默许分割。

当事人可以同意分割请求。[98] 虽然既判力原理在各个方面——合并、阻止以及请求（争点）排除——取决于包括司法工作经济性在内的公共利益以及当事人对同一请求或者争点自由重复诉讼的利益，但公共利益没有像当事人所希望的对同一事项阻止连续诉讼那样强烈。[99] 因此，被告可以放弃对同一请求避免第二次诉讼的权利，即同意分割请求。这种同意可以是明示的，并且基于战术上的理由或者更有可能是在提起第二次诉讼的时候就包含了不提出既判力的抗辩。

当原告对同一请求提起两种不同诉讼并且两种诉讼同时处于待决之时，被告在其中一个诉讼作出判决之前不能对既判力进行抗辩。然而，许多法院认为，除非被告以适时的方式对两个并存的待决诉讼中任何一个诉讼的分割请求提出异议，否则，被告就放弃了反对分割请求的权利。根据该方法，在某一个诉讼

97　见塞勒诉林斯里案（*Saylor v. Lindsley*），《联邦案例汇编》第 2 辑第 391 期，自第 965 页开始（第二巡回法院 1968 年）；《判决重述（第二次）》第 20 条 d 项评论（1982 年）；查尔斯·艾伦·赖特（Charles Alan Wright）、亚瑟·R. 米勒（Arthur R. Miller）：《联邦诉讼实践与程序》第 9 卷第 2373 条，第 408—412 页（1995 年第 3 版和补编 2000 年）。

98　《判决重述（第二次）》第 26 条第（1）款（a）项（1982 年）。

99　见第十一章第一部分。

中判决已经作出而后在另一个诉讼中提出请求排除之前，被告不能保持缄默。[100]

例如，同时在同一法院，P 提起一个对人损害赔偿诉讼并就同一行为导致的 103
财产损害提起另一个诉讼。D 对两个诉讼进行抗辩，没有在两个诉讼中提出另一个诉讼尚未判决的抗辩。[101] 一个诉讼进入判决阶段，之后 D 在另一个诉讼中提出请求排除。通常情况下，其结果是不发生请求排除，因为至少在这些极端情况，不反对请求分割被视为默认（acquiescence）。[102]

（五）一般性例外（Generalized Exception）

在处理先前判决时，法院在对请求排除创设个案例外中表现出有限的灵活性，诸如当宪法、制定法或者其他实质性的政策理由建议原告应该被允许分割请求时。

一般情况下，法律不愿认可请求排除的例外。[103] 因此，法律倾向于把一般性例外限制在少数特殊情形范围内，同时往往为符合这些情形的原告试图通过分割请求而逃避请求排除设立特殊的程序障碍。

1. 与实质性政策的冲突

避免重复诉讼的政策很强烈，但并未强烈到足以凌驾于所有冲突性因素之上。在某些案件中，请求排除的正常结果可能会产生与具体宪法或立法规定的目的或者其被公正和公平执行相违背的后果，因此，对同一请求必须许

100　见陶德诉中央石油公司案（*Todd v. Central Petroleum Co.*），《太平洋区案例汇编》第 2 辑第 124 期，自第 704 页开始（堪萨斯州最高法院 1942 年）；查尔斯·艾伦·赖特（Charles Alan Wright）、亚瑟·R. 米勒（Arthur R. Miller）、爱德华·H. 库珀（Edward H. Cooper）：《联邦诉讼实践与程序》第 18 卷第 4404 条，第 24—25 页，第 4415 条，第 124—125 页（1981 年和补编 1999 年）；约瑟夫·E. 爱德华兹（Joseph E. Edwards）的评注："对分割诉因没有及时提出异议的放弃"（Waiver of，by Failing to Promptly Raise，Objection to Splitting Cause of Action），《美国法案例汇编》第 3 辑第 40 期，自第 108 页开始（1971 年）。

101　见第二章第八部分。

102　见《判决重述（第二次）》第 26 条第（1）款（a）项，a 项评论，图示 1（1982 年）。

103　见联合百货公司诉莫伊特案（*Federated Dept. Stores v. Moitie*），《合众国案例汇编》第 452 期，自第 394 页开始（1981 年）（拒绝接受请求排除的例外）；苏珊·班兹（Susan Bandes）、劳伦斯·B. 索伦（Lawrence B. Solum）：《摩尔论联邦诉讼实践》第 18 卷，第 131 条第 24 款（6）项（1999 年第 3 版）；查尔斯·艾伦·赖特（Charles Alan Wright）、亚瑟·R. 米勒（Arthur R. Miller）、爱德华·H. 库珀（Edward H. Cooper）：《联邦诉讼实践与程序》第 18 卷第 4415 条（1981 年和补编 1999 年）；第四章第二部分。

可提起连续诉讼。[104]

关于不适用请求排除显得合理的一个众所周知的政策解释是怀特诉艾德勒案（*White v. Adder*）。[105] 银行监管人为了重新获得对仅有 1 份股票进行法定评估的权利，成功地对一个在一家破产银行拥有 326 份股票的银行股东提起了诉讼。之后他起诉，要求重新获得对剩下的 325 份股票进行评估。根据既判力正常原则，对 326 份股票进行评估的请求被认为是单一请求，并且合并会排除第二次诉讼。然而，这种结果会因银行监管人的错误而处罚银行的债权人，并且会破坏制定法对所有股东按比例评估的政策。在实际案件中，法院认为股东增加了导致分割请求的困惑，因此，在公正和平等的监管计划中存在放弃或默认的暗示以及压倒性的实质性担忧。后者的关注点本身就应该很充分。

2. 被告的不实陈述（Misrepresentation by Defendant）

如果原告受到被告陈述、隐瞒或夸大其词误导，并且该误导造成原告在第一次诉讼中没有起诉整个请求，则在原告后来对第一次诉讼所遗漏的部分请求起诉时被告不得依据请求排除进行抗辩。[106] 例如，如果被告在原告第一次提起损害赔偿之诉前曾经多次违反合同，但被告隐瞒了一些违法合同的行为使得原告未能将其列入第一次诉讼中，则第一次诉讼判决不得合并原告基于这些违约行为提出的请求。

104 在此有一个具体案例是海题诉史密斯案（*Hyyti v. Smith*）。[107] 原告是一位与她父母住在一起的、只会说芬兰语的、没有受过教育的年轻的芬兰人。她因父母在一起交通事故中非正常死亡而提起诉讼，仅获得付现费用 872 美元。被告的律师向她误报说这是她的权利限度，向她保证他的建议源于其善意。后来，她因抚养损失起诉时，法院裁判不同意合并请求。

此种例外即使在被告没有意识到陈述不真实而导致原告分割请求的情况下也明显可以适用。但是，有些法院超出无辜不实陈述情形，并且认为当原告因为自己的错误或疏忽导致分割请求时请求排除就不应该发生。然而，被更广泛接受的、表面上似乎更符合既判力政策的观点是：原告自己的错误或者在第一次

---

104 见《判决重述（第二次）》第 26 条第（1）款（d）项，e 项评论（1982 年）。

105 《东北区案例汇编》第 2 辑第 43 期，自第 798 页开始（纽约州最高法院 1942 年）。

106 见《判决重述（第二次）》第 26 条第（1）款（f）项，j 项评论（1982 年）。

107 《西北区案例汇编》第 272 期，自第 747 页开始（北达科他州最高法院 1937 年）。

诉讼时对请求范围的疏忽并不足以否认判决所具有的正常的请求排除效力，除非该失误是由被告的某种原因造成的。[108] 105

有些法院收紧了此种例外的适用，认为被告的错误行为不会自动地否认首次判决通常具有的请求排除效力。根据该观点，为了避免请求排除的结果，对判决的结论必须首先进行某种直接攻击。[109] 对此可以采取的形式是提出判决救济动议或者按照当事人寻求对判决进行衡平救济的程序进行。[110]

3. 其他特别情形（Other Extraordinary Situations）

有时，以正常方式适用请求排除原则是绝对不能接受的。例如，诉讼可能将当事人之间的关系置于一种令人不满意的状态，因此，有必要提出随后的诉讼从而产生一种可以接受的一致的结局。[111]

解释此例外的常用案例是亚当斯诉皮尔森案（*Adams v. Pearson*）。[112] 亚当斯（Adams）订约将土地出售给皮尔森（Pearson），这是通过亚当斯和其妻子执行的担保契约进行的交易。皮尔森支付了首付，并占有了土地。然而，妻子并非合同当事人，并且拒绝在契约上签字。皮尔森随后起诉亚当斯要求特定履行并降低价格，这种前所未有的救济迫使亚当斯按照其妻子应得利益的价值所减少的合同价格让与其利益。亚当斯为了解除协议而提起反诉，要求即使确实不存在解除协议的依据也要归还占有。判决否决了双方当事人的请求。之后，亚当斯提起收回土地之诉，而皮尔森提起反诉，要求在不减少价格情况下由亚当斯进行特定履行。双方当事人的请求被认为属于早前诉讼主张的请求范围内。但是，裁决排除双方当事人的请求就意味着皮尔森永远无法获得所有权和亚当斯永远无法占有。法院拒绝阻止皮尔森的请求，把它看作是摆脱这种令人无法忍受处境的更公正的方法，但因此拒绝了请求排除的正常适用。

试图进入此类特别情形例外的范围的当事人，不仅必须表现出特别需要例外，而且必须清晰地和令人信服地表明它。另外，当事人必须展现的是直接性 106

108　见亨特地产诉美国案（*Estate of Hunt v. United States*），《联邦案例汇编》第 2 辑第 309 期，自第 146 页开始（第五巡回法院 1962 年）。

109　见《判决重述（第二次）》第 26 条第（1）、（2）款（1982 年）。

110　见第十二章第一部分。

111　见《判决重述（第二次）》第 26 条第（1）款（f），i 项评论（1982 年）。

112　《东北区案例汇编》第 2 辑第 104 期，自第 267 页开始（伊利诺伊州最高法院 1952 年）。

（direct）而非间接性攻击（rather than collateral attack）。[113]

三、特殊性适用：反诉

请求排除也适用于被告对原告提出请求。

（一）反诉的提出（Interposition of Counterclaim）

根据请求排除的正常规则，主张反诉的被告通常就该反诉而言被视为原告。很少适用的例外情形主要集中在这样一种主张，即如果被告由于法院管辖权或程序性限制（例如，损害赔偿的上限使被告不能将案件从有限管辖权的法院转移到同一法院体系中具有普通管辖权的法院）而无法获得全额赔偿的判决，则请求排除不会用来阻止随后对未赔偿部分提起诉讼。

合并规则用语一般把它叙述为仅适用于判决，该判决有利于提出请求的原告。阻止这一术语是用于指代有利于被告的某一判决的既判力。然而，必须理解，此处的“原告”术语和“被告”术语并不是指诉讼标题中当事人的正式名称。从技术上讲，要求裁判的请求可以由被指定为被告的当事人以反诉、扣减、抵消或者有时作为纯粹的抗辩的形式提出。被告主张的请求且有时甚至没有主张的请求可能被认为受到判决阻止。因此，把请求排除说成是对权利人而不是对原告有利或不利的判决效果，也许就不会令人费解。

在原告提起诉讼时，被告就可以对原告提出请求。在此情形下，被告有主张请求的各种选择方式，这取决于当地的程序规则。今天，几乎在每个地方，
107 被告都可以在原告诉讼中作为反诉提出请求（如果至少该请求与原告的请求有密切联系），并且如果该请求成功地获得了确立，则被告就其有权要求的东西获得一项确认判决，从而减少原告在主请求中所能获得的赔偿。在这种情况下，被告所主张的请求，应该产生与原告相同的既判力结果。因此，在允许对此种请求进行确认性赔偿的法院中提起的反诉所作出的判决，与在独立诉讼中提出时对该请求作出的判决一样都具有请求排除效力。如果被告提出反诉，不论是否要求这样做，胜诉判决都具有正常的合并效力。如果被告所提出的反诉败诉，则对该请求提起后诉就会被阻止。[114]

---

113 见《判决重述（第二次）》第26条第（1）、（2）款（1982年）。

114 见《判决重述（第二次）》第21条第（1）款、第23条（1982年）。

正如所建议的那样，对被告提出的请求作出确认性赔偿并非总是可行，并且不是在所有案件中都属于在司法管辖权内进行。因为在法典诉答改革前，被告提出请求可利用的唯一程序是扣减（作为防御性主张的请求发生在与原告请求的同一交易）和抵消（作为要求清偿债务的防御性主张的请求，即使该请求可能与原告的请求没有事实上的关联）规定。被告没有必要以防御的方式把请求作为扣减或抵消使用，即使被告的请求获得证明而原告的请求没有，对被告的请求也不可能一定获得赔偿。在此类情形下，一般的观点是禁止把请求排除效力附加于扣减或者抵消。因此，前诉被告可以对同一请求提起独立的后诉，除非该请求通过减少原告的胜诉请求而得以确立并且完全得到满足。很明显，在被告的反诉仍然存在不能得到确认性赔偿的情况下，这种情况在今天一直未变。

概括地说，如果被告由于法律体系存在的制度性障碍而不能在反诉中获得全部赔偿，则请求排除规则的例外就得到认可。虽然很少见，但由于法院管辖权有金钱限额或者一些其他理由，可能存在不能获得全额赔偿的案件。在这样的案件中，如果没有任何方法，诸如转移到普通管辖权法院而据此被告可以使用反诉从而获得全额赔偿，则对反诉作出的判决不会阻止提起后诉以平衡在主 108
管法院中的请求——尽管可能会适用争点排除。[115]

（二）未能提出反诉（Failure to Interpose Counterclaim）

通常情况下，没有正式提出反诉的被告不受与该请求有关的请求排除的影响。

当构成潜在反诉基础的事实也是构成被告主张的抗辩的基础时，该补充性规则很难证明是正确的。毕竟，除了构成救济的基础外，一系列相同的基础性事实可能构成对某一诉讼的一种抗辩。因此，当被告抵押农作物以保护本票，而作为既是受约人又是质权人的原告（the promisee-pledgee-plaintiff）以超过本票的数额销售农作物时，如果对该本票提起诉讼，则相同的事实会让被告获得收回销售余额的一种请求，同时也是一种抗辩。或者因医生过失医疗而受到伤害的病人对医疗过失享有请求权，同时也是医生就提供的服务对病人起诉时考虑不周全的一种抗辩。

115　见《判决重述（第二次）》第21条第（2）款（1982年）。

如果为排除而提出的请求是用交易性术语界定的，则存在争论的是：抗辩和潜在性反诉应该被视为同一请求的组成部分，因此，在一项诉讼中将主张的事实作为抗辩而作出的判决，应该阻止提起后诉，即将所主张的事实作为确认性救济的依据。[116]的确，有些裁决认为，即使基于相同事实的抗辩在前诉中仅仅是可能提出而没有提出过，寻求确认性救济的后诉也会受到阻止。[117]这些裁决促进了在单一诉讼中解决当事人之间所有相关事项。

然而，绝大多数方法是在不存在强制反诉规则（compulsory counterclaim rule）的情况下，作为抗辩而主张的事实（更何况没有提出此种主张）在后诉中并不
109 阻止被告依据相同事实提出请求。[118]此种简单的方法对被告更公正。学说性解释是抗辩和请求二者尽管存在事实上同一性，但绝不是同一请求，因此，合并和阻止的既判力原理不能适用。然而，对该请求提起的后诉应该适用争点排除。那么，作为一个实际问题，作为抗辩提出的一些事实没有获得成功而对以这些事实为基础的请求再次起诉通常会被作为阻止事项被排除而不是作为争点排除事项被排除。总之，人们的想法是：大多数方法是相对切实可行的，几乎不存在因不谨慎而落入陷阱的情况，被告选择法院提出请求的利益超出了可能重复诉讼的不可取性，在此与其他地方一样，争点排除在某种程度上会用以恢复既判力背后的政策。

总之，大多数方法是除非被告提出反诉，否则，请求排除一般不适用。被告确实可能以抗辩的方式对相同事实进行诉讼，随后对未主张的任意性反诉（permissive counterclaim）提起诉讼。然而，被告不能就未能提起反诉完全免除请求排除。即使根据大多数方法，也有两个重要领域需优先考虑请求排除：

---

116 见马斯克诉鲁皮案（*Musco v. Lupi*），《纽约州增加的案例汇编》第2辑第164期，自第84页开始（最高法院1957年）；密切尔诉联邦中期信贷银行案（*Mitchell v. Federal Intermediate Credit Bank*），《东南区案例汇编》第164期，自第136页开始（南卡罗来纳州最高法院1932年）。

117 例如博洁安弄诉塞乐克案（*Boggiano v. Thielecke*），《西南区案例汇编》第2辑第326期，自386页开始（密苏里州上诉法院1959年）；比较布莱尔诉巴特利特案（*Blair v. Bartlett*），《纽约州案例汇编》第75期，自第150页开始（1878年）（尽管该裁判意见谈到了争点排除，但所涉争点并未积极地进行过争讼，因此，在通常规则下，此种争点排除似乎并不适当）。

118 斯瓦贝诉尚蒂伊公司案（*Schwabe v. Chantilly, Inc.*），《西北区案例汇编》第2辑第226期，自第452页开始（威斯康星州最高法院1975年）；《判决重述（第二次）》第22条第（1）款（1982年）。

1. 强制性反诉法规或规则（Compulsory Counterclaim Statute or Rule）

制定法或法院规则实际上可能规定：在某些情况下，对可以提出的反诉没有提出就阻止对此提起后诉。

根据《联邦民事诉讼规则》第 13 条（a）规定，只要请求是“基于对方当事人所请求的诉讼标的同一交易或事件而产生的”，被告必须向原告提出该请求。绝大多数州采纳了类似的强制性反诉法规或规则。如果被告的请求属于此种强制性反诉规定的范畴，诉讼判决就阻止对该请求提起后诉，不论被告实际上是否作为反诉提出。如果被告确实提出反诉，则不需要扩张既判力原则就可得出推论，即对该请求作出的判决应该排除对同一请求提起后诉。实际上，由被告作为反诉而提出的请求，不论是否具有强制性，都应该遵守请求排除既判力规 110
则，这与该请求如果在独立诉讼中提出所适用的请求排除规则相同。但是，被告即使没有提出强制性反诉，对该请求提起后诉仍然受到阻止。[119] 在此，解释就变得更加棘手了。

判决在阻止未提出的强制性反诉中，其效力常用既判力术语来描述。[120] 裁判后的请求应该包括原告的请求和强制性反诉。当然，强制性反诉法规或规则背后的基本原理类似于请求排除中既判力背后的基本原理。这两种方式都是迫使在单一诉讼中对相互关联的事项提出主张，因其关系如此密切，因此不仅分别审判它们不会产生足够的好处，而且使得在单一诉讼中提出主张具有正当性。最后产生的原理也很相似。根据强制性反诉法规和规则，已经出现用以决定何时将反诉视为强制性的这些测试标准的依据，这与请求范围交易性测试标准的考虑因素是相同的。

其他权威完全是从衡平法禁反言或弃权角度看待强制性反诉排除问题而不是从更严格的既判力原理角度看待。[121] 因此，法院会在适当时候阻止不公正地

119　见《判决重述（第二次）》第 22 条第（2）款（a）项（1982 年）。

120　见奥斯丁·韦克曼·斯科特（Austin Wakeman Scott）：“因既有判决而禁止间接否认”（Collateral Estoppel by Judgment），载《哈佛法律评论》第 56 期，自第 1 页开始（1942 年）。

121　例如丁多诉惠特尼案（*Dindo v. Whitney*），《联邦案例汇编》第 2 辑第 451 期，自第 1 页开始（第一巡回法院 1971 年）；见查尔斯·艾伦·赖特（Charles Alan Wright）、亚瑟·R. 米勒（Arthur R. Miller）、玛丽·凯·凯恩（Mary Kay Kane）：《联邦诉讼实践与程序》第 6 卷第 1417 条，第 132—138 页（1990 年第 2 版）；查尔斯·艾伦·赖特（Charles Alan Wright）：“因已有规则而不容否认：现代诉答下的强制反诉”（Estoppel by Rule：The Compulsory Counterclaim under Modern Pleading），载《明尼苏达法律评论》第 38 期，自第 423 页开始（1954 年）；第二章第五部分。

忽视遵守强制性反诉法规或规则的一方当事人寻求救济。

然而，如果不援引其他解释，或许最好把强制性反诉排除的效力归咎于制定法或规则本身。[122] 请求排除只是强制执行强制性反诉规定的处罚。无须将反诉称为原告请求的组成部分。只要案件情况属于制定法或规则的适用范围，就无须诉诸衡平法上的禁反言或者弃权（waiver）。

111 正如上文所述，如果构成反诉的事实也是对原告请求进行抗辩的理由，并且如果被告只是防御性地提出这些事实而没有作为寻求救济的一种反诉提出，则判决在理论上不会阻止被告提起后诉。然而，被告的请求所依据的事实也对原告请求构成抗辩的事实，而这些事实通常是从原告请求相同的交易和事件（transaction or occurrence）中产生，因此，被告的请求很可能是强制性反诉。在联邦法院和采纳类似《联邦民事诉讼规则》第 13 条（a）关于强制性反诉规定的州法院中，被告提出的请求所依据的事实也是构成抗辩的事实，该请求几乎总是与原告的请求有一种联系，从而使其成为一种强制性反诉，因此，不论反诉是否在先前诉讼中提出，提出独立诉讼通常会被阻止。特殊性的论点（遗漏强制性反诉会产生请求排除）几乎击垮了一般性论点（单独主张抗辩不会产生请求排除）。但这并未完全击垮一般性论点，因为在有些地方，不存在强制性反诉规定，并且因为有时案件情形属于强制性反诉法规或规则的例外。

2. 普通法上的强制性反诉（Common-Law Compulsory Counterclaim）

即使在没有可适用的制定法或规则的情况下，如果许可的救济使先前诉讼的判决无效，那么不提出可以提出的反诉就阻止提起后诉。

如果被告后来提出的请求的后果将使有利于原告的先前判决无效，则请求排除就必须适用。不论强制性反诉法规或规则是否存在，这种“普通法上的强制性反诉规则”都会适用。该事实解释了为什么其名称宣布其应是一种普通法原则。它也适用于先前判决是否通过缺席（by default）作出。因此，在原告获得针对同一交易作出的判决后，即使原告判决是通过缺席取得，被告也不得提起无责任的确认判决。同样，一项确定不动产所有权属于原告的判决，会阻止被告随后根据先前判决时所存在的事实提出要求所有权的诉讼。

值得注意的是：这条狭义的规则只适用于第二次诉讼中寻求的救济必然会撤销第一次诉讼判决的情形。因而，D 可能在 P 提起的对人损害赔偿诉讼中缺席，

122　见艾伦·D. 维斯塔（Allan D. Vestal）：《既判力 / 排除》，自第 156 页开始（1969 年）。

之后就D在同一事故中所受损害对P提起独立的诉讼，这里的思路是有利于
D的判决不会使P提起的前诉判决无效。这或许在逻辑上和实务中不协调，但 112
其并不撤销前诉判决。正因为如此，在作为卖方的原告获得并执行了对价格问题的缺席判决后，虽然购买商品的被告会被阻止依据引诱欺诈提起恢复原状诉讼，[123]但在没有可适用的强制性反诉法规或规则的情况下，被告为寻求因欺诈引起的损害赔偿而提起的诉讼不会被阻止。[124]

普通法上的强制性反诉规则非常重要，因为它发挥的作用是保证缺席判决也有意义并且不能被后诉撤销。尽管如此，很明显的是该规则的范围令人困惑。撤销的精确含义是什么？该规则的起源暗示着其范围。它是作为广义上的请求排除原则的某一具体方面出现的：有效和终局判决一般阻止被告之后仅对请求提出抗辩。因此，被告**不能**在之后针对已裁判的请求提出**仅属于**单纯抗辩的请求。[125]

123　见马萨里诉艾斯得乐案（*Massari v. Einsiedler*），《大西洋区案例汇编》第2辑第78期，自第572页开始（新泽西州最高法院1951年）；《判决重述（第二次）》第22条第（2）款（b），f项评论，图示9（1982年）。

124　见林德曼机械公司诉希伦布兰德公司案（*Linderman Mach. Co. v. Hillenbrand Co.*），《东北区案例汇编》第127期，自第813页开始（印第安纳州上诉法院1920年）。

125　参见查尔斯·艾伦·赖特（Charles Alan Wright）、亚瑟·R. 米勒（Arthur R. Miller）、爱德华·H. 库珀（Edward H. Cooper）：《联邦诉讼实践与程序》第18卷第4414条，第110—114页（1981年和补编1999年）。

第七章　争点排除

一、规则的必要条件

113 请求排除——按照其合并和阻止的分原则——旨在限制可能提起的有关同一基础性争议的诉讼案件数量。通常对已经作出判决的某一请求再次进行诉讼要满足请求排除的条件，即使对案件争点没有进行实质性争论。如果适用请求排除，不论争点是否在首次诉讼中争讼过，整个再次诉讼都将面临终止。

争点排除——按照直接和间接禁反言分原则——却只关注对相同问题的重复诉讼。因此，争点排除仅避免对首次诉讼中已经裁决的内容在再次诉讼部分重新审议，只有请求排除不能适用时才会适用争点排除。如果请求排除不适用，要么是因为适用了某一例外情形，要么是因为诉讼中存在某一不同请求，则争点排除的作用在于阻止对实质性争议（essential issues）进行重新诉讼。

争点排除原则依据的前提条件是，某法院应该与任何其他法院一样能胜任解决纠纷中的争点。一旦一项判决经过了全面、公正的对抗制审判程序之后解决了争点，则相同当事人之间不得对该争点在任何法院再行争论。争点排除不仅符合公正的要求，而且服务于司法工作的经济利益、促进时效的确定性和稳定性以及倾向于阻止异常情形，该异常情形对同一问题会得出两个权威却矛盾的答案并因此损害司法制度的公信力。

114 尽管满足通常情况下某法院与其他法院能力相同这一前提，但为什么争点排除不应该适用于所有已裁决案件中的每个问题，其有充分的根据。有些法庭实际上不可能与具有普通管辖权的法院一样有资格处理争点。同时，证据开示和证据审理通常费用昂贵且不方便，因此，如果首次诉讼中涉及的数额不足以保证尽力证明各方当事人的立场，则败诉当事人永远受该案裁决约束就可能显失公正。有时，某一争点的所有含义在首次诉讼中不被知晓或者甚至不可预见。除非在首次诉讼中有充分且公正的机会与动机就该争点提出了有效审判，否则当事人不应该受该争点裁决的约束。出于各种各样的原因，在所有情形下对所有争点绝对禁止重复诉讼是不正当的。对同一争点避免重复诉讼所带来的利益必须与公正与效率进行权衡。

实现对立政策目的所带来的矛盾反映在调整争点排除的规则和例外方面。本质上，争点排除规则包括如下内容：

当事人不得对作出判决所必不可少的、事实上已经争讼和裁决过的同一争点重新诉讼。[1]

在探讨例外前，我们有必要就法律规则规定适用争点排除的三个条件的事实进行详细说明。

（一）同一争点（Same Issue）

就请求排除原理而言，主要问题是决定同一请求是否在两个诉讼中提出过。就争点排除原理而言，类似的问题是决定同一争点是否在两个诉讼中提出过。显而易见，禁止对同一争点进行重复诉讼需要界定“争点”。

1. 争点范围（Dimensions of Issue）

正确界定哪些内容属于争点这一问题——争点范围——被称作“或许是争点排除领域中最难的问题”。[2] 当然，该问题的解答对确定争点范围极其关键。广 115
义或者狭义地界定争点意味着某一原则是广泛适用或者是无关紧要。

下面的例子可以从更为简单的某一面解释该问题：A 因自己在事故中受伤对 B 提起了过失之诉。B 提出 A 具有共同过失（contributory negligence）作为抗辩。司法管辖区没有强制性反诉规则。就具体裁决而言，A 存在共同过失，导致判决对 B 有利。之后 B 就自己在同一事故中因 A 的共同过失所受伤害起诉 A。基于 A 的共同过失而在早期诉讼中作出的判决，排除了 A 在第二次诉讼中因 A 的过失而存在的争点吗？换句话说，A 的过失行为的争点在两个诉讼中相同吗？

当然，过失的认定需要对违反既定法律标准的事实作出裁决。尽管可能就标准问题、事实问题或者适用于事实的标准问题存在争议，但不论是把过失的认定视为法律问题、事实问题还是混合问题，该裁定通常具有间接禁反言效力。争点排除可适用于任何种类的争点，甚至是纯粹的法律争点。

但在 A 诉 B 和 B 诉 A 案件中所涉及的争点是相同的吗？虽然共同过失责任

---

1 《判决重述（第二次）》第 27 条（1982 年）。

2 《判决重述（第二次）》第 27 条 c 项评论，报告人的注解（1982 年）。

的注意义务在自己而非他人，但两个案件中都缺乏应有的谨慎是此类行为的相同点。从某种意义上来说，用以证明过失的事实似乎也构成了另一个案件中的过失。不过，界定谨慎所需的标准取决于实体法的适用。确定共同过失的标准是高于还是低于已确定的过失标准，这点存在争论。考虑到此种模糊性，在绝大多数司法管辖区，共同过失的抗辩与过失请求的法律界定是相同的。因此，由于事实和法律相互重叠，人们通常认为，即使很难作出明确裁决，我们实例中的争点也是完全相同的。[3]

以另外两个我们将会重复讨论的示例为例。在这两个示例中，绝大多数法院对争点范围分别采取广义和狭义观点：（1）在因原告未能证明被告超速行驶存在过失而使被告胜诉的一起侵权诉讼中，被告过失属于广义的争点范围，由此
116 阻止了原告在同一当事人之间因同一事故发生的不同请求的后诉中以不同方式主张被告可能有过失，例如醉酒。[4]要求原告在首次诉讼中展现所有过失理由是公平有效的。（2）在一起原告胜诉的分期付款合同诉讼中，唯一诉争过且已裁决的争点是合同的违法性的狭义抗辩事项，从而对未执行合同的抗辩或者反欺诈法的抗辩作为不同的争点，留在之后因分期付款而提起不同请求的后诉中解决。[5]要求被告在首次诉讼中展现所有抗辩既不公正，也无效率。

现代的观点是争点的范围应该根据既判力效率和公正的基本原理加以衡量。在后诉中提出的事项是否与首次诉讼中提出的事项构成同一争点是一个务实的问题，因而关注的是在首次诉讼中有关该事项提出的事实性证据和法律观点与后诉中就该事项提出的事实性证据和法律观点之间的重叠程度这样的事实。

《判决重述（第二次）》采纳此种方法解决争点的范围问题。它提出了一种灵活的方法：

> 该问题涉及对重要利益的平衡：一方面，不剥夺当事人出庭充分辩论的愿望；另一方面，阻止对本质上属于同一争点的重复诉讼的愿望。在第二次诉讼提出的特定事项与第一次诉讼中提出的事项之间缺乏完全同一性时，根据该规则，

3　见，如里特尔诉蓝雁机动车公司案（*Little v. Blue Goose Motor Coach Co.*），《东北区案例汇编》第178期，自第496页开始（伊利诺伊州最高法院1931年）；《判决重述（第二次）》第68条n项评论，图示8（1942年）。

4　见《判决重述（第二次）》第27条c项评论，图示4（1982年）。

5　见雅格布森诉米勒案（*Jacobson v. Miller*），《西北区案例汇编》第1期，自第1013页开始（密歇根州最高法院1879年）。

在裁决两个程序中“争点”是否相同时应该考虑几个因素。例如：第二次诉讼与首次诉讼提出的证据或论证存在实质性重叠吗？新的证据或论证涉及法律规则的适用与先前诉讼相同吗？人们能合理地预期与第一次诉讼所争议的事项相关的审前准备和证据开示涵盖了第二次诉讼中旨在争议的事项吗？两个诉讼程序 117
中所涉及的请求的紧密联系程度如何？[6]

因此，提议的方法与《判决重述（第二次）》起草者所认可的与为了请求排除目的所裁决的请求范围有关的方法类似。以争点排除为目的，争点范围同样取决于分析与两种“重要利益”相关的务实性因素，这两种“重要利益”在每一种情形下都需要回顾性地加以平衡。

现代观点的含义。现代方法并非完全像第一印象那样，是一堆虚幻的、毫无意义的杂乱语言。它有一些揭示争点排除实际困难和深奥意义的重要含义。以下就有两个重要含义：

（1）现代方法意味着，当事人在诉答中的措辞甚至其在诉讼中的行为，都不能可靠地界定争点。当事人的言辞和行为虽是不错的指南，但不是绝对无疑的。一方面，在有些案件中，争点排除不应适用于诉答状所拟定的一些问题。也就是说，这正如审判事实既可以扩展诉答状也可以限缩诉答状一样。因此，某一争点可能比诉答状表明的争点范围窄，如同案件通过诉答状呈现的情况通常针对的是合同责任，但在审理时实际上针对的是合同的合法性。另一方面，在一些案件中，争点排除应该适用于事实上没有通过对抗陈述进行争论的事项。也就是说，某一争点可能比当事人争辩的争点的范围广，比如，即使当事人在首次诉讼中的焦点集中于超速行驶，但过失这种广义争点排除了醉酒以及其他疏忽大意这样的新理由。因此，争点的定义不是机械的。

（2）这种现代构想意味着争点的同一性并不是完全依赖于诉讼设置。在财产损失的小额诉讼中，某一过失争点与之后提起的发生在相同事故中的令人痛心的人身伤害案件中的共同过失争点相同。由于警察的失误，刑事被告试图排除证据而讼争的某一争点，不会在该争点出现在因违反民事权利而提起的请求中转变为不同的争点。针对政府或者某一渺小而又值得同情的当事人所争讼的某一争点，不会因为现在对手是庞大而又卑鄙的企业就变为不同的争点。也就 118
是说，即使对具体设置中所裁判的具体纠纷作出具体裁决会受所有那些细节影

6 《判决重述（第二次）》第 27 条 c 项评论（1982 年）。

响，法律也把该争点视为各种情况下确定真相的自由浮动事项的争议。因此，界定争点不受软心肠的影响。

不同层级的抽象性。之所以难以确定在系列案件中提出的争点是否同一，主要是因为在任何特定案件中都可以从不同层面上看待争议事项。例如，在交通事故案件中，原告可能宣称被告未尽合理的注意义务而存在过失，但被告否认该点。原告为支持其请求可以提出各种被告反驳的证据，表明被告挡风玻璃的视线被霜冻遮蔽了。如果此种案件提交给陪审团由其作出附书面问题的总括裁断，且陪审团对该问题做了否定回答，则“被告有过失”正是已裁决的内容吗？对原告不利的判决将会阻止对相同请求再次提起诉讼，但就不同请求的诉讼而言，该判决最终确立了哪些争点？确立的是被告在这件事上一点过失也没有吗？确立的是被告尽到了合理注意义务吗？确立的是被告的挡风玻璃没有被遮盖至遮挡了视线的程度吗？确立的是霜冻没有遮蔽视线吗？

首先，如果间接禁反言被视为阻止恰好基于相同细节而提出的多重诉讼的一种装置并且仅此而已，则排除应该仅适用于由相互矛盾的证据主张所框定的狭窄的争点范围。在该案例中，该主张表明争点就是挡风玻璃是否受到霜冻遮蔽。根据阻止规则，更广泛的请求排除可能适用于基于相同请求而提起的后诉中，但是争点排除只适用于基于不同请求而提起的后诉中狭窄的争点。当事人没有为争点所存在的相互矛盾的争论提供证据支持，即挡风玻璃是否被其他物体遮蔽了，或者被告是否没有尽到合理的注意义务或者被告是否存在超速或者其他过失。

其次，诉状（pleadings）框定的案件范围足够宽以至于原告本可以提出易于证明被告未尽合理注意义务的任何类型的证据。从公平和效率的角度而言，不应该期望原告就诉状中提到的这种更为普遍的问题，即对未尽合理注意义务的
119 争点提供任何现存的证据吗？不应该认为他就自己与被告之间更为宽泛的问题已经一劳永逸地提起了诉讼吗？换句话说，难道诉状不应该凌驾于证据之上以便于判决解决的争点至少包括所有可能倾向于表明被告没有尽合理注意义务的一切事情吗？

几乎所有法院的回答是“肯定”。也即，在这种情况下，它们会认为诉状所反映的标准对考量争点更恰当。如果审理的案件没有通过审前命令（pretrial order）替代诉状，也没有依照审理的证据修改诉状，则最终的判决往往会对所界定的争点产生至少与诉状术语一样宽泛的排除效力，即使采用的证据针对的

仅仅是更广泛争点中某一个狭窄方面。

的确，绝大多数法院会在这种特定案例中走得更远，即把争点界定为过失。它们不会把争点限制在被告是否尽了合理的注意义务的范围内。在绝大多数管辖区法院中，通常原告可以主张过失，或者能够轻易提出过失类的证据。因此，广义上界定过失争点的方法对大多数法院都有吸引力。

为了用早前案例证明相同的论点，假定 A 在 B 超速行驶所造成的交通事故中遭受了人身损害，因此，对 B 提起了过失诉讼。在审理中，A 努力证明 B 由于超速而在驾驶中存在过失。在基于陪审团总括裁断而作出有利于 B 的判决后，（假定没有有效的强制性反诉规则）B 因 A 在同一事故中存在过失，就自身遭受的损害对 A 提起了诉讼。不论所谓的共同过失是否基于超速、醉酒或者其他，A 不得把 B 的过失作为抗辩理由。排除适用的争点就是 B 的过失这个争点，不只是诉状和证据实际上所指的超速争点。然而，该结论并不意味着检验争点必须按照这一标准而没有其他标准。与超速驾驶有关的更具体的争点已获得积极的争讼和裁决，且对已作出的判决必不可少。争点排除也可以适用于那种范围较狭窄的事实。

因此，界定争点范围的宽泛性对法院来说是个相当大的诱惑。如果为了实现争点排除而将争点界定为与现代通知诉答（general pleading）[7] 所许可范围一样宽泛，则该结果不等同于对某一争点本可以争讼但没有争讼的一方当事人提起的后诉具有决定性的约束力吗？这是否与阻止重复争讼的争点排除的基本概念相一致，从而将其与请求排除的基本概念区分开了吗？很明显，随着争点定义 120
的扩张，争点排除和请求排除的原则和政策开始融合。不过，两种原理的规则和例外不同，因而，某些意义上的界限是必要的。保持该界限需要坚持以现实主义观点看待争点范围，即不损害“事实上已经争讼和裁决”的争点排除的界定条件。即使当事人本可以，甚至已经提出看起来宽泛的问题，但他们有可能辩论的是一个较狭窄的问题。如同过失一样，除非前一个问题在证据上和法律上是统一的，否则后者应被视为可以实现争点排除目的的争点。

回顾原告胜诉的分期付款合同诉讼的其他案例，在该案中已经争讼并已裁决的单一争点是合同非法性这一狭窄抗辩事项，因此，将合同未执行的抗辩作为不同的争点留到基于后一笔分期付款提起的后诉中解决。法院的诱惑是扩大

7　译者注：general pleading 等同于 notice pleading，因此，在此将 general pleading 译为通知诉答。

排除范围，其方法是将争点界定为根据合同付款的义务，尤其是在被告能够预见后诉的情况下。然而，法院必须经得起诱惑，绝大多数法院将其付诸实践，力求达到相关政策所描绘的最佳的争点范围。就公正而言，把单独的抗辩界定为单独的争点对原告是公平的，因为当对不同的抗辩争讼时原告不必对同一法律和事实根据进行二次检查。在第一个案件获胜的特定情况下，被告原本可能基于成本和便利的充分理由仅提出一种抗辩——“诸如争议的财产数额和价值小、获取必要证据存在困难、诉讼费用以及当时自身状况”。[8] 就效率而言，许可对不同抗辩进行诉讼不会增加浪费重复诉讼或作出矛盾裁判的风险，因为后诉是当事人和法院第一次面对合同是否执行的事项。事实上，效率正好颠倒过来了。在早期案件中，宽泛的争点定义可能导致过度诉讼，因为当事人会对可能永远不会裁决的事项进行争讼。因此，绝大多数法院会把争点确定为合同的违法性而非付款合同义务这种宽泛的问题。

概括地说，按照抽象的递增标准，运用各种方式陈述争点这一逻辑事项总
121 是可能的。当然，法院既不可能以最狭窄的术语确定争点，也不可能轻易地诉诸尽可能宽泛的术语。相反，法院主要受当事人实际争辩内容的引导，根据公正和效率的特定要求，经过权衡后确定争点。

2. 适用

多数当事人（Multiple Parties）。在单一行为（a single act）损害两人的案件中，行为人对某一受害当事人的过失争点通常被认为与行为人对另一受害当事人的过失争点是完全相同的。尽管下一章讨论的相互性原则（the doctrine of mutuality）可能会阻止某一受害当事人利用因同一行为遭受损害的另一当事人在先前提起诉讼中确定的行为人存在过失的裁决，但两个案件中的行为人过失的争点通常被认为是相同的。

同样的原则也适用于两被告在造成原告受伤害的事故中存在过失的案件。在一起由其中一名共同被告就同一事故造成的损害对另一名共同被告提起的后诉中，过失争点通常情况下被视为与前案已经裁决的争点是相同的。虽然在第二次诉讼中当事人可能再一次被禁止援引前诉所确定的每个当事人存在过失的争点排除效力，但这次是由于下一章所采取的原则，即在当事人在前诉中不是

8　克伦威尔诉索克县案（*Cromwell v. County of Sac*），《合众国案例汇编》第 94 期，自第 351、356 页开始（1877 年）。

实质上的对方当事人（adversaries）时而限制使用间接禁反言，因此，过失争点通常被认为是相同的。

简而言之，在多数当事人情形下，适用争点排除能够继续，而不会自动陷入不同争点的此种障碍。与请求不同，因为不同当事人通常具有不同的请求，争点不会因多数当事人就变成不同的争点。因此，争点排除时刻准备着竭尽全力向新当事人的方向扩展。

情况相同而法律不同（Same Circumstances，but Different Law）。但是，同一行为在第一起诉讼中被所适用的法律标准定性为过失而在第二起诉讼中对同一行为所适用的法律标准不同时，其争点并非完全相同。例如，在卡普斯诉惠特森案（*Capps v. Whitson*）中，[9] 巴士乘客在对巴士公司和与巴士发生碰撞的轿车司机的前诉中获得了损害赔偿。当巴士公司后来因同一碰撞导致其遭受损害而起诉轿车司机时，轿车司机主张前诉判决已经确立了公司存在共同过失。但是，法院认为，该判决并未裁决该争点，即使当事人在前诉中是实质上的对方当事人。公司对其乘客所负的注意义务高于对轿车司机或者其自身所负的注意义务。另外，最后避损机会原则（the last-clear-chance doctrine）可能适用于巴士公司与轿车司机之间的诉讼。 122

然而，据称卡普斯诉惠特森案（*Capps v. Whitson*）所确立的原则，在詹姆斯塔尔克特股份有限公司诉阿拉哈巴德银行案（*James Talcott, Inc. v. Allahabad Bank*）[10] 中适用范围极其狭窄。该案涉及银行对商业票据付款人提出的请求。该案的争点是银行是否是第三方公司的密友，而在由该公司将票据转移给其的正当过程中取消了其作为持有人的资格。该密友问题在当事人之间的前诉中已经提出，当时主张银行通过特定行为和其密友关系已经放弃公司的仲裁权，但该弃权主张因法院驳回密友观点而落空。严格地说，虽然法律标准在两种用法中不尽相同，但法院在第二个案件中认为密友争点在两个案件中是一样的，因此，间接禁反言阻止付款人对该争点重新争讼。

詹姆斯塔尔克特股份有限公司案（*James Talcott*）并非完全摒弃卡普斯诉惠特森案（*Capps v. Whitson*）确立的原则，但其建议法律标准之间的差异必须具有实质性，目的是证明争点在涉及相同事实时不被排除的结论是合理的。例如，消

9 《东南区案例汇编》第 169 期，自第 71 页开始（弗吉尼亚州最高法院 1931 年）。

10 《联邦案例汇编》第 2 辑第 444 期，自第 451、459 页开始（第五巡回法院 1971 年）。

费群众涉及商品产地的混淆问题，在州反不正当竞争请求中和在之后联邦商标请求中争点是相同的。[11] 然而，如果法律标准确实不同，则争点也不同。例如，在某公司为注销另一公司类似商标获得胜诉的联邦诉讼中涉及公众混淆的争点，与该公司之后以商标侵权提起的联邦诉讼中的公众混淆的争点是不同的。该争点之所以不同是因为注销商标案在法律上关注的是金宾（Beam's）和比美鲜（Beamish）的名称在抽象意义上的混淆，但在侵权诉讼中法律关注的是市场上酒瓶上实际标签之间的混淆。[12]

123 **法律规则相同而适用情况不同（Same Law，but Different Circumstances）**。如果法律规则相同，但事实已发生了变化，阻却争点排除就更容易。因此，如果商标案中所称的令公众混淆的商品实质上与反不正当竞争案所涉及的商品不同，争点就有很大的差异。[13] 或者如果法院裁决一方合同当事人患有精神病，该裁决很可能不会在经过相当长一段时间后使已执行的另一不同合同无效。情况变化了，争点也就改变了。

观察情况变化的最好方法就是将情况的变化视为争点排除规则中相同争点条件的一个方面。如果争点排除的援引者使用初步证据证明其支持争点排除规则而被援引者提出争点不具有同一性，则援引者必须证明两个案件涉及争点是相同的。

推定为同一争点（Same Issue by Inference）。有时候法院会把第二个诉讼中的争点与第一个诉讼中的争点视为同一争点看待，即使这两个争点存在很大的差异，因为第一个诉讼结果隐含着第二个诉讼的某一特定结果。例如，如果A诉B获得的裁决是B没有过失，且如果后一个案件提出的争点是B在事故中存在故意和放任的违法行为，则第一个案件的结果会排除第二个案件。缺乏单纯过失就意味着没有更为严重的放任行为。[14]

---

11 见美国贝立兹语言学校诉珠穆朗玛峰之家案（*Berlitz Schools of Languages of Am. v. Everest House*），《联邦案例汇编》第2辑第619期，自第211、215页开始（第二巡回法院1980年）。

12 见金宾品牌公司诉比美鲜和克劳福德有限责任公司案（*Jim Beam Brands Co. v. Beamish & Crawford Ltd.*），《联邦案例汇编》第2辑第937期，自第729、734页开始（第二巡回法院1991年）。

13 见美国贝立兹语言学校诉珠穆朗玛峰之家案（*Berlitz Schools of Languages of Am. v. Everest House*），《联邦案例汇编》第2辑第619期，自第211、216页开始（第二巡回法院1980年）。

14 见里特尔诉蓝雁机动车公司案（*Little v. Blue Goose Motor Coach Co.*），《东北区案例汇编》第178期，自第496页开始（伊利诺伊州最高法院1931年）；苏珊·班兹（Susan Bandes）、劳伦斯·B. 索伦（Lawrence B. Solum）：《摩尔论联邦诉讼实践》第18卷，第132条第3款（3）项（e）目，（4）项（c）目（1999年第3版）。

然而，值得注意的是，这种推定不是双向性的。如果 B 最初战胜了对其故意和放任的违法行为的指控，则 B 之后也不能适用该胜利排除 A 诉称的过失争点。这应该很明显。

（二）实际争讼并已作出裁决（Actually Litigated and Determined）

与阻止对本可以争论但没有争论的事项再行考虑的请求排除相比，争点排除的决定性条件是只适用于“实际已争讼和裁决”（actually litigated and determined）的争点。然而，争点排除条件需要细化。什么构成了“争讼和裁决”（用“实际上”只是为了增强强调的效果）？

就排除效力而言，受约束和受益的当事人必须提出需要裁决的争点，且裁判者必须裁决该争点。因此，缺席判决（default）、自认（admission）或诉讼协议（stipulation）不会导致争点排除。理论基础是如果对争点排除规则的适用不加以实际争讼和裁决这一限制，会导致加剧诉讼负担，这既毫无必要，也不受欢迎。 124

已经争讼和作出判定的争点。就争点排除而言，当事人必须做到的是提交需要裁决的争点，而法院必须做到的是裁决该争点。因此，争点不仅可以通过审理，也可以通过申请进行争讼和判定。与申请简易判决（summary judgment）所提出的争点一样，因没有陈述请求而申请驳回诉讼所提出的争点或基于诉状作出判决而申请驳回诉讼所提出的争点，都是要进行诉讼和裁决的争点。基于诸如审判地不当这样的门槛问题作出的驳回请求判决，不会阻止基于同一请求提起后诉，但就争点排除目的而言，这种判决是导致驳回诉讼的一种对争点的诉讼和裁决。

人们不该主观臆测实际争讼和裁决的条件必须在公开的法庭上进行唇枪舌战。完全展现主张和呈现证据也不是必需的。事实上，诉讼完全可以通过书面进行。或者通过证明责任这个方法，法院可以依据没有提供任何证据而作出特定的裁决。对诉状和其他文书提出的争点作出裁决，这些都是必须做的。[15]

没有争讼和裁决的争点。通过其他方法得到的结果——缺席、供述、自认、合意、诉讼协议或者没有起诉或者自愿撤诉——不属于对特定争点的争讼和判定。

为什么法律允许被告缺席但应避免争点排除呢？在无须承担超过原告所要求的救济的前提下，被告应该有选择是否对原告的诉讼进行辩论的权利。如果

15　见《判决重述（第二次）》第 27 条 d 项评论（1982 年）。

被告选择不在特定时间、特定法院对原告的主张进行争论，反而宁愿选择只是缺席或者满足原告的要求，则不应该认为被告被剥夺了在另一场合就该特定争点进行争论的权利。就公正而言，被告可能基于充分的成本和便利的原因而在第一次诉讼情况下犹豫不决。原告不会因缺席效力的限制而有特别的负担。就
125 效力而言，允许被告之后就某一要点起诉的做法避免了阻碍和解的危险和对第一次诉讼过度争讼的诱因，且因为该要点在第一次诉讼中从未争讼和裁决过，所以并未导致重复诉讼的浪费或者作出的裁决在事实上会存在不一致的风险。

如果被告没有缺席而是通过承认原告诉状中的一些主张而否认其他主张的方式进行了答辩，则可以提出类似的情况。如果案件审理过且原告获得胜诉判决，该判决对原告请求所必要的所有事项都有间接禁反言效力吗？还是其仅对被告否认的事项有间接禁反言效力？另外，该规则是争点排除仅适用于积极争论过的事项。争点排除不适用于被告承认的事实，即使那些事实对该案的结果是必不可少的以及该自认作为证据通常是会被接受的。[16]

1. 适用

主张但没有争论的争点（Pleaded but Uncontested Issues）。原告的诉状必须以某种形式提出追偿所依据的事实。正如上述解释的那样，除非被告选择否认这些事实，否则，这些事实就不构成争点。即使那些未被否认的事实是原告请求所必需的因素和即使原告获得了胜诉判决，未被否认的事实也没有争点排除效力。

相反地，如果必要争点（essential issue）是由被告否认原告诉状中陈述形成的，则案件审理后的判决是对诉状提出的所有争点作出的结论，且重复争讼这些争点将会被阻止，即使一方或双方当事人并没有对其中的一项或者多项争点提出证据。[17] 除非诉状中的争点通过修改、协议或者审前决议的方式被撤销，否则，结论性判决对作出判决所必要的任何此类争点都具有争点排除效力。如果对争点负有提供证据责任的当事人未提供证据，且判决最终对该当事人不利，该要点已经争讼和判定，争点排除就会适用于该要点。

如果在不需要应答答辩（responsive pleading）的某一诉状中提出某一事实，

16　见《判决重述（第二次）》第 27 条 e 项评论（1982 年）。

17　见斯莱特诉斯克温案（*Slater v. Skirving*），《西北区案例汇编》第 70 期，自第 493 页开始（内布拉斯加州最高法院 1897 年）。

例如，《联邦民事诉讼规则》下的肯定性答辩（affirmative defense），[18] 当事人没有否认的事实，会被视作否认，但不能认为该事实得到了承认。在审理中，除非当事人在提交争点证据之前以某种方式明确承认该事实，否则其将成为争点。 126

未主张但争辩过的争点（Unpleaded but Contested Issues）。然而，当事人对未在诉状或者审前决议中框定的争点，可以通过提出事实或法律争点动议的方式或者在审理中就未主张的某一要点通过提出证据或论点的方式提交裁决。[19] 因此，如果实际提出和争辩的争点事实上是为了某一裁决而提交的，只要该争点的裁决对所作出的判决是至关重要的，则该裁决将会具有排除效力。

2. 反对的观点（A Contrary View）

争点排除的三个条件都存在反对的观点。主张放宽实际争讼和裁决条件的那些权威人士既是反对者的代表，也是分歧意见中最主要的群体。

有些案件将争点排除适用于缺席判决，这已经违反了适用条件。[20] 尽管有一般的规则，但其他一些案件也以类似方法对待合意判决（consent judgments）。[21] 这些案件的基本理论是原告所主张的所有事实和为追偿所必需的所有事实，都已经由原告在诉状中提出，因此，被告不能以放弃争讼权这种方式，摆脱判决所产生的排除效力。然而，这种方法不仅不公正、效率低，而且其把那些从未裁决过的事实视为已经确立也是虚幻的。通常情况下，虽然缺席判决或合意判决具有排除效力，但它不应该产生争点排除效力。[22]

从更宽泛的角度而言，再以分期付款合同的第二次诉讼为例，第一次诉讼中败诉的被告争讼的仅仅是合同的违法性而未提出或争讼合同未执行的问题。绝大多数规则认为，被告顶多承认合同执行，但没有对其争讼过。维斯塔教授（Vestal）对该规则的合理性提出了异议：在任何情况下，如果被告不就原告提

18　见《联邦民事诉讼规则》第 7 条（a）款、第 8 条（d）款。

19　见《联邦民事诉讼规则》第 15 条（b）款。

20　见 E. H. 史考布勒（E. H. Schopler）的评述："适用于缺席判决的既判力原理"（Doctrine of Res Judicata As Applied to Default Judgments），载《美国法案例汇编》第 2 辑第 77 期，自第 1410、1425—1430 页开始（1961 年）。

21　见谢尔登 · R. 夏皮罗的评述："有关合意判决是否有权获得既判力或间接禁反言效力的州法院现代观点"（Modern Views of State Courts as to Whether Consent Judgment is Entitled to Res Judicata or Collateral Estoppel Effect），《美国法案例汇编》第 3 辑第 91 期，自第 1170、1183—1191 页开始（1979 年）。

22　见亚利桑那州诉加利福尼亚案（*Arizona v. California*），《最高法院案例汇编》第 120 期，自第 2304、2319 页开始（2000 年）。

127 出并且属于原告行使追偿权所必要的事实进行积极争论，则否认争点排除效力。通常而言，如果被告不攻击原告的主张，这就表明这些主张可能是真实的，特别是在可以预见未来诉讼的时候。按照他的观点，“在对某一特定事项进行缺席判决或者未抗辩就确定了此类争点的情形下，除非受排除约束的当事人能对其在先前诉讼中未争辩作出解释或者能说服法院他应该被允许在目前诉讼中进行争讼，否则，此类争点具有排除效力”。[23] 为了拒绝受理总是否认争点排除规则和总是适用争点排除规则的案件，他因此对作出判决所有必要的争点提出了一种可反驳的推定排除的折中方法。这种折中方法或许在理论上听起来是合理的：司法经济通常会通过适用排除的方式得以实现，但除了当事人就对方当事人的主张可能属实而没有提出争辩外，在当事人对案件有充分理由情况下，其出庭辩论权利会得到保护。然而，大多数规则更适合实践：它对公证更可靠，尽管对此种模糊的做法是否真的会促进司法经济表现出了合理的怀疑，但此种做法不是寻求对排除的争点进行重复诉讼，而是取代对受援引者避免排除的权利进行诉讼。

（三）对判决确属必要（Essential to the Judgment）

在诉讼过程中，可能争讼的是几个争点。有些事实上裁决过的争点可能与案件的最终结果无关。有些已判定的争点可能对最终获得判决的当事人不利。根据一般的规则，[24] 这些判定因其不是“必要的”（essential），即使是实际的、经过激烈争讼的结果，也没有争点排除效力。

根据大多数人的观点，争点排除仅适用于对作出的判决是必不可少的裁决。因此，对法院作出最终结果不是确属必要的裁决是没有约束力的。这种条件背后的观念是附带意见中的此类裁决可能没有进行充分、公正的争讼和考量，且对其上诉可能不成立或动机不明。此外，社会想要的既非刺激当事人对不着边际的问题进一步争论，也非鼓励法院作出多余的宣判。

128 例如，在遵循普通法共同过失规则的州中，如果法院在某一事故中具体性地裁决原告和被告都存在过失，则对后诉争点的判定就没有效力。也即，它对

23 艾伦·D. 维斯塔（Allan D. Vestal）：《既判力 / 排除》200–01（1969 年）。

24 见《判决重述（第二次）》第 27 条 h 项评论（1982 年）。

所作出的判决不是必要的，且争点排除对其不适用。[25]无论被告是否有过失，具有共同过失的原告都会败诉。因此，法院对被告过失的裁决应当是不起作用的。特别要注意的是，对被告过失的认定主要是基于事实、法律以及逻辑或者对被告过失的认定一定先于对原告共同过失的认定，但这不会因此否定排除规则在此情形下不适用的结论。

解释该规则的理由是，对案件中判决的作出既不必要也不重要的此类裁决，不能充分保障其正确性，从而不足以赋予其争点排除效力。最终，没有任何事项攻击它，因此当事人可能未尽全力进行诉讼。它可能无法获得法院最仔细的考量。另一不扩张争点排除效力的理由是，在作出的裁决和结论常常对当事人不利时，其不能上诉或者没有上诉的动机；通过一项不公开审查的裁决来约束是不公平的。

就必要性的确切含义而言，人们必须依赖于既判力政策，特别是争点是否得到积极争讼和仔细认定以及该争点的败诉方是否有机会上诉，而不是依靠拘泥于必要性的字句。第二个诉讼法院不会为了了解案件的基本情况，审查自己裁判的范围依据是否在逻辑上有可能比第一个诉讼法院裁决的范围狭窄。此外，有些并非严格或者必要的诉讼裁决，例如证据裁定，只要它们是作出判决链条中的环节，就具有争点排除效力。另外，作出不利决定后引起影响实体权利的非自愿撤销诉讼或者遭受缺席判决而导致该决定在某种意义上成为不必要，这不会阻止判决对该决定产生争点排除效力。然而，判决必要性条件保留了只有一次锋利的叮咬机会（a sharp bite）。即使经过激烈争斗和仔细权衡的裁决，对最终胜诉的当事人也不应该有约束力，因为通常情况下这些裁决并非必不可少的。总之，那些主导了判决方向的争点裁决才是必不可少的，而那些不重要的争点 129
裁决则不会产生这样的作用。

在界限上需要考虑两个问题：（1）有些法院在当事人通过达成和解而缩短初审法院程序前，把争点排除效力给予所公布的有关中间争点的裁决和结论，从而产生了合意判决而非裁决性判决。[26]这些案件似乎不正确，除非当事人想要通过他

---

25 见坎布里亚诉杰弗瑞案（*Cambria v. Jeffery*），《东北区案例汇编》第 2 辑第 29 期，自第 555 页开始（马萨诸塞州最高法院 1940 年）。

26 例如思维机器专利公司诉国际商业机器公司案（*TM Patents, L. P. v. IBM*），《联邦补充案例汇编》第 2 辑第 72 期，自第 370、375—376、378—379 页开始（纽约南区联邦地区法院 1999 年）；城市服务公司诉海湾石油公司案（*Citics Scrv. Co. v. Gulf Oil Corp.*），《太平洋区案例汇编》第 2 辑第 980 期，自第 116、128 页开始（俄克拉何马州最高法院 1999 年）。

们的和解协议保持争点排除的效力。[27]先前的和解决定并非真正作出判决所必不可少的因素——虽然它们可能有助于达成和解。不可否认当事人确实选择对那些争点放弃上诉，但在那些争点上败诉的当事人不能对那些争点提起上诉。这些案件情况妨碍了和解——尽管聪明的当事人可以通过其和解条款约定自己不受（或者受）争点排除效力的约束。（2）一旦一个案件被诉讼至作出判决，则在上诉阶段达成的和解不会消除判决的争点排除效力。法院不能为了实现当事人撤销争点排除效力的愿望而撤销判决。[28]先前的和解决定对下级法院的判决是必不可少的。

二、规则的例外

在属于争点排除规则范围内的某些情形下，排除一方当事人对争点重新争讼似乎不合适。出于公正性的考量，排除规则需要有例外情形，比如没有充分和公平的诉讼机会的情况。效率性考量也需要例外规则，特别是对最初诉讼过度争讼持反对的政策，因为争点排除规则的过度适用可能会导致鼓励当事人把每一个可想到的争点都争讼到底。最后，独立的实体法政策可能会压倒既判力背后的政策。毕竟，法院正是通过争点排除的方式，努力追求那些阻止对某些争点进行重复诉讼的政策。显然，其他政策经常会指向其他方向。不可改变的争点排除规则似乎不是恰当的解决方法。

130 在具体实践中，法院适用争点排除相当灵活，在规则的三项条件范围内，直接援引了许多例外情形。[29]在这样的情形中有些被屡次认可，以至于被认为是争点排除规则的一般例外。

（一）某些法律争点（Certain Issues of Law）

法院并不倾向于将争点排除适用于请求中引起的实质上与先前已裁决的请求毫不相干的相对纯粹的法律争点。不仅如此，法院也不倾向于将争点排除适用于会造成不公平的任何法律争点，例如强迫某人遵守某一法律裁决而因后来判例法（decisional law）改变导致作废，这会对处境相似的人造成令人苦恼

27 见阿文达尔造船公司诉被保险人劳埃德公司案（*Avondale Shipyards v. Insured Lloyd's*），《联邦案例汇编》第2辑第786期，自第1265、1272—1273页开始（第五巡回法院1986年）。

28 见美国合众银行抵押贷款公司诉邦纳商场合伙企业案（*U. S. Bancorp Mortgage Co. v. Bonner Mall Partnership*），《合众国案例汇编》第513期，自第18页开始（1994年）。

29 参见《判决重述（第二次）》第28条（1982年）。

的不同法律待遇。在此类案件中，社会倾向于只依赖更加灵活的遵循先例原则（doctrine of stare decisis）以指导法院处理过去的法律裁决。

1. 纯粹的法律问题（Pure Questions of Law）

诉讼案件的审理可能涉及法律问题、事实问题或者是将法律适用于事实的争论。根据遵循先例原则，对法律问题的裁决可能对后诉的当事人有一定的约束力。此外，通过运用直接或间接禁反言，当事人可能被排除就特定法律问题进行重新诉讼。

法律问题的裁决很少以抽象的方式作出。裁决法律问题几乎都与特定事实有关。在此方面，常常很难区分法律问题与法律适用问题。包含把毫无疑问的法律原则适用于确定事实的裁决——例如，作为按照指示裁断（directed verdict）的动议或作为法律事项的判决——在技术上属于对法律问题的裁决。这种裁决实际上可能同时是对某种关键的事实争议作出的有效裁判。为了进行说明，在违反合同的诉讼中，对构成要约的某一特定书面函件的裁决可能将公认的法律标准适用于承认的事实，因此，对法律问题的裁决同时也是对关键事实的裁判。如果相同历史事实的重要性竟然在当事人之间再次成为争议的事项，则通常应 131
该适用争点排除规则，至少在单独诉讼中所涉及的请求在关系密切的情况下是如此。[30] 所有反对重复诉讼的惯例性政策都在发挥作用。因此，如果就某一特定协议是否构成法律上有约束力的合同这一事项，在违反合同诉讼中已经争讼过并且作出了判定，实质上依据该判定作出的判决就会阻止当事人在之后提起的违反相同合同的后诉中再次争讼该事项。另外，在一起为了获得债券支付的诉讼中，如果包括诉讼中某一债券在内的一系列债券都是由欺诈诱导发行的问题，已经被争讼过并作出了裁决，则这一必要裁决对之后诉讼中各方当事人均有约束力，即要求其就同一系列的不同债券收取款项。

很明显，一项适用适当法律标准、规则或者其所规定的确切含义的实际争议也是一个法律问题。但其是一个更纯粹的法律问题。它可以出现在毫无关联的请求中。如果第二个诉讼与第一个诉讼毫无关联，则第一个诉讼中已裁决的纯粹的法律问题不会被赋予间接禁反言效力。让当事人在任何时候和任何目的上都受存在争议的法律裁决的约束是不可取的。“这种排除可能过度地延迟法律

30　见《判决重述（第二次）》第 27、28 条第（2）款（1982 年）；《判决重述（第二次）》第 70 条（1942 年）。

所需的变化，并且可能剥夺当事人所享有的一项权利，而该项权利是法院准备为其他处于同样地位当事人所认可的权利。”[31]

间接禁反言在法律问题上合适与否的区分界限不是很精确。《判决重述（第一次）》规定争点排除不适用于真正的法律问题，除非两个案件的诉因“产生于同一事项或交易”。[32]这似乎把法律问题裁决的间接禁反言效力限制在连续诉讼范围内，诸如根据同一合同或者基于同一侵权行为提起的连续诉讼。作为先例援引的案例之一，署长诉善能案（*Commissioner v. Sunnen*），[33]似乎支持法律问题属于间接禁反言适用范围的这种观点。该案对两个案件所涉及的情形进行了区分：一种情形是两个案件涉及单一历史环境的法律意义；另一种情形是两个案件涉及
132 的在历史上截然不同而在分析上具有相同的事实。所涉及的问题是：根据许可协议，专利权所有人分配给其妻的可获得的专利权使用费是否属于他或她的应纳税收入。1928年达成了一项协议，其他协议是之后达成的。根据1928年协议，一项1935年的判决涉及1929—1931年向妻子支付的款项，该判决反对政府的观点，认为专利权使用费是妻子的应纳税收入而非专利所有权人的应纳税收入。根据1928年协议和其他协议，在涉及1937年专利权使用费款项的后诉中，最高法院宣布政府不会间接地因1935年判决而禁止对根据之后协议款项是否属于专利所有权人的应纳税收入重新争讼，即使那些协议与1928年协议是完全相同的。法院未证明其所描绘的这种差异是合理的，只是表示间接禁反言应该小范围地适用于税务案件中。

《判决重述（第二次）》从相反的方向处理该事项，规定了一项规则，即在更宽泛的基础上允许争点排除适用于真正的法律问题。它宣称排除适用于纯粹的法律问题，除非两个诉讼中的请求“毫无关联”。[34]这似乎是更好的解决方法。一方面，在争议问题是将无异议的法律原则适用于既成事实的情形下，该规则消除了在引起歧义案件中将法律问题与最终事实问题加以区分的需求。所有此类案件都会引起争点排除，因为涉及相同历史事实的案件是密切关联的。有些裁决是解决有关法律规范适用时产生的争议，此类此裁决只会在更有限的基础上产生间接

---

31 《判决重述（第二次）》第28条第（2）款，b项评论（1982年）。

32 《判决重述（第二次）》第70条（1942年）。

33 《合众国案例汇编》第333期，自第591页开始（1948年）。

34 《判决重述（第二次）》第28条第（2）款（1982年）；见蒙大拿诉美国案（*Montana v. United States*），《合众国案例汇编》第440期，自第147、162—163页开始（1979年）（法官附带意见）。

禁反言效力，不会对实质上没有关联的请求产生效力。如果一方当事人只是曾经在不同类型案件中争讼过法律问题，则争点排除规则所提供的利益就很难据此证明，普遍性地约束一方当事人使其接受一项可能错误的法律裁决而不约束其他人是正当的，即使该裁决涉及的是解释《宪法》上规则的含义也一样。

2. 法律实施不公正（Inequitable Administration of Law）

审理善能案（*Sunnen*）的法院也公布了另一项将争点排除适用于法律问题的例外——该例外对案件结果作了更合理的解释。当早期裁决与后诉时间之间的“法律风气”（legal climate）存在重大变化时，即使后诉涉及相同文书或事件，先前裁决也可能不具有争点排除效力。在善能案中，最高法院在涉及 1935 年根据 133
1928 年协议作出的专利权使用费裁决与涉及 1937 年专利使用费的诉讼之间所介入的税收裁决，改变了法律环境以至于造成争点排除适用不当，甚至根据 1928 年协议也一样。法律风气的变化没有撤销 1935 年裁决，但其通过旧裁决阻止了未来的争点排除。

此种法律裁决的争点排除效力例外情况的要点是，当目前法律对处于相似情况的其他人规定了不同待遇时，可以避免对某人实行长期特殊待遇可能造成的不公正。如果法律风气在此期间发生了相当大的改变，法律就不能仅仅因为此人曾经争讼过该法律问题就证明此类特殊待遇具有合理性。援引此种例外的案件通常在私人当事人和公权力机关之间争讼过，[35] 但理由并非必然受限。[36] 在解释法律造成不公平的裁决中，任何重大变化都应该导致否认在先前案件中所裁决的法律问题或者法律适用于事实具有争点排除效力的结果。

适用该例外需要清晰的思维。它是一种例外，因此证明责任由争点排除的被援引者，即寻求避免争点排除的人承担。这与争点排除规则已发生变化的环境限制有区别：在第二个诉讼所涉及的事实或法律与第一个诉讼所涉及的事实或法律发生了变化时，则所涉及的争点就成了不同争点。虽然法律环境已经变化，从而导致法院目前对争点作出了不同的判定，但这里的争点确实是相同的。如果情况确实如此，并且如果当事人间的法律待遇存在的潜在差异严重到足以达到法律执行不公正的程度，则被援引者就能够辨认出争点排除的此种例外。

35　见毕肖普诉福尔里弗市案（*Bishop v. City of Fall River*），《东北区案例汇编》第 2 辑第 191 期，自第 769 页开始（马萨诸塞州最高法院 1963 年）。

36　见《判决重述（第二次）》第 28 条第（2）款，c 项评论，图示 5（1982 年）。

还需要注意的是，只有一个被过时的法律观点困住的人，才能提出法律风气变化的这种例外。因此，在美国诉莫色案（*United States v. Moser*）中，[37] 一位叫莫色（Moser）的海军官员获得了比另一位叫贾斯帕（Jasper）的海军官员更高一级联邦退休金的权利，而法院之后对相关法律的适用解读不同。随后，法院表明其对
134 贾斯帕的法律解读不合理。因此，在莫色为了之后分期付款不得不再次起诉时，美国政府试图通过提出莫色和贾斯帕的不同解读结果来避免争点排除，但未能成功。原因是在莫色案（*Moser*）先前不利于政府的解读结果与莫色案目前处境之间，法律风气没有发生介入性变化。因此，最高法院确认不应该有例外。相反，如果贾斯帕再次起诉美国政府，贾斯帕就可以适用该例外。[38]

（二）下级裁判法院（Inferior Rendering Court）

如果后诉超出了初审法院的管辖范围，则后诉法院可以适用争点排除的例外。后诉法院不会遵循下级法院作出的裁决，例如小额诉讼法院（a small-claims court），这是因为该下级法院具有非常多的非正式程序。同时，如果特别管辖权方案表明其立法目的是反对此种争点排除，则具有特别管辖权的法院就不会遵循普通法院对此种争点作出的裁决。

1. 程序的非正式性（Procedural Informality）

适用争点排除的前提是：作出判决的法院对当事人和事物享有管辖权并提供了正当程序，该判决与另一法院作出的判决可能一样正确，但是在作出前诉判决的法院属于有限管辖权（limited jurisdiction）的情况下，这种前提的正确性就存在疑问了。通常类似小额诉讼法院或者治安法院的法官是由缺乏法律训练的法官组成。此类法院的程序一般是为当事人自己提起的案件设计的，不需要专业法律顾问帮助。上级法院使用的证据规则在此可能不适用。争议金额经常限于很小的数额。所以，即使在第一次诉讼时，对相关争点存在未来诉讼的可能性是可以预见的，但期望当事人完全在这类法院争讼该争点似乎也是不合理的。同样，即使上诉会导致上级法院重新审理，败诉当事人可能也没有上诉的具体动机。在这种情况下，在其他法院的后诉中，让判决败

---

37 《合众国案例汇编》第 266 期，自第 236 页开始（1924 年）。

38 见美国诉斯通和唐纳公司案（*United States v. Stone & Downer Co.*），《合众国案例汇编》第 274 期，自第 225 页开始（1927 年）。

诉当事人受特定争点约束似乎不公平。

因此，有人强烈要求，争点排除的效力只是不应该赋予任何有限管辖权法院作出的判决。[39] 事实上，《判决重述（第一次）》赞成这种观点。[40] 然而，绝大 135
多数法院不同意。[41] 鉴于权重比较，《判决重述（第一次）》实际上在其《1948 年增补》中撤销了其没有限制的观点。

尽管权威机构没有认可拒绝将争点排除效力赋予所有有限管辖权的法院所作出的判决这样一种例外，但并不意味着所有此类判决都应该和具有一般管辖权法院所作出的判决一样具有相同的争点排除效力。就质量与范围而言，如果第一个诉讼中的程序不能与第二个诉讼中的程序相媲美，则第二个诉讼的法院就不会遵循第一个诉讼法院作出的裁决。一方面，设立小额诉讼法院的目的是实施非正式的、快捷的以及低廉的司法。没有人想要通过此种裁决来支配享有一般管辖权法院处理某种更重要请求。另一方面，此种非正常程序的例外考虑的是造成先前裁决不可信的差异。在第一个诉讼中仅缺乏陪审团审理的权利，在程序上没有不同。[42]

《判决重述（第二次）》的观点是认可程序的非正式性存在例外。[43] 总体上如同《判决重述（第二次）》那样，该例外本质上关注的问题是争点排除的被援引者是否在第一个诉讼法院具有充分和公平的机会彻底地争讼过该争点。

2. **管辖权的专门化**（Jurisdictional Specialization）

旨在授予特定法院对特定主题享有专属管辖权的制定法提出这样一个问题，即此类法院是否将争点排除的效力赋予其他法院作出的判决。引发该问题发生作用的普遍情形是：在具有专属管辖权的联邦法院作出裁决的案件中，案件的某

39　例如桑德森诉尼曼案（*Sanderson v. Niemann*），《太平洋区案例汇编》第 2 辑第 110 期，自第 1025、1030—1031 页开始（加利福尼亚州最高法院 1941 年）。

40　见《判决重述（第二次）》第 71 条 d 项评论（1942 年）。

41　例如格尔那诉克兰姆案（*Gollner v. Cram*），《西北区案例汇编》第 2 辑第 102 期，自第 521 页（明尼苏达州最高法院 1960 年）；见 E. H. 绍普夫洛彻（E. H. Schopflocher）的评述："受有限管辖权法院判决影响的既判力"（Res Judicata As Affected by Limitation of Jurisdiction of Court Which Rendered judgment），载《美国法案例汇编》第 147 期，自第 196、226—232 页开始（1943 年）。

42　见帕克兰针织品公司诉肖尔案（*Parklane Hosiery Co. v. Shore*），《合众国案例汇编》第 439 期，自第 322、332 页开始和注释 19（1979 年）。

43　见《判决重述（第二次）》第 28 条第（3）款，d 项评论（1982 年）。

些必要争点先前已经在州法院按照不同的请求争讼并裁决过。[44] 例如，“根据（联
136 邦专利或版权法）产生”的比如侵权诉讼此种民事案件的初审管辖权，专门授
予了美国地区法院。[45] 然而，州法院会考虑某些类型案件，诸如不正当竞争请求
或寻求强制执行许可的诉讼，此类案件需要解读联邦专利权或版权法，需要将
这些法律适用于特定事实或者需要裁决这些特定事实。在裁决这种案件中，如
果州法院以另一适用于争点排除的方式裁决争点，则联邦法院会许可根据那些
法律在后诉中重新争讼该争点并且同样是在联邦法院的专属管辖权范围内吗？
更具体地讲，假定制造商承诺为专利许可付费；专利权所有人必须在州法院就执
行协议起诉，但制造商通过证实专利无效成功地进行了抗辩；之后专利权所有人
为了阻止专利侵权行为而在联邦法院起诉制造商。州法院的裁决会阻止在联邦
法院对该专利权有效性的争点重新争讼吗？

《判决重述（第一次）》第 71 条中的一般规定持否定观点：“在直接提起的某一诉讼中没有裁决某一事项管辖权的法院不经意地作出判定的情况下，该判决在为直接裁决该事项而提起的后诉中不具有决定性。”因此，《判决重述（第一次）》宣称州判决不妨碍专利争点在联邦法院重新争讼。[46]

然而，有些联邦案件显示答案不可能如此简单。在比彻诉肯投里实验室案（*Becher v. Contoure Laboratories*）中，[47] 最高法院裁决，在专利侵权诉讼中联邦法院必须对特定州法院的判决赋予间接禁反言效力，该法院已经决定专利权所有人从被告让与人处获得专利所依据的信息，即使该决定的必然结果会使该专利无效。

法官勒恩德·汉德（Learned Hand）在里昂斯诉西屋电气公司案（*Lyons v.
Westinghouse Electric Corp.*,）中，[48] 寻求将比彻案（*Becher*）中的结果与《判决重述（第
137 一次）》中所引证的规定保持一致，认为“共同构成请求的构成事实之一的认定
与视为一个单元的整体事实之间存在区别；某一禁反言对首次诉讼有利但对第二

44 比较鲁蜜斯诉鲁蜜斯案（*Loomis v. Loomis*），《东北区案例汇编》第 2 辑第 42 期，自第 495 页开始（纽约州最高法院 1942 年）（否认在州离婚上诉中对先前州家庭法院婚姻状况决定的排除效力）。

45 见《美国法典》第 28 卷第 1338 条第 1 款。

46 见《判决重述（第二次）》第 71 条 c 项评论（1942 年）。

47 《合众国案例汇编》第 279 期，自第 388 页开始（1929 年）。

48 《联邦案例汇编》第 2 辑第 222 期，自第 184、188—189 页开始（第二巡回法院 1955 年）（在反垄断三倍赔偿诉讼中，联邦法院裁定反对先前州在裁判受质疑行为不违反反垄断法的会计诉讼中所作判决具有争点排除效力）。

次诉讼不尽然。也就是说，如果将‘事项’理解为所有共同构成某种权利的‘产生法律效果的事实’，就可以这样限制性地解读《判决重述》第71条”。法官汉德（Hand）在里昂斯案（*Lyons*）中作出的更普遍性结论比对构成事实与整体事实进行区别更有益：“因此，调查归根结底是国会是否会、何时会将违反《反托拉斯法》实施的违法行为的专属管辖权授予地区法院，此意味着‘受损害的人’为获得损害赔偿必须在地区法院起诉；或者是否这也意味着地区法院必须具有裁决该请求的不受限制的权力，不管其他法院的裁决如何……”他的结论是在反托拉斯法方面，赋予联邦对三倍损害赔偿诉讼享有专属管辖隐含着“其裁决不受其他任何地方预先判决的影响”，至少在禁反言包括“构成违法行为的全部关联事实”的情况下是如此。

然而，授予专利案件专属管辖权不必具有相同含义。该问题基本上转到了授予专属管辖权背后隐含的立法目的。这些案件要求明确表达任何反对争点排除的立法目的。[49] 因此，绝大多数近期案件表明州专利裁决的效力，将会延续到联邦法院。[50] 在其他类型的诉讼中，虽然在有些情况下州法院裁决不会延续到联邦专属管辖区，[51] 但绝大多数经常会如此。[52]

由于类似于那些专利权案件，《判决重述（第二次）》不愿意赞同《判决重述（第一次）》中所包含的绝对例外，且其反而采取了本质上依赖于立法目的的一种范围更狭窄的处理方法。“每一宗此类案件中的问题，都会根据将专属管辖权授予特定法院的立法目的加以解决。”[53]

（三）不同的说服责任（Different Burden of Persuasion）

如果后诉中的说服责任比在最初诉讼中更有利于最初在争点上败诉的一方 138

49　见克雷默诉化学建设公司案（*Kremer v. Chemical Constr. Corp.*），《合众国案例汇编》第456期，自第461、468页开始（1982年）。

50　见，如辛太克斯眼科公司诉诺维茨基案（*Syntex Ophthalmics*，*Inc. v. Novicky*），《联邦案例汇编》第2辑第767期，自第901页开始（联邦巡回法院1985年）；范德维尔诉伊利铸造公司案（*Vanderveer v. Erie Malleable Iron Co.*），《联邦案例汇编》第2辑第238期，自第510页开始（第三巡回法院1956年）。

51　见，如布朗诉菲尔森案（*Brown v. Felsen*），《合众国案例汇编》第442期，自第127页开始（1979年）（破产案件中的特定争点）。

52　参见查尔斯·艾伦·赖特（Charles Alan Wright）、亚瑟R.米勒（Arthur R. Miller）、爱德华H.库珀（Edward H. Cooper）：《联邦诉讼实践与程序》第18卷第4470条（1981年和补编1999年）（引证案例）。

53　《判决重述（第二次）》第28条第（3）款，e项评论（1982年）。

当事人时，则法院不会排除该争点。

通常，负有说服责任的当事人在没有证明事实存在的情况下，就最终确定不存在争点排除的事实。然而，如果在第一次诉讼中对争点未承担说服责任的当事人不必在第二次诉讼中承担这一责任，则该当事人在第二次诉讼中不应该被阻止重复诉讼。以过去的一个例子为例，假定在某州，原告负有证明免除共同过失责任的义务，A 不能从 B 处获得损害赔偿，因为 A 未能就其自己的过失承担特定的责任。该州没有强制反诉规则。在 B 就相同事故的过失对 A 提起的后诉中，B 对 A 的过失争点负有证明责任，因此 A（就其过失争点）不会因前诉判决适用争点排除规则。[54] 该结果不是说 A 的过失争点在两个案件中不相同。相反，根据惯常分析，说服责任的不同操纵着争点排除规则的例外。

同样，即使在两个诉讼中说服责任可能归于同一当事人，如果争点排除的被援引者在第一个诉讼中说服责任明显比较重，或者如果援引者在第二个诉讼中的说服责任明显比较重，则争点排除就不应该适用。因此，被告在盗窃公共财产的刑事诉讼中被宣告无罪，不会阻止政府之后对被告提起民事损害赔偿诉讼。[55]

（四）无上诉能力（Inability to Appeal）

如果依照法律，当事人不能就某争点在最初诉讼中获得上诉复查，则法院通常不会就该争点约束当事人。

有时当事人不能依法对可能存在错误的裁决获得上诉复查。当上诉在进行
139 期间，如果案件变得悬而未决，此种情况就会发生。一般的规则是，在此情形下不应该适用争点排除。[56] 在有的司法管辖区，当案件在上诉期间变得悬而未决时，上诉法院既有权驳回上诉，也有权撤销下级法院作出的判决。然后，由于案件无实际意义而被驳回上诉的当事人，可能有必要要求上诉法院也撤销下级法院的判决以避免适用该判决的争点排除效力。[57]

54　见《判决重述（第二次）》第 28 条第（4）款，f 项评论，图示 10（1982 年）。

55　参见查尔斯·艾伦·赖特（Charles Alan Wright）、亚瑟·R. 米勒（Arthur R. Miller）、爱德华·H. 库珀（Edward H. Cooper）:《联邦诉讼实践与程序》第 18 卷第 4422 条（1981 年和补编 1999 年）。

56　见《判决重述（第二次）》第 28 条第（1）款（1982 年）。

57　见美国诉万星威案（*United States v. Munsingwear*），《合众国案例汇编》第 340 期，自第 36 页开始（1950 年）。

如果因其他原因不能上诉，例如争议金额不足，则在悬而未决的案件中获得认可的例外理由似乎同样可以适用。但是，在依法可以上诉的时候，此种例外不能适用。不过，因涉及经济价值小或者因为当事人正协商解决，当事人可决定放弃上诉。在可以依法提起上诉时，也不适用该例外，但上诉法院可酌情驳回复查。[58]

如果在某一争点上败诉的当事人反而获得了胜诉判决怎么办？在此情形中，通常该争点不是判决所必不可少的，因此，无论如何不会有争点排除。但是，如果胜诉的当事人在某一必要争点上获得胜诉，而在后诉中先前裁决的争点对该当事人的诉讼地位不利怎么办？因为人们只能对自己不利的（adverse to one's interests）裁决提起上诉，所以通常这种当事人不可能上诉。因此，不能上诉的例外（inability-to-appeal exception）意味着争点排除通常不用来约束就某一争点获得胜诉的当事人。

（五）不可预见性（Unforeseeability）

在迫不得已的情况下，如果前诉适用争点排除是不可预见的，并且此种不可预见性可能对目前寻求争点排除的当事人在此方面的努力产生了影响，则法院不适用争点排除。

对不可预见性问题进行过争论的最著名的案件是艾沃格里斯诉纳男案（*Evergreens v. Nunan*）。[59] 为了处理该问题，法官勒恩德·汉德再一次提出了细微区分，这一次区分了“最终事实”与“中间资料”，后者是推论最终事实的前提条件。为了对争点排除过度延伸进行合理限制，他关注该事实在第二个诉讼中 140
所起的作用，并裁决只有最终事实受争点排除的约束。此种艰难的方法在一段时间内对既判力法则产生了影响，但后来淡出了人们的视野。

长远来看，更有影响的是汉德法官提出的一种方法。在阐释法院观点的过程中，他表达了以前从未阐述过的一些重要注意事项：

前诉中的利害关系可能太小以至于不能证明起诉或者抗辩中存在巨大的困难和开支是合理的；即使在前诉中判定某一事实对其结果有必要，可能在后诉的

---

58 参见苏珊·班兹（Susan Bandes）、劳伦斯·B. 索伦（Lawrence B. Solum）：《摩尔论联邦诉讼实践》第 18 卷，第 132 条第（3）款（4）项（k）目（1999 年第 3 版）。

59 《联邦案例汇编》第 2 辑第 141 期，自第 927、929 页开始（第二巡回法院 1944 年）。

当事人之间很重要，但这种机会可能微乎其微……相关的法律事实在未来可能获得的机会通常是不可能的，甚至是无法预测的。如果要重新制定法律，那相关的探究是：前诉中所裁定的事实的结论是否可能不适当地局限于未来的争议，而这些未来的争议在第一次诉讼时被认为是可以预见的……逻辑上的关联性具有无限的潜力；不存在任何能置身其中的可想象的限制。在某一诉讼中败诉可能使结果超乎任何一方当事人的预料；琐碎的争议可能带来各种不可忽视的灾难。

但是，如果对该事实未来可能的意义所存在的不可预测性，属于重要的事项，那为什么不表达为原则以便直接反映它呢？显然，汉德法官认为，他不能过多地偏离先前判例。

一些后诉法院并不认为很受限制，例如，在海曼诉莱根斯坦案（*Hyman v. Regenstein*）中，[60] 第五巡回法院意图以常青树政策为基础，并"重申"原则，即"只有在诉状和记录中表明，有关事实的决定对最终判决是必要的并且可以预见该事实在潜在的未来诉讼中具有重要意义时，才能适用判决间接禁反言"。

将争点排除限定于汉德法官所认为的最终事实规则，《判决重述（第二次）》
141 表示普遍不赞成。相反，此处理方法确立了一种例外，这样"如果在前诉时无法预见的争点再次出现"，则排除不应该用来阻止对该争点重新认定；它进一步规定了缺乏可预测性"可能是导致败诉当事人未能充分地争讼该争点的原因"。[61]

事实上，《判决重述（第二次）》的起草者提醒此种例外案件应该很罕见且重新诉讼应该在明确和令人信服地表明需求之后进行。不可预测性的强制性例外所适用的例子包括对纳税人具体财产的裁决，该具体财产在税法修正案介入后的第二次诉讼中具有更为重大的财政意义。

（六）一般性例外（Generalized Exception）

在迫不得已的情形下，法院既不会约束因某种原因未得到充分、公平的机会对某一争点进行争讼的人，也不会在实质性政策推翻既判力时适用争点排除。

---

60 《联邦案例汇编》第 2 辑第 258 期，自第 502、511 页开始（第五巡回法院 1958 年）（法官附带意见）。

61 《判决重述（第二次）》第 28 条 i 项评论（1982 年）。

与请求排除相比较，争点排除具有各种灵活性例外。[62] 但是，这种由一般性例外为代表的随心所欲的处理方法存在危险。“如果在‘正义’的名义下，只要能产生更准确的决定就允许重新诉讼，则争点排除的真正价值就会很快被摧毁。此外，将错误裁决施加于后诉的风险在许多方面通过已探究过的一系列局限性进行了解释……的确，特殊案件可能证明，认可以正义之名具有作出破例的另一项一般权力是合理的。然而，任何此类例外原则如果弊大于利，则必须限制于狭小的范围内。”[63] 因此，此种一般性例外在两种理念上已明确化了。

1. 缺乏充分和公平的机会（Lack of Full and Fair Opportunity）

《判决重述（第二次）》通过概况结束了其对待争点排除的方法，即在争点排除的被援引者没有充分和公平机会或者动机争讼该争点时，该原则不应该适用。在此，例外破坏该规则的风险是显而易见的。因此，起草者再次提醒此类 142
例外案件应该极为稀少并且重新争讼只应在明确和表明具有令人信服的需要下采用。例证证明了这一点：

在争点经过争讼和确定的诉讼中，一方当事人可能隐瞒了实质上会影响案件结果的其他信息。如果当事人之间存在信托关系，则此种隐瞒可能需要特别关注。[64] 或者当事人一方可能一直是在精神或身体残疾的情况下努力，这妨碍了诉讼的有效性并因此被撤销。或者从陪审团作出的裁决中可以明显看出，该裁决是和解的结果[65]或者前诉中的争议金额可能与后诉中的争议金额相比较如此的小以至于适用争点排除明显不公正。

这种拒绝给予首次判决争点排除效力的做法，不应该在没有令人信服的显示不公平的情形下发生，也不应该仅仅以首次决定存在明显错误的结论为基础。但是在适当范围内，法院根据所述情况对某一争点的裁决具有拒绝给予排除效力的自由裁量权，这对公正管理争点排除原则极为重要。[66]

62　第四章第二部分。

63　参见查尔斯·艾伦·赖特（Charles Alan Wright）、亚瑟·R. 米勒（Arthur R. Miller）、爱德华·H. 库珀（Edward H. Cooper）:《联邦诉讼实践与程序》第 18 卷第 4426 条，第 265—266 页（1981 年）。

64　见斯皮尔克诉汉金案（*Spilker v. Hankin*），《联邦案例汇编》第 2 辑第 188 期，自第 35 页开始（哥伦比亚特权 1951 年）。

65　见泰勒诉霍金森案（*Taylor v. Hawkinson*），《大西洋区案例汇编》第 2 辑第 306 期，自第 797 页开始（加利福尼亚州最高法院 1957 年）。

66　《判决重述（第二次）》第 28 条第（5）款（c），j 项评论（1982 年）。

2. 相互矛盾的实质性政策（Conflicting Substantive Policy）

在宪法范围内，立法机构有权规定是否适用既判力的情形。虽然如此，明确作出此种规定的法律还是很少见。

法院也可通过创设争点排除的例外实施实质性政策。[67] 然而，出于对法院有限立法作用的尊重，它们只应在有实质性需要的紧迫情况下这样做。[68]

三、特殊性适用：多重裁决

143 争点排除的一些特殊性适用解释了其如何运作。

（一）累积性裁决（Cumulative Determinations）

如果某一案件中的几个争点经过争讼和裁决，只要该争点裁决是判决所必要的，则每个争点都会被排除。

以 P 因交通事故造成的大量财产损失起诉 D 为例。D 以否认自己存在过失和 P 对小轿车的所有权进行抗辩。审理后，一项有效、最终判决有利于 P。根据 P 与 D 之间达成的许可分割请求权协议，P 之后因在同一事故中遭受的人身损害起诉 D，并援引 D 存在过失的争点排除效力，所有权不属于人身损害赔偿的争议点。结果是适用争点排除或者更精确地说是适用直接禁反言。

事实上，该例子描述了一种非常普通的情形，即法院为作出判决对争点作出了一系列裁决，而每个裁决都是通往判决的必要步骤。在这样的情形下，每个裁决都支持争点排除。标准就是争点排除可能依赖于一个案件中的大量争点。

相反，如果前诉的裁判者裁决 D 存在过失而 P 不拥有所有权阻碍了追偿，那么在后诉中不会发生争点排除，因为对 D 的过失裁决不是判决所必不可少的。

（二）模糊性裁决（Ambiguous Determinations）

如果人们不能辨认出案件中可能存在的几个争点的哪个争点被裁决过，则任何争点不被排除。

不论当事人何时寻求援引争点排除原则以阻止争点，该当事人都有必要证

---

67 见，如美国诉拉凡赤案（*United States v. LaFatch*），《联邦案例汇编》第 2 辑第 565 期，自第 81 页开始（第六巡回法院 1977 年）（贿赂与敲诈）。

68 见《判决重述（第二次）》第 28 条第（5）款（a）项（1982 年）。

明该争点事实上在前诉中已经被裁判。如果援引者无法证明，则不得适用争点排除。

通常援引者可以从前诉程序的正式记录中获得所需要的说明。有时判决本身会反映某些争点已经争讼过和裁决过的事实。然而，更普遍的是，援引者还必须呈现其他记录要素。如果案件由陪审团审理并根据陪审团的特别裁断或者总括裁断作出裁决，且附有对质询书的答复，则陪审团的指示就会说明争讼过的内容， 144
该裁断通常会显示裁决的内容以及判决会显示哪些争点对所作出的判决是必要的。如果案件由法官审理，法官对事实的决定和对法律的结论会显示出哪些已被争讼过和哪些内容是必要的，尽管这种做法不可能精确地揭示这些争点是否实际上争讼过。如果案件是根据驳回诉讼的申请或者为简易判决作出的裁决，则该申请通常会揭示出争讼过的争点，且判决会说明什么已争讼过以及什么是必要的。如果这种申请被否决，则其不会产生判决，但在诉讼中作出最终判决时，对该申请作出的裁决应该反映出可能具有排除效力的被争讼和裁决过的争点。例如，如果被告基于起诉状初步说明法定诉讼时效已过而对未陈述的请求提出驳回诉讼申请，且如果被告因此败诉，则法院的命令应该表明其对争讼过的争点作出了裁决；如果案件之后进行到作出对原告有利的判决，则该判决会揭示该争点裁决是必要的，从而引起与其相关的争点排除规则适用的结果。

在其他情形下，从正式记录的材料中不可能说明前诉裁决过什么。原告的诉状可以一般诉讼理由（common count）的形式进行，且被告也可能提出概括否认答辩（general denial）。案件可能移交陪审团审理并且基于总括裁断作出裁决。那么，在此种案件中，为了证明什么争点事实上已经争讼过并且作出了裁决，可能必须求助于审理副本或者其他判决记录的外部证据（extrinsic evidence）。[69] 外部证据可能表明，记录中材料明显框定的争点事实上已经被抛弃了，如通过自认或诉讼协议那样。现在，按照证据规则，此类外部证据在绝大多数司法管辖区获得了广泛接受，外部证据甚至可以反驳正式的记录以说明先前真正的情形。[70]

69　译者注：extrinsic evidence 类似于 extraneous evidence，一般翻译为“外部证据”“旁证”，即没有体现在诸如遗嘱、信托或者合同等书面协议中的事实或信息。也就是，外部证据不是由书面文件本身提供的证据，而是从外部来源获得的证据，比如在合同法中，口头证据（Parol Evidence）就是外部证据，因为它不是来源于合同之内而是源自文书之外的证据。

70　见第十一章第二部分第（二）目。

除非寻求援引争点排除当事人可以通过记录或者外部证据证明该争点实际上已经争讼和裁决过并且对作出判决是必要的，否则争点排除就不存在，这些争点可以再次争讼。即使有的争点事实上已经明确争讼过、裁决过并且对作出判决是必不可少的，情况也是如此。[71]

145 除了前诉中D通过陪审团作出的总括裁断获得胜诉以及在后诉中D提出争点排除以否认自己存在过失外，需要重新考虑先前的例子。也即P基于某交通事故导致的严重财产损失对D提起诉讼。D通过否认自己存在过失和P对汽车的所有权进行抗辩。审理后，法院根据陪审团总括裁断作出了一项有利于D的有效的终局判决。按照P与D之间达成的许可分割请求的协议，之后P因在同一事故中遭受的人身损害起诉D，D就其自身的过失援引争点排除，对汽车的所有权不是人身损害赔偿的争议点。结果是不适用争点排除，因为人们无法辨别陪审团是否对无过失和无所有权作出了裁断。

举一个类似例子，在被告过失和原告共同过失都存在争议的诉讼中，根据陪审团总括裁断作出被告胜诉的判决，必须以被告无过失或者原告存在共同过失或者二者兼备的裁决为依据。但是，除非外部证据能证明哪一种可能性是正确的，否则，如果被告只需要延续其中之一，就不存在间接禁反言效力。（相反，如同原告因同一事故起诉被告，如果被告乐于延续其中的任何一个，则模糊性就不会再出现。不论是无过失还是共同过失，二者只要有其一就足以在新诉中获胜，且陪审团至少在前诉中裁决过其中一个。）

通常的方法就是这样运作的：模糊性动摇了争点排除的适用。少数案件认为，无论需要两个争点中的哪一个，模糊性判决都将免除对两个争点中任一争点的适用（比如，没有过失或者共同过失），这视需要而定。[72] 但是，绝大多数案件不这样处理。如果决定性争点不能被确定为已经裁决过，则争点排除所促进司法经济中的利益就太微小以至于不会超过有机会证明案件情况的当事人的利益。

（三）选择性裁决（Alternative Determinations）

这里讲述一个存在真正争议问题（a very close question）的特殊规则：如

---

71 见拉塞尔诉普莱斯案（*Russell v. Place*），《合众国案例汇编》第94期，自第606页开始（1877年）。

72 见，如凯里诉科提斯案（*Kelley v. Curtiss*），《大西洋区案例汇编》第2辑第108期，自第431页开始（新泽西州最高法院1954年）。

果裁判者在案件中裁决了几个争点并且每个争点的裁决都足以单独得出该判决，则根据《判决重述（第二次）》，每个争点裁决不得单独适用争点排除规则。比较旧的权威观点认为，每个争点都将被排除，这可能仍然是比较可取的观点并且似乎重新赢得了法院的支持。

再继续思考 P 诉 D 这个例子，不同之处在于 D 在先前诉讼中因陪审团的特 146
别裁断（special verdict）所判定的被告无过失和原告无所有权而获得胜诉。也就是，P 因交通事故造成的重大财产损失起诉 D。D 通过否认自己存在过失以及 P 对汽车享有所有权进行抗辩。审理后，法院根据陪审团的特别裁断所判定的既不存在过失也无所有权而作出了 D 胜诉的有效的终局判决（final judgment）。按照 P 与 D 之间达成的许可分割请求（claim-splitting）协议，P 之后就同一事故中遭受的人身损害起诉 D，D 对自己的过失援引争点排除，所有权不是人身损害的争议点。结果会怎么样呢？

该例子衍生出的问题揭示出某一案件可能涉及对两个或两个以上可选择性争点进行争讼和裁决，任何一个争点都足以支撑作出判决。在这种案件中，其中一个可选择性争点对判决是必要的，但并非特定的一个。同时，不可否认的事实是，其他选择性裁决是不必要的，因此不具有争点排除效力。麻烦的是，没有办法可以说明哪个选择性裁决是必要的，哪个是不必要的。如果没有办法说明哪个必要，则争点排除应该适用于所有争点裁决或者不适用于任何一个争点裁决。案例采取的是两种观点。[73]

《判决重述（第二次）》采取的观点是判决并不排除任何选择性争点。[74] 此观点是以像哈尔彭诉斯瓦兹案（*Halpern v. Schwartz*）这样的案件为依据。[75] 基于三种不同理由之一，伊芙琳·哈尔彭（Evelyn Halpern）被强制性地判决为一个破产者，其中只有一种理由涉及具有妨碍、延期或骗取债权人实际意图的裁决。在后诉中，哈尔彭（Halpern）寻求破产免责，虽然《破产法》规定如果法院裁决破产者的行为具有这种意图，则破产免责就不被许可。初审法院驳回了哈尔彭的破产免责请求，认为先前对意图的裁决是可排除的。美国第二巡回上诉法

73 参见苏珊·班兹（Susan Bandes）、劳伦斯·B. 索伦（Lawrence B. Solum）:《摩尔论联邦诉讼实践》第 18 卷，第 132 条第（3）款（4）项（b）目（1999 年第 3 版）。

74 见《判决重述（第二次）》第 27 条，i 项评论（1982 年）。

75 《联邦案例汇编》第 2 辑第 426 期，自第 102 页开始（第二巡回法院 1970 年）。

院推翻了下级法院的裁判，认为依据选择性理由作出的判决对任何理由来说都不具有争点排除效力。

《判决重述（第二次）》的理由是任何一种选择性争点可能都未进行过充分的争论。它可能没有像在单独提出的条件下本会做的那样被如此仔细和严谨地
147 思考，所以其具有一些判决附带意见（dicta）的特征。此外，败诉方可能真的会因其他选择性裁决的力量而打消上诉的念头，认为后面的理由会得到认可，其他理由甚至不会被提及；为了接受这种注定要失败的上诉，社会确实没有兴趣创造激励机制。

《判决重述（第二次）》的起草者没有忽视反对浪费性重复诉讼的主张：争点经过争讼和裁决；该裁决对判决有支撑作用；与非必要性裁决不一样，当事人能够对选择性损失提起上诉。然而，起草者认为，从平衡的角度看，支持不排除的观点稍微更具有说服力。但他们也承认，这种平衡有可能变动。如果存在上诉，则任何已被确定的选择性争点都会有约束力。该理念是上诉复查的实施将相互冲突的政策天平摆向了排除一侧。因此，所有的权威人士都同意，如果败诉当事人确实对判决提起上诉，上诉法院就某一选择性争点而非其他争点维持了原判，那么在上诉中被维持的争点且只有该争点会支持排除。同样地，如果上诉法院在两个争点上都支持下级法院，则该判决对二者都具有排除效力。[76]

此外，即使没有上诉，如果所有选择性争点都出现在后诉中，则会适用争点排除。这种情形实际上比哈尔彭案（*Halpern*）的情形更普遍。一个例子是，在被告通过陪审团对没有过失和共同过失的特别裁断获得了胜诉的情况下，原告就同一事故再次起诉被告，被告之后提出了争点排除。在此，所有的权威人士赞同 D 会胜诉，因为所有不排除的政策论据都消失了。但要达到该结果，《判决重述（第二次）》必须借助尴尬的分析，即非过失和共同过失的选择性裁决仅仅是对单一"争点"作出的必要性认定的选择性依据，这个"争点"被更广泛地界定为无责任。[77]

然而，让我们回到最初案例中涉及的对无过失和无所有权这两个争点所作出的可选择的决定，这两个决定没有被提起上诉，对此有人试图只保留其中的一个争点决定有排除效力。《判决重述（第二次）》将这种情况挑出来作为不排

76　见《判决重述（第二次）》第 27 条 o 项评论（1982 年）。

77　见《判决重述（第二次）》第 27 条 i 项评论，图示 16（1982 年）。

除规则，这是正确的吗？无可否认地，判决不是基于一个争点作出的，因此，应该说它对两个争点都没有或都具有决定性。《判决重述（第二次）》选择支持两个都不具有排除效力。但是《判决重述（第一次）》赞成的观点是，该判决 148
对两个争点都具有排除效力，并解释说："不应该认为两个都不重要是显而易见的，因此两个都应该被认为是重要的。"[78]

遗憾的是，《判决重述（第一次）》的解释不能令人信服。这个问题并不"明显"。其解决方法关注的是相当细微的因素。许多事项存在争议，难以权衡。对我们而言，天平摆向不利于《判决重述（第二次）》规则，最终的考虑因素似乎是：根据《判决重述（第二次）》，D 获得两个争点胜诉的境遇要比她仅在无过失条件下获胜的境遇更糟。这很匪夷所思。她的律师本可以做点什么来避免此窘境呢？在一般性案件中做不了什么。如果 D 的律师放弃所有权争点而只争讼过失争点，该策略避免了选择性裁决规则却有输掉整个案件的风险。想象一下，试图向委托人解释那种败诉策略的场景吧！相反，只要需要，D 的律师可能试图通过解决无所有权争点而与法官相互配合从而推翻该规则，但此种合作不可能唾手可得或者有效。因此，《判决重述（第二次）》的规则可能无缘无故地将一方当事人置于严重困境中。

值得注意的是，《判决重述（第二次）》规则在法院还未获得广泛认可，[79] 甚至第二巡回法院在裁决哈尔彭案后就逐渐避开了该规则。[80]

考虑所有这些正反两面的主张和关于选择性裁决"现代"规则的含义以及对其的反映后，似乎总的来说法律回到《判决重述（第一次）》会更好。排除应该成为选择性争点的规则。尽管对选择性争点不适当地适用间接禁反言的情形很少，例如在不可预见的情形下对选择性争点适用了间接禁反言，但争点排除规范可以借助各种争点排除中的例外来避免适用争点排除。

78　见《判决重述》第 68 条 n 项评论（1942 年）。

79　见亚当·西格勒（Adam Siegler）的评注："间接禁反言中的选择性理由"（Alternative Grounds in Collateral Estoppel），载《洛杉矶洛约纳法律评论》第 17 期，自第 1085、1100 页开始和注释 106（1984 年）。

80　见温特斯诉拉维尼案（*Winters v. Lavine*），《联邦案例汇编》第 2 辑第 574 期，自第 46、66—68 页开始（第二巡回法院 1978 年）。

第八章　对非当事人的作用

一、利害关系人

149 “利害关系人”（privies）此种结论性标签，是用来描述非诉讼当事人（nonparties）在某些情形下与前诉当事人一样通常要受既判力相同规则约束，这种处理的基础是前诉当事人与非当事人之间存在某种代理关系。正常情况下，某利害关系人对请求利益和争点排除负有义务和享有权利，仿佛该利害关系人与相关当事人所处的境遇一样。

按照通常观点，判决可以只约束曾经出庭的人。受判决约束与受其他方式约束一样，包括受判决排除效力的约束。从此点出发，似乎可推论出只有被指定的诉讼当事人可受既判力约束——并且只有那些已参加过法院程序或者已经接受法院管辖权的被指定的当事人才能受既判力的约束。这种观点似乎隐含于正当程序概念中。但是，这并非完全正确。在历史上，既判力法承认有些在任何意义上都不是当事人的人，在有些方面要受到判决的约束。此种结果不违反正当程序理念。

正当程序关注的是基本公正的实质：充分且公平地出庭辩论（the full and fair day in court）。然而，不论是现在还是永远，审理都可以对受判决影响的各方当事人通过正式诉讼合并以外的方式加以提供。例如，如果在所有权人与另一当事人之间对涉及不动产中某种利益的争点已经过充分争讼，则该争点的解决也对之后的购买者和受赠者产生不利影响。

150 受益人可能在受托人争讼过的争点上受到约束。因此，不会仅仅因为非当事人受约束就认为违反了正当程序。事实上，正当程序保障的所有内容是充分且公平地亲自**或者通过代理人**出庭辩论。如果不符合该条件，“出庭辩论权”（a day in court）就只是一种欺骗性的口号。[1]

1　罗伯特·G. 博恩（Robert G. Bone）：“对‘出庭辩论’理念和非诉讼当事人排除的再思考”（Rethinking the “Day in Court” Ideal and Nonparty Predusion），载《纽约大学法律评论》第 67 期，自第 193 页开始（1992 年）。

正当程序允许约束的非当事人比大多数人想象的要多得多。毕竟，正当程序的宽松要求，解释了立法机构和管理者能够约束人们及其财产的方式。然而，此时这些人只能从最宽松的意义上说得到了代理。与此类似，法院判决其中可以约束包括其利益得到了充分代理的所有处境类似的人，不仅要通过灵活的遵循先例原则约束他们，而且还尽可能通过既判力的严格性来约束他们。

然而，如同既判力法表达的那样，社会选择通过判决约束非当事人远未达到它实质上应该达到的程度。正是此种克制有助于严格地将法院裁判与其他政府决策区别开来。既判力只对那些与作为代表方的当事人有密切关系的非当事人或者正如法律用语所说的与一方当事人有利害关系的那些人具有约束力。[2]

那么，哪些非当事人与一方当事人关系密切到足以根据既判力法应受约束？正如被建议的那样，他们被贴上了利害关系人的标签。但利害关系（privity）并非一个不解自明的术语。它是在许多法律领域中使用的一个具有不同含义的技术性术语。一方面，既判力目的中的利害关系不应被狭隘地解释为某种准当事人（quasi-party），因为有时受到判决的约束的人并不符合本国定义的任何当事人。利害关系人比这包括的人多。另一方面，既判力目的下的利害关系在某种意义上，并不足以约束诉讼中被代表的所有人或者达到正当程序所要求的那些被代表的人。与此相比，利害关系人的人数要少得多了。因此，既判力法约束许多非当事人，但其选择约束的非当事人比其本来能约束的要少得多。

那么，法律事实上决定把谁置于利害关系人此类人群中呢？遗憾的是，所有作者使用该术语的含义并不一致。的确，只有某些作者主张，该术语最终的
意义是利害关系是一个具有独立含义的概念，是被用以识别虽可能不是所有但 151
至少是某些受判决排除效力约束的非当事人案件。

例如，亨利·坎贝尔·布莱克（Henry Campbell Black）基于既判力目的而把某种“对相同财产权利的相互或者继受关系”作为利害关系的经典定义；值得注意的是部分权威出于其他目的，即法律上的、血统上的或者代理上的利害关系人目的，认可其他形式的利害关系。布莱克（Black）主张，“我们必须只针对财

2　提斯诉美国航空公司案（*Tice v. American Airlines*），《联邦案例汇编》第3辑第162期，自第966页开始（第七巡回法院1998年）。

产中的利害关系人”。[3] 为了使其利害关系的有限定义与他所描述的“统一规则”和“既非判决的当事人，也非此类当事人的利害关系人的所有人，完全不受判决禁反言约束”的此种“一般性法理标准”相一致，布莱克认为，有必要把担保人、赔偿者以及某些其他非当事人受约束的“特殊性案件”作为例外加以确认。[4]

詹姆斯·威廉姆·摩尔（James William Moore）教授也把利害关系视为此种情形下的一个具有独立意义的术语，只是其所主张的该术语范围比布莱克的观点要宽泛得多。他认为，利害关系存在于下面三种关系中：对同一财产权具有继任的关系（比如，让与人与受让人之间的关系）；对同一财产权具有同时发生或完成的关系（比如，受托人与受益人之间的关系）；代理同一个人的利益。[5]

鉴于此种情境下利害关系含义观点的多样性和宽泛性，该术语的使用相当有限。就该术语意味着对财产具有继任的或共同的利益而言，它作为一种包含性的检验标准是有帮助的。也就是，它确实表明，在某类案件中非当事人可能受约束。但是，该术语作为对排除的一种检验标准就没有任何帮助。在利害关系概念中，没有任何内在的东西可以解释为什么在有些情况下约束非当事人而在另一些情形下不约束。

因此，部分法律权威包括《判决重述（第一次》，[6] 已经用该术语描述足以使某一判决的排除效力适用于非当事人具有合理性的任何关系。根据该观点，利
152 害关系“仅仅是一个词语，用以说明记录在案的一方与另一方之间的关系非常密切足以把另一方包含在既判力范围内”。[7]

根据此种结论性的定义，该利害关系术语在识别可能存在非当事人受既判力约束的情形中即使有帮助，也很小。因此，《判决重述（第二次）》在关于判决排除效力方面废除了对利害关系术语的使用。相反，它在 20 多个单独章节中

3　亨利·坎贝尔·布莱克（Henry Campbell Black）：《裁判法专论》第 2 卷，自第 830 页开始（1902 年第 2 版）。

4　亨利·坎贝尔·布莱克（Henry Campbell Black）：《裁判法专论》第 2 卷，自第 908 页开始（1902 年第 2 版）。

5　见詹姆斯·威廉姆·摩尔（James Wm. Moore）：《摩尔论联邦诉讼实践》第 1 卷 B 部分，J0.411［1］，at Ⅲ -215（1996 年第 2 版）。

6　见《判决重述（第二次）》第 83 条 a 项评论（1942 年）。

7　布鲁萨斯基诉美国案（*Bruszewski v. United States*），《联邦案例汇编》第 2 辑第 181 期，自第 419、423 页开始（第三巡回法院 1950 年）（古德里奇法官意见相同）。

规定了处理在某种程度上属于既判力约束规则范围内的非当事人的具体类别。[8]

然而，如果利害关系一词被明确地认为是结论性的，则作为一个一般性的解释性术语，其仍然是有用处的。它有助于在所有诉讼阶段陈述既判力原则：既判力一般适用于同一当事人之间或者与其有利害关系的那些人之间的后诉中。因此，与某一方当事人有利害关系的人——其利益由诉讼的一方当事人代表的一部分人——可能受约束。当然，如果利害关系人受判决约束，则其也有资格获得既判力利益。总之，《判决重述（第一次）》的用法是很好的。

然而，不论采取哪种方法界定利害关系，用其作为结论性标签或者抛弃该术语，确定谁是受约束的非当事人的一些尝试，仍然是有必要的。前提是既判力法远没有宪法的作用大。约束非当事人一定在政策上存在某些实质性理由，其重要性超过了约束非当事人的社会成本。那么，法律制定了接近该政策平衡的一项清晰、简单以及严格的规则。例如，如果非当事人的诉讼请求被他人的判决所消灭，则非当事人包括诉讼中所涉及的未来诉讼财产利益持有人和作为一方当事人的受托人在诉讼中涉及的诉讼信托的受益人。相反，其利益与所有当事人相反的非当事人不受争点排除效力约束。因此，利害关系原则是合情合理的，即使其在界限上似乎有点主观。

顺便提一下，识别利害关系人的问题经常在合并和阻止案件中并不很突出，因为那些分原则只适用于基于相同请求的后诉中，而谁受约束的问题通常取决于裁决同一请求的相同性因素。然而，争点排除可适用于许多不同请求，并且哪些人受约束的问题是其中与此相关的最重要的问题之一。 153

此外，一旦识别了某些类型的利害关系人，则他们在性质上存在很大差异这一点就很明显，特别是在利害关系人对当事人关系的性质方面。随着共同利益关系的缩小，判决约束力的条件和例外开始出现。于是，该主题就变得更复杂了。的确，唯一可靠的说法是该主题受众多复杂的特殊化表述所支配。

然而，有了这种积累之后，我们思考一下非当事人可能受约束的各种常见情形。出于既判力目的，按照《判决重述（第二次）》，有两种基本类型的利害关系人。它把他们划分为或者是与一方当事人具有实质性法律关系的人或者是由一方当事人代表的人。但是，此种划分有一点误导，因为事实上第一种类型仅包括涉及某种程度代理的实质性关系，而第二种类型所要求的关系不仅仅是代理这一种。

---

8 《判决重述（第二次）》第 39—63 条（1982 年）。

（一）实质性利害关系（Substantive Privity）

利害关系人包括：与一方当事人有或者曾有各种实体法律关系中任何一种关系并且该关系在某种意义上创建了一种代表性角色的人。例如，财产利益的继任者就是与确定其前任在该财产中利益的某一判决有关的利害关系人。[9]举一个不同的例子，某一名合伙成员在某种有限程度上被视为与其合伙人作为当事人的某一判决有关的利害关系人。[10]

1. 继受利益（Successive Interests）

如上所述，利害关系术语的所有使用者使用它的目的是囊括一个基本情况，即非当事人可能受判决约束，因为非当事人在作为前诉主体的财产中享有利益。在涉及让与人与第三人之间财产有关的诉讼开始后，接受权益的受让人就与让与人有利害关系，因此要受与该财产权益有关判决的约束或者受益于该裁判。

154 该规则属于一项广义规则。首先，只要有效，转让的形式无关紧要；购买人、抵押权人、受赠人、继承人、受托人以及财产管理人可能受对其所有权前任作出的涉及财产判决的约束。[11]其次，虽然该规则不适用于受让人在让与人卷入的诉讼开始前取得了权益的情形，但它适用于对让与人作出判决后取得该权益以及该权益是在诉讼中获得。最后，除非该诉讼的标的像可转让票据一样并且受让人如同法定持有人一样或者除非第三人知晓受让人不知晓该行为，否则受让人即使不知晓让与人卷入该诉讼，该规则同样适用。[12]

虽然某项财产权益的受让人可能因此受影响该权益的某项判决的约束，但该判决对受让人即受约束的利害关系人的影响，可能与对让与人即实际当事人所具有的效力完全相同。不论后诉是否涉及受前诉判决影响的财产，让与人都不得在针对第三人提起的后诉中就相同争点重新诉讼。相反，受让人只在该争点与转让财产权益相关的范围内受约束。因此，假定 A 和 B 拥有由 C 公司发行的相同系列的债券，并且 A 就其中一种债券对 C 提起诉讼。在该诉讼中，法院认为，该债券发行超越权限。A 接下来把其债券销售给 B，B 之后就接受 A 向其所转让的债券和 B 以前拥有的那些债券对 C 提起诉讼。那么，就从 A 获取的债

---

9 参见《判决重述（第二次）》第 43—44 条（1982 年）。

10 参见《判决重述（第二次）》第 60 条（1982 年）。

11 见《判决重述（第二次）》第 43 条 f 项评论（1982 年）。

12 见《判决重述（第二次）》第 44 条（1982 年）。

券而言，也就是事实上除了 B 以前拥有的债券外，B 就所有债券都受越权发行这个争点的约束。[13]

在其他的用法中，不动产的利害关系术语描述一种在两个方面都起作用的关系，因此，权益的前任与继任者具有共同利益关系，反之亦然。然而，在争点排除情况下，该术语标志的是一条单行线。权益的继任者可能受其前任作为一方当事人的某一判决的约束，但反之未必成立。也就是，继任者作为某一诉讼的一方当事人，而该诉讼判决对前任不具有排除效力。[14]

总之，如果将利害术语理解为涉及相同权益的继任所有权的关系，则它确 155
实有助于识别非当事人在某些案件中可能受判决排除效力约束的情况。然而，如果该术语只在有限意义上使用，则“既判力仅约束当事人或者其利害关系人”的此种传统性陈述就不正确，因为许多其他非当事人在某些情况下可能受约束。最初，利害关系所包含的其他实质性关系的强度比继任性所有权弱。但是，更微弱的关系意味着当事人排除规则会更少地延续到利害关系人。

2. 亲密程度减弱的其他实质性关系（Other Substantive Relationships of Decreasing Closeness）

《判决重述（第二次）》规定了一系列利害关系人，包括寄托人和受托人、转让人和受让人、家庭成员、共同债务人、共同债权人、合伙以及社团。每种都有其自身特殊的既判力规则和例外。[15] 然而，出于解释的目的，重点范围需要缩小。

合伙人。通常，如果受害人就合伙业务中产生的责任起诉合伙人并胜诉，则该判决执行的是合伙财产。相反，如果某一合伙人根据有利于合伙的某请求起诉合伙以外的人，则该判决就消灭了该请求，同时也在涉及合伙义务的后诉中产生争点排除。另外，其他合伙人不会仅因其合伙关系而受到约束。[16]

该问题听起来有点复杂，但这也正是问题的关键。随着该实质性关系的减弱，有关利害关系人的既判力规则和例外变得更缺乏排他性，因此就更复杂化了。与往常一样，每个管辖区的既判力法都可能在此问题上存在差异。

13　见《判决重述（第二次）》第 89 条 f 项评论，图示 7（1942 年）。

14　见《判决重述（第二次）》第 43 条 e 项评论（1982 年）。

15　见《判决重述（第二次）》第 45—61 条（1982 年）。

16　见《判决重述（第二次）》第 60 条（1982 年）。

赔偿人。《联邦民事诉讼规则》第 14 条授权引入第三方参加诉讼（the third-party impleader）是一种使非当事人成为当事人的程序设置。在赔偿、担保、财产分配或者代位清偿案件中，被告可根据《联邦民事诉讼规则》第 14 条的规定使某人成为第三方被告，从而使其成为该诉讼的一方当事人，并以类似于原始当事人的方式受到约束。然而，被引入参加诉讼的第三方当事人必须可以适
156 用对人管辖权。即使管辖权存在，初审法院仍然可能通过行使自由裁量权驳回引入第三方参加诉讼。在古德哈特诉美国航运公司案（*Goodhart v. United States Lines*）中，[17] 因雇员过失造成损害赔偿而被起诉的被告雇主，被驳回引入雇员参加诉讼的权利。理由是诱导陪审团错误地假定雇员会实际支付判决作出的赔偿费用，可能会导致不公正地损害原告实体权利。虽然雇员在此种案件中在法律上有义务赔偿雇主，但实际上该名雇员根本无力履行判决。

那么，当第三人参加诉讼行不通时该怎么做呢？根据早期的普通法，有一种与物权诉讼（real actions）有关的被称作证明人令状的特别令状，强迫权利保证人在针对被保证人而提起的诉讼中进行抗辩。之后，在涉及其他类型保证人和更普遍的赔偿人案件中，也可采用类似的程序。被告如果就该行为引起的债务有权获得赔偿，则其可通知对被告承担责任的人出庭并展开抗辩。如同权利担保一样，该通知不会使赔偿人成为当事人，但它具有使赔偿人成为利害关系人的效力，因此，允许受偿人在被告被判决对原告承担责任的情况下对赔偿人提出争点排除。[18] 与其他利害关系的适用一样，被传唤出庭的赔偿人（the vouched-in indemnitor）即使在前诉中不受对人管辖权的管辖，也可能受约束。[19]

17　《联邦诉讼规则案例汇编》第 26 卷，自第 163 页开始（纽约州南区联邦法院 1960 年）。

18　见州立银行诉美国担保公司案（*State Bank v. American Sur. Co.*），《西北区案例汇编》第 288 期，自第 7 页开始（明尼苏达州最高法院 1939 年）；《判决重述》第 107 条第（1）款 c—i 项评论、第 108 条（1942 年）。

19　见第一国民银行诉市国民银行案（*First Nat'l Bank v. City Nat'l Bank*），《东北区案例汇编》第 65 期，自第 24 页开始（马萨诸塞州最高法院 1902 年）；罗南・E. 狄格南、艾伦・J. 巴顿（Ronan E. Degnan & Alan J. Barton）："传唤质量担保的保证人出庭：判例法和商法典"（Vouching to Quality Warranty: Case Law and Commercial Code），载《加州法律评论》第 51 期，自第 471、477—480 页开始（1963 年）；保罗・斯蒂芬・韦尔（Paul Stephen Ware）评注："传唤：出庭或者不出庭"（Vouching: In or Out？），载《华盛顿李法律评论》第 42 期，自第 121 页开始（1985 年）。但见皮特・A. 格罗斯（Peter A. Gross）的评述："宪法对传唤出庭的限制"（Constitutional Limits on Vouching），载《宾西法尼亚大学法律评论》第 118 期，自第 237 页开始（1969 年）。

现代程序中一直坚持这种做法。[20]

这种排除如何发挥作用呢？在受偿人为了赔偿问题对赔偿人提起的诉讼中，收到这种简单通知且因此有机会对早期诉讼进行辩论的赔偿人，将被禁止就受偿人法律责任中有关事实和金额的争点重复争讼。如果被传唤出庭的赔偿人（the vouched-in indemnitor）没有通过对前诉进行辩论回应该通知，则他就会如同支配过该诉讼的人一样受该诉讼判决的争点排除效力的约束，即使他没有 157
成为诉讼的正式当事人。但是，即使他没有对前诉行使辩论权，他仍然要受由受偿人在之后提起的诉讼中争点排除的约束。赔偿人可在后诉中就损害赔偿关系的存在或者抗辩通知的充分性进行争讼。然而，他不能对前诉中已经确定的争点再行争讼。[21]

如果受偿人既没有引入赔偿人参加诉讼，也未传唤其出庭，则受偿人不会因此丧失补偿权。然而，除非合同另有规定，否则受偿人必须在不借助前诉判决情况下确立该权利。也就是，在新诉中受偿人必须提供实际上与受害人用以向受偿人提起的案件相同的证据。由于两个事实裁判者对证据的看法存在差异，这就可能使受偿人成为败诉方，并且在任何情况下这都是一笔不必要的开支。

受禁令影响的非当事人。禁令有时可以适用于不是诉讼当事人的某些人，条件是他们知悉存在该禁令。在此种案件中，法院可以通过藐视法庭罪程序直接对非当事人执行禁令。在藐视法庭罪程序中，非当事人不得对禁令的适当与否再行争讼，由此其在有限意义上就受引起该禁令的诉讼所裁决的争点的约束。虽然该约束力有别于既判力，但非当事人因此有义务遵守或者至少不妨碍该禁令。[22]

禁令不仅需要明确地呈送给被指定的被告，而且也需呈送其代理人，包括作出禁令的官员、服务人员、雇员以及律师。约束这些非当事人可能被描述为：在这些案件中，非当事人的利益已经由先前诉讼的一方当事人进行了代理。代理人在担任代理时的利益本质上与被代理人的利益是一致的。被代理人属于前诉的当事人且代表了代理人的权益。相对地，非当事人的代理人只在该命令适

20　见《判决重述（第二次）》第 57—58 条（1982 年）。

21　见本杰明·辛曼（Benjamin Hinman）的注解："对担保人和赔偿人作出确定性判决的普通法规则的发展"（Development of the Common Law Rule Making a Judgment Conclusive Against Warrantors and Indemnitors），载《弗吉尼亚法律评论》第 34 期，自第 321 页开始（1948 年）。

22　见《判决重述（第二次）》第 63 条（1982 年）。

用于代理人在代理范围内实施的行为的情况下受该命令约束。[23]

有关禁令约束力还有更多实质性正当理由。对政府官员发出的禁令通常对
158 该特定职位的继任者具有约束力。[24] 在有些州，非当事人的财产继任者可能受与使用财产有关的禁令的约束，但在其他州，仅仅以继任所有权形式存在的利害关系本身不足以通过一项禁令约束非当事人。法院在对物禁令和其他禁令之间做出了区分，前者约束财产，并由此约束权益中的继任者，而后者只在对人诉讼中起作用。[25]

另一类可能受禁令约束的非当事人是协助者和唆使者——或者使用《联邦民事诉讼规则》第 65 条第 4 款的语言说，是与当事人“积极合作或参与的人”。法院仅仅可以阻止一方当事人的行为。但是，如果其他人为当事人利益或根据当事人明示或默示授权从事导致禁止行为发生的活动，则他们就处于危险之中。[26]

有些法院走得更远，延伸到独立从事行为而该行为阻碍了执行法令的非当事人。此种延伸所依据的理念是政府可以针对故意妨碍当事人遵守命令的行为通过一项刑事上的妨碍正义法令。[27]

的确，较早的案件发出禁令的意图就是约束每一个知道禁令的人。然而，此做法超出了界限。在经典的阿勒米特案（*Alemite*）中，法官勒恩德·汉德有效

23　见尼克森诉当德案（*Nickerson v. Dowd*），《东北区案例汇编》第 2 辑第 174 期，自第 346 页开始（马萨诸塞州最高法院 1961 年）。

24　见《联邦民事诉讼规则》第 25 条第 4 款；露西诉亚当斯案（*Lucy v. Adams*），《联邦补充案例汇编》第 244 期，自第 79 页开始（亚拉巴马州北区联邦地区法院 1963 年），以另一个案件名称维持原判，麦考维诉露西案（*McCorvey v. Lucy*），《联邦案例汇编》第 2 辑第 328 期，自第 893 页开始（第五巡回法院 1964 年）。

25　见美国诉迪恩橡胶制造公司案（*United States v. Dean Rubber Mfg. Co.*），《联邦补充案例汇编》第 71 期，自第 96 页开始（密苏里州西区联邦地区法院 1946 年）；评注：“必须遵守禁令判决的非诉讼当事人”（Binding Nonparties to Injunction Decrees），载《明尼苏达法律评论》第 49 期，自第 719、727—731 页开始（1965 年）。

26　见阿勒米特制造公司诉斯塔夫案（*Alemite Mfg. Corp. v. Staff*），《联邦案例汇编》第 2 辑第 42 期，自第 832 页开始（第二巡回法院 1930 年）。

27　见美国诉豪尔案（*United States v. Hall*），《联邦案例汇编》第 2 辑第 472 期，自第 261 页开始（第五巡回法院 1972 年）；查尔斯·艾伦·赖特（Charles Alan Wright）、亚瑟·R. 米勒（Arthur R. Miller）、玛丽·凯·凯恩（Mary Kay Kane）：《联邦诉讼实践与程序》第 11 卷第 2956 条（1995 年第 2 版）。

地否定了禁令可以如此广泛地适用的观念，[28]但在禁令中使用此种笼统的言辞并没有完全消失。[29]

对禁令约束力的外部界限进行准确定位有些武断。正当程序显然会容许更大的约束力，但法律已制定一系列规则，将效力限制在上述所描述的非当事人类型。该限制近似于有效判决的社会利益与非当事人有机会出庭利益之间的最佳折中。

（二）程序性利害关系（Procedural Privity）

利害关系人还包括一方当事人在诉讼中实际所代表的人，因此也包括受托人所代表的受益人。[30]类似的观念使承担控制起诉或者诉讼辩论的人以及同意遵守他们之间诉讼的人成为利害关系人。[31] 159

1. 实际代表

将排除适用于在涉诉权利方面与一方当事人具有利害关系的非当事人的主要理由是：期望非当事人的权益会得到当事人的充分保护，从而使非当事人不会有独立出庭辩论的实质性需求。这种理由明显可适用于不同于当事人和非当事人共同享有相同财产利益的情形。它可以适用的情形是：当事人的权益非常类似于非当事人的利益并且存在由该当事人提出的用以支持该权益的所有相关证据和主张。

然而，既判力不约束当事人所代表的所有人。也就是，正如俗话所说，它不会超过实际代表的界限。[32]相反，关系一定更紧密。它一定是代表性加上别的东西。别的东西可能就是相对不牢固的实质性关系，也可能是某种表示同意的行为。不过，这里统一概念就是代表。事实上，为了与利害关系相关联，如果在此种情况下适用的法律要求有实际充分的代表性，则后诉法院就会在约束非

28　阿勒米特制造公司诉斯塔夫案（*Alemite Mfg. Corp. v. Staff*），《联邦案例汇编》第2辑第42期，自第832页开始（第二巡回法院1930年）（若它假定这样做，则该命令某种程度上属于虚张声势，受约束的人可以不遵守它）（"If it assumes to do so，the decree is pro tanto brutum fulmen，and the persons enjoined are free to ignore it."）。

29　见评注："必须遵守禁令判决的非诉讼当事人"（Binding Nonparties to Injunction Decrees），载《明尼苏达法律评论》第49期，自第719、735页开始（1965年）。

30　参见《判决重述（第二次）》第41—42条（1982年）。

31　参见《判决重述（第二次）》第39—40条（1982年）。

32　见查尔斯·艾伦·赖特（Charles Alan Wright）、亚瑟·R. 米勒（Arthur R. Miller）、爱德华·H. 库珀（Edward H. Cooper）：《联邦诉讼实践与程序》第18卷第4457条（1981年和补编1999年）。

当事人之前对代表权的充分性进行调查。

由受托人代表。当某人被明确地授权在诉讼中代表另一个人时就属于充分代表性的情形。受托人、遗嘱执行人、遗产管理人、监护人、保护人、亲密的朋友、破产财产管理人以及其他此类受托人就是范例。由于实质性利害关系，上述人员提起的一些诉讼可能约束非当事人，但此处当事人代表的基本权益与
160 非当事人的权益相同是问题的关键，而不具有任何物权法的特征。在此类案件中，受益人的利益实际上是由受托人代表，法律对受托人规定的特别责任倾向于保证受益人的权益也会得到很好的代表，即使受益人不是正式的当事人。[33]

此种代表原则也适用于代表相同受益权的继任受托人卷入不同诉讼的情形。也就是，前任受托人参与的前诉所作出的判决可约束继任受托人。[34]

在当事人持有共同权益时，就像信托受托人和受益人的案件一样，排除可以双向运作。也就是，在涉及受益人属于一方当事人的信托财产诉讼中作出的判决，将在该财产涉及信托受托人为一方当事人的后诉中具有排除效力。如果信托受托人是前诉的当事人并且受益人是后诉的当事人，则结果也会相同。[35]

然而，如果信托受托人在前诉中采取的立场可能与其角色发生冲突，则即使该诉讼涉及信托财产和即使信托受托人和第三人之间不存在欺诈或串通，最后的判决也不得阻止受益人再次争讼相同事项。[36] 因此，如果第三人以信托身份起诉信托受托人，意图从信托资产中获得一项实际上属于信托受托人个人义务的赔偿请求，则对信托受托人的判决不会排除受益人，除非他们明知并明确同意信托受托人在该诉讼中代表其权益。[37] 在绝大多数法院管辖区，此问题可以通过制定把信托受托人和受益人作为此种诉讼的必要当事人的规则加以避免，因此双方都必须作为当事人。

由政府官员代表。除了信托关系外，还存在一些非当事人权益可能受判决约束的其他情形，原因就在于当事人曾代表其权益。政府官员有时通过非专属
161 性授权而提起保护公共利益的诉讼。对政府官员的判决有时可以排除私人个人

---

33 见《判决重述（第二次）》第 41 条（1982 年）。

34 见《判决重述（第二次）》第 36 条，g 项评论（1982 年）。

35 詹姆斯 · 威廉姆 · 摩尔（James Wm. Moore）：《摩尔论联邦诉讼实践》第 1 卷第二部分，第三部分第 215—216 页（1996 年第 2 版）。

36 见《判决重述（第二次）》第 42 条第（4）款，e 项评论（1982 年）。

37 见斯内林诉美国不动产地权抵押贷款公司案（*Snelling v. American Freehold Land Mortgage Co.*），《西南区案例汇编》第 33 期，自第 634 页开始（佐治亚州最高法院 1899 年）。

为补救不当行为而再次起诉。[38]

假定都市区划法将某地区不动产使用限制于单户住宅。城市检察官起诉禁止一行五人居住在该区域的一栋房屋中。法院以裁定五个人同属于一个家庭未超出区划法含义为根据否决了该禁令。之后，相邻所有者起诉，要求禁止此种与妨害（nuisance）相同的状况。该相邻所有者会因前诉判决被禁止对五个人是否同一家庭成员的争点再行争讼。后诉中所涉私人利益包含在了前诉所主张的公共利益之中，由此相邻所有者的利益被代表过了。城市检察官未代表的仅是与该私人权益分离的某种权益。[39]

反之，如果相邻所有者先起诉，则该判决在城市检察官提起的后诉中就可能没有排除效力。除非作为集团诉讼方式起诉，否则，公共利益很可能不会被认为在先前的私人诉讼中得到了代表。

集团诉讼中的代表。对地位类似的缺席者而言，可以由受指定的当事人代表他们进行起诉或应诉。此类诉讼的判决约束包含该集团中所有人，不仅仅是被指定为当事人的那些人。[40] 集团成员不能对该集团代表争讼的事项再行争讼。只要代表人为其他集团成员提供了充分的代表，这并不构成违反正当程序，即在此情况下不出庭者就案件实体的基本目标而言确实同意受指定的当事人，该当事人全力且适当地追求该目标以及未出庭者不论在实体权益还是程序行为上都与该当事人有一定关系。[41]

类似《联邦民事诉讼规则》第 23 条这样的程序规则在相对广泛的基础上许可集团诉讼。但此类规则确立了一种适用性筛选手段，目的是仅让那些明显适合集团诉讼处理的案件通过。《联邦民事诉讼规则》第 23 条第 1 款规定了必须满足四项初始条件：（1）该集团必须“人数众多以至于合并所有成员是不可能的”；（2）必须存在“该集团具有共同的法律或事实问题”；（3）当事人代表的请求或者抗辩必须是“该集团典型的请求或者抗辩”；（4）“当事人代表能公正和 162

38　见《判决重述（第二次）》第 41 条第（4）款，d 项评论（1982 年）。

39　见雷斯博格公司诉奶制品肥料合作者案（*Rynsburger v. Dairymen's Fertilizer Coop.*），《加利福尼亚案例汇编》第 72 期，自第 102 页开始（加利福尼亚上诉法院 1968 年）。

40　见《判决重述（第二次）》第 41 条 e 项评论（1982 年）。

41　见理查德诉亚拉巴马州杰弗逊县案（*Richards v. Jefferson County Ala.*），《合众国案例汇编》第 517 期，自第 793 页（1996 年）；汉斯贝里诉李案（*Hansberry v. Lee*），《合众国案例汇编》第 311 期，自第 32 页开始（1940 年）。

充分地维护该集团的利益”。《联邦民事诉讼规则》第 23 条第 2 款要求所计划的集团诉讼同时属于下列三种情形之一：（1）提起单独诉讼会导致针对集团对立的一方当事人在确定行为标准时出现不协调的风险；（2）如果被告所进行的行为是以原告集团的特点为基础，那么在适当的集团范围内所作出的终局性禁令救济或效力相当的宣告性救济就与主要由金钱损害构成的救济是完全不同的；或者（3）潜在性集团诉讼不属于前面两种情形，但“集团成员存在共有的法律或事实问题比仅影响成员个人的问题占优势”以及“集团诉讼优于公正和有效地裁判争议的其他可使用的方法”，与此同时期望通过集团诉讼处理的后一个问题需要考虑可管理性等因素。《联邦民事诉讼规则》第 23 条第 3 款第 2 项包含只适用于根据《联邦民事诉讼规则》第 23 条第 2 款第 3 项所规定的诉讼的一些特别规定，而不适用于属于《联邦民事诉讼规则》第 23 条第 2 款第 1 项或第 2 项中自然地结合更紧密或更合适的那类集团；《联邦民事诉讼规则》第 23 条第 2 款第 3 项规定，集团成员有获得诉讼通知、通过律师出庭以及退出该集团的权利（从而避免承担最终判决的责任，同时也丧失其利益）。《联邦民事诉讼规则》第 23 条第 3 款第 4 项明确地授权诉讼仅在特定争点上作为集团诉讼继续进行。《联邦民事诉讼规则》第 23 条第 4 款第 2 项授权法院在任何集团诉讼中酌情通知集团成员，对其在诉讼中可采取的步骤或者其可能享有的权利提出建议。[42]

为保障代表的充分性，从而避免未加入集团诉讼的成员单独出庭辩论，集团诉讼规则通常如同《联邦民事诉讼规则》第 23 条第 1 款那样，要求法院从一开始就决定是否证明该案件是集团诉讼，以前瞻性地检验其共同性、典型性以及代表性。虽然通常不需要集团诉讼成员收到通知才受判决约束，但可能需要向集团诉讼成员发出适当的通知。在附带攻击（collateral attack）时，不出庭的集团诉讼成员，可以通过提出集团诉讼成员利益没有得到充分代表这个正当程
163 序问题来攻击集团诉讼判决的约束力。[43]

2. 其他基于非当事人行为的程序性关系

排除非当事人的另一个理由是：非当事人本身以一种要求排除的方式实施行

---

42 参见查尔斯·艾伦·赖特（Charles Alan Wright）：《联邦法院法》（*Law of Federal Courts*）自第 507—525 页开始（1994 年第 5 版）。

43 见评注：“对集团诉讼判决约束力的间接攻击”（Collateral Attack on the Binding Effect of Class Action Judgments），载《哈佛法律评论》第 87 期，自第 589 页开始（1974 年）。

为的情况。因此，焦点从当事人代表性的行为转移到非当事人的行为。

所有上述类型的利害关系人都易受重要扩张的影响，这一类也如此。在此说明的是，把非当事人未参与其所知道和关注的案件而将其视为利害关系人是有可能的。但是，在到达这一步前，既判力法已划出了界限。换句话说，没有进行参与的一般义务。[44]在非当事人诱导信赖判决方面没有不公正行为的情况下，非当事人不会因未参与而成为利害关系人。[45]要仅凭借行为成为利害关系人，则非当事人的行为一定是更加肯定地得出这种结果。

控制诉讼的人。有时，诉讼案件的某一方面实际上是由非当事人控制。在此，控制的含义是指在哪些争点被提起诉讼、提出何种理论、援引何种证据以及对案件的不利判决是否提起上诉方面具有实质性参与决策的权利。在此种案件中，对受控制方当事人作出的不利判决，对受控制方当事人和控制方当事人都会产生争点排除效力。

由非当事人控制的诉讼案件常见于被告存在责任保险的过失案件中。对案件的具体抗辩通常由保险公司通过代理人、调查者以及律师进行。但是，适用许可约束控制诉讼的非当事人原则，当然不限制于责任保险人。争点排除目的应该是阻止人们对同一争点已进行过一次充分和公正的出庭辩论后再行争讼。我们看见过许多不同的案例，其中尽管被排除的当事人不是形式上的当事人（formal party），[46]但仍然满足出庭辩论条件。如果权益由一方当事人代表的某人可以受约束，那么，实际支配诉讼的人尽管不是当事人也应该受约束。这一点似 164
乎更为明确。非当事人实际上已经参加了出庭辩论。

然而，并非所有法院都将此原则适用于某一个行使支配权的非当事人。人们常说，除非非当事人在诉讼程序中有专有权或者经济利益，否则，即使他实际上控制了案件的陈述，非当事人也不应受争点排除约束。[47]这与《判决重述（第

44　见马丁诉威尔克斯案（*Martin v. Wilks*），《合众国案例汇编》第 490 期，自第 755 页开始（1989 年）。

45　见《判决重述（第二次）》第 62 条（1982 年）。

46　译者注：不同于 necessary or indispensable party（必要当事人），formal party 通常翻译为“形式上的当事人”“名义上的当事人”，其与当事人之间的纠纷没有利害关系，但与迅速解决诉讼中的事项或标的有利害关系，其参加诉讼可以防止额外诉讼的发生。美国各州《民事诉讼规则》都规定了哪些人属于形式上的当事人，并规定了不同类别当事人的权利和义务。

47　见，如毕格露诉老自治领州铜矿开采与冶炼公司案（*Bigelow v. Old Dominion Copper Mining & Smelting Co.*），《合众国案例汇编》第 225 期，自第 111、126 页开始（1912 年）。

一次）》中的意见是一致的。[48]例如，在丈夫控制妻子的人身损害赔偿诉讼败诉时，法院在他为医疗费用和联营企业损失提起的后诉中裁决，他不受对其妻子作出判决的约束，因为他在前诉中缺乏必要的利益。[49]也有人说，在确立司法判例中仅从学理上考量利益是不够的。[50]

不过，虽然进入诉讼的非当事人通常在争讼的争点中有某种实体利益，但并不清楚这种利益为什么是争点排除的必要条件。因此，《判决重述（第二次）》放弃此种观点，即除非控制诉讼的当事人在诉讼中拥有专有权或经济利益，否则，其不能受约束，而反过来，这使控制诉讼本身就成为关键问题。[51]非当事人是否行使这种控制是一个事实问题。案件中的利害关系可能是倾向于支持对必要控制权的一种推论的证据，但“基本问题似乎应该为是否而非为什么假定了诉讼控制”。[52]可以推测出，不同于其前身观点的《判决重述（第二次）》，容许对控制诉讼的非当事人适用争点排除，即使其参与诉讼的动机是出于求知欲。

相反，作为法庭之友（an amicus curiae）参加诉讼的人，既非当事人，也非控制诉讼的非当事人，因此其不受判决的任何既判力的约束。

同意遵守的人。人们可以明示地或者相当清楚地暗示其同意遵守他只是某些案件非当事人的案件结果。例如，在受害人对受偿人提起的诉讼中，赔偿人
165 可能事先通过合同同意接受该诉讼对共同争点作出的裁决。该协议使非当事人成为利害关系人。如同《判决重述（第二次）》所规定的那样：

> **同意受其他人诉讼中争点裁决约束的人，必须遵守其协议条款。**[53]

二、案外人

与判决关系不大或者没有关系的人可能受益于判决的既判力，但判决不能约束这种既非当事人也非利害关系人的人。在判决对其依法产生约束力之前，

---

48 见《判决重述（第二次）》第84条（1942年）。

49 帕尔玛诉克拉克斯戴尔医院案（*Palmer v. Clarksdale Hosp.*），《南部区案例汇编》第2辑第57期，自第476页开始（密西西比州最高法院1952年）。

50 见怀特诉克罗克案（*White v. Croker*），《联邦案例汇编》第2辑第13期，自第321、324页开始（第五巡回法院1926年）。

51 见《判决重述（第二次）》第39条（1982年）。

52 《判决重述（第二次）》第39条a项评论，报告人的注解（1982年）。

53 《判决重述（第二次）》第40条（1982年）。

良好的政策给予这种人亲自或通过代理人出庭辩论的权利。

（一）被作为案外人（strangers）对待的当事人：没有约束力

诉讼中被称为当事人和法院对其有管辖权的人通常受判决约束，不得对受排除的事项再行争讼。虽起初未出庭但最后通过第三人参加诉讼（intervention）、引入第三人诉讼（impleader）或者其他方式而成为当事人的人，也同样受在其成为当事人时所作出的那些裁决的约束。[54]

然而，当事人并不总是在请求排除和争点排除规则调整的范围内。当事人可能在诉讼中处于一种特殊的情形以至于丧失对案件某些方面进行争讼的充分和公正的机会，因此某种程度上不适宜适用既判力。可以说，在此程度上，该当事人就被视为案外人。[55]

1. 名义当事人（Nominal Parties）[56]

有时候，程序规则需要与诉讼没有真正利害关系的人起诉或应诉。此种情形在过去并不少见，因为普通法只认可法定权益的名义持有人是适当的当事人，166
即使该当事人在诉讼中没有实际利益。例如，权利动产（choses in action）转让在法律上不认可，[57]因此，执行转让权的诉讼必须以转让人的名义提起。通常情况下，要求诉讼以有利益关系的真实当事人（the real party in interest）的名义提起的现代规则以及与抗辩当事人有关的类似规则，已经消除了该问题。[58]然而，此问题的残余仍然存在。

如今所见的例子主要与涉及意外事故保险人的诉讼请求有关。在过失造成投保财产损失和意外事故保险人对财产所有人给予了充分赔偿并由此取得了代位求偿权的情况下，有些州的法律容许甚至要求以该财产所有人的名义对侵权

54　参见《判决重述（第二次）》第 34 条（1982 年）。

55　参见《判决重述（第二次）》第 35—38 条（1982 年）。

56　译者注：Nominal Party，通常译为“名义当事人”，其与诉讼结果没有真正利害关系（actual stake），参加诉讼仅仅是因为与诉讼标的或争议事项有某种技术联系而成为名义原告（nominal plaintiff）或名义被告（nominal defendant），例如，对持有不动产所有权或存放资金（对财产、资金或诉讼没有任何利益）的托管持有人或受托人提起诉讼。法院可以命令名义被告在确定真实当事人的权利时转让所有权或支付资金。

57　译者注：权利动产（chose in action）是指并未实际占有，而只能通过诉讼才能取得金钱或其他动产的权利。

58　见，如《联邦民事诉讼规则》第 17 条（a）款。

人提起过失诉讼，即使该所有人对该事项没有进一步的利益。如果所有人在诉讼中的唯一作用是使用所有人的名字，而侵权人知道这一点，则所有人不受该判决所产生的争点排除的约束。

总之，只要对方当事人知道名义当事人在诉讼中没有利害关系，名义当事人就不受既判力的约束。[59]

2. 无法律能力的当事人（Parties Under Incapacity）

缺乏法律能力的人，诸如婴儿或无行为能力的人起诉或应诉，通常由诉讼程序期间的监护人（a guardian ad litem）或亲密朋友的名义起诉或应诉。可以举出一个不同类型的示例是涉及不被认可为法律实体的组织。如果此种案件由适当的代理人继续进行，则最后的判决将会如上述解释那样对缺乏法律能力的当事人有约束力。然而，如果诉讼不适当地由缺乏法律能力的当事人独立地提起或应诉，则所获得的判决将在部分司法管辖区被视为无效。缺乏法律能力的当事人并不因此种判决而受排除的约束。[60]但在绝大多数司法管辖区，此种判决不
167 会自动否定其具有排除效力。该判决的有效性取决于缺乏法律能力当事人的利益是否得到了充分的保护。[61]

3. 以不同资格进行诉讼的当事人（Parties Litigating in Different Capacities）

以某一种资格起诉的当事人，在后诉中以另一种资格出庭时，不会当成前诉当事人那样来对待。两种资格被认为是两个不同的人。例如，作为代理人为其他人起诉的人，在她作为个人提起的后诉中不受排除约束。一般看来，此规则在其避免潜在利益冲突的同时，也保障了充分和公正地进行争讼的机会。[62]

假定司机 A 和 B 之间发生了两车碰撞。B 不幸在事故中死亡，因此，A 针对 B 的财产提出索赔请求。A 起诉作为 B 财产的女遗产管理人 C。这样，A 获得了胜诉判决。在此之后，在这次碰撞事故中也受伤的 C，因 A 在相同事故中存在的过失而起诉 A。C 不会被阻止再行争讼。即使 C 也是 D 的女遗产管理人，D 也在该事故中死亡，但针对她作为 B 财产的女遗产管理人作出的判决，在其作为 D 财产的女遗产管理人在对 A 提起的后诉中不排除任何请求

---

59 见《判决重述（第二次）》第 37 条（1982 年）。

60 比较：瓦尔迪默诉弗农山希伯来营地公司案（*Valdimer v. Mount Vernon Hebrew Camps, Inc.*），《东北区案例汇编》第 2 辑第 172 期，自第 283 页开始（纽约州最高法院 1961 年）（和解效力）。

61 见《判决重述（第二次）》第 35 条（1982 年）。

62 见《判决重述（第二次）》第 36 条（1982 年）。

或争点。[63]

4. 非相对方当事人（Nonadverse Parties）

如前所述，争点排除的部分依据是这样一种假设：某一法院对某争议问题的裁决与另一法院作出的裁决一样可能是正确的。该理论依据反过来的假定就是：对抗制在前诉中运作正常。然而，如果该当事人没有机会或动机在前诉中充分和公正地对某争点进行争讼，则否认其对该争点再次争讼的权利就不公正。

一方当事人可以积极参与诉讼，但适用争点排除可能不公正的一种情形就是：在后诉中对方当事人属于前诉的共同当事人（co-parties）。当然，共同当事人会作为真正对手，就交叉请求（cross-claims）中涉及的争点进行争讼。被引入参加诉讼的当事人，通常是真正的对手。但是，在许多其他情况下共同当事人不是对手，此时招致质疑的是他们是否应该在后诉中对成为他们之间争论事项 168
的争点被阻止再行争讼。

例如，假定A是B所驾驶汽车的一名乘客，B驾驶的汽车与C驾驶的汽车发生碰撞。A起诉B和C，主张二人都有过失，要求损害赔偿。基于B和C都有过失的裁定而对A作出的判决，在B对C就同一事故造成的损害赔偿而提起的后诉中是否具有争点排除效力？

答案是否定的，依据是《判决重述（第一次）》所赞成的传统处理方法。[64] B和C就过失争点的立场，不足以证明有理由反对在他们之间的后诉中排除对那些争点进行争讼。根据此种处理方法，要成为争点排除目的下真正对手（adversaries），有些请求必须由共同当事人中一方对另一方提出。在前诉中，他们双方都是在与A就该问题进行争讼，而不是相互对立。事实上，在A选择的司法环境中，由一名无过错但受损害的A对两名已投保的司机提起的前诉中，B和C都可能败诉。当B选择起诉C并要求赔偿自身的损失时，让前诉作为同盟的C而后利用B的损失是不公正的。

然而，从实践角度看，B和C在假设的情况中经常是积极的对手。为了反驳双方存在的过失，B和C都可以试图证明事故完全是由对方的过失造成的。事实上，如果这是他们在前诉中的态度，并且如果他们每次都有充分且公正地对过失争点进行争讼的机会和动机，前诉法院对这些争点作出的裁定难道不应

63　见《判决重述（第二次）》第36条b项评论，图示3、5（1982年）。

64　见《判决重述（第二次）》第82条（1942年）。

该有排除效力吗？法院已经越来越多地这样裁决，[65] 并且《判决重述（第二次）》的意见也是如此。[66] 根据此种方法，为了实现争点排除目的，当事人可能是对手，即使一方当事人对另一方当事人没有提出任何请求。两种方法的相似之处就在于，它们否认在前诉中不是对手的当事人之间的争点排除，但这种现代的方法，不仅从诉答状的角度，而且从前诉中对争点所采取的实际立场的角度来界定对手。

169 总之，根据《判决重述（第二次）》，既判力规则通常不适用于不是相关请求对立面的当事人之间，也不适用于实际上没有作为对手就争点进行过充分且公正的争讼的当事人之间。在此问题上没有任何方法是完美的，但《判决重述（第二次）》的方法似乎更佳。

然而，随着下一章节对要讨论的相互关系的广泛放弃，非相对方当事人之间的争点排除范围已扩张到甚至超出了《判决重述（第二次）》中的方法。[67] 如果案外人能利用 B 的败诉来对抗 B，就存在一种说法，即不论 B 和 C 是形式上还是实际上的对手，只要 B 曾对 A 就该争点进行过充分和公正的争讼，C 就应该能同样地利用该败诉。具有说服力的反驳理由是，B 和 C 由此失去了组成统一战线对抗 A 的权利，也丧失了在其自己选择的背景下为自己的损害赔偿相互起诉的权利；B 和 C 将不得不对所有人激烈地进行争讼，并且提出所有请求以使自己得到最大的同情，因为首次诉讼将决定对该事故的所有未来诉讼。因此，广泛适用非相互的间接禁反言，虽然不可能，但它应该通过免除在前诉中既非形式上也非事实上对手的先前共同当事人之间适用争点排除的方法而得到缓解。

---

65 见 A.B.C. 防火、创库公司诉艾奇逊、托皮卡—圣菲铁路公司案（*A.B.C. Fireproof Warehouse Co. v. Atchison, T. & S. E. Ry.*），《联邦案例汇编》第 2 辑第 122 期，自第 657 页开始（第八巡回法院 1941 年）；斯瓦茨诉公职遗产管理人案（*Schwartz v. Public Adm'r*），《东北区案例汇编》第 2 辑第 246 期，自第 725 页开始（纽约州最高法院 1969 年）；V. 沃尔纳（V. Woerner，Annotation）的评述："因伤害或死亡或因财产损害赔偿对共同被告作出的诉讼判决，在其相互之间所负责任的后诉中具有既判力"（Judgment in Action Against Codefendants for Injury or Death of Person，or for Damage to Property，as Res Judicata in Subsequent Action Between Codefendants as to Their Liability Inter Se），载《美国法案例汇编》第 3 辑第 24 期，自第 318 页开始（1969 年）。

66 见《判决重述（第二次）》第 38 条（1982 年）。

67 参见查尔斯·艾伦·赖特（Charles Alan Wright）、亚瑟·R. 米勒（Arthur R. Miller）、爱德华·H. 库珀（Edward H. Cooper）：《联邦诉讼实践与程序》第 18 卷第 4450 条（1981 年）。

（二）作为当事人对待的案外人：受益效果

前诉判决的案外人不受该判决的约束。然而，案外人可以从判决中受益。此种益处的最重要情形是，案外人使用前诉判决作为对抗前诉当事人的间接禁反言。

1. 禁反言的相互性（Mutuality of Estoppel）

传统的相互性原则认为，如果一个人本不受先前诉讼结果的约束，则其就不能从前诉判决中获益。因为案外人从未受约束，所以其不可能获益。然而，根据相互性原则，既判力有了大量扩张，容许案外人在某些特殊情况下获益。

正常情况下，任何受不利判决既判力效果约束的人，在判决有利时可主张 170 判决结果中的利益。也就是，受约束的人可以对利益提出主张。很长一段时间以来，人们普遍认为反之亦然，即不受判决约束的人不能主张利益。因此，一项判决的禁反言具有相互性。根据相互性原则，除非两人都受约束，否则任何一方都不受另一方的约束。

因为按照定义，不属于当事人的人或与当事人没有利害关系的人即前诉的“案外人”，不受争点排除约束，因此，此种非当事人也不得主张争点排除的利益。“许可与新对手就某争点再行争讼，是因为根据既判力规则，假定要求一方当事人遵守诉讼程序而另一方不受约束是不公正的……”[68] 遗憾的是，此种不公正性是假定的而不是解释的。

间接责任情形。相互性原则的某些扩张很久前就已得到认可。最重要的扩张是许可其负有派生和间接责任的人对主要债务人获得胜诉的争点利益提出主张。

用通俗的方法解释，即雇主对雇员侵权行为的替代责任是派生和间接的。如果雇员对侵权行为不负责任，则雇主就不承担替代责任。所以，如果受害人起诉雇员并且败诉——雇员被认为没有过失——则在理想情况下雇主也不必负责任。

然而，如果相互性原则适用，则允许受害人在对雇主的后诉中就雇员的过失争点再行争讼。在后诉中，如果已经作出的判决是针对雇员的，则受害人不得对雇主适用排除规则，原因就在于雇主并非一方当事人，也非与一方当事人存在利害关系。在对雇主判决承担责任前，雇主有权出庭辩论。因此，根据相互性原则，既然雇主不受约束，则受害人也应该不受判决约束。

然而，拒绝约束受害人可能导致不协调的后果。在对雇员提起的前诉中败

68 《判决重述（第二次）》第 96 条 a 项评论（1942 年）。

诉的原告，可能对雇主胜诉。但是，如果雇主对原告承担责任，则其有权从雇
171 员处获得追偿。在前诉中，雇员已经被判决不对侵权行为负责。如果雇员必须补偿雇主，则实际上雇员在前诉中不承担责任的判决在雇员属于案外人的诉讼中被撤销了。然而，如果雇员确实无须补偿，则雇主不就追偿问题在法庭上辩论就失去了追偿权。

解决该困境的最好方法是，允许雇主就针对雇员判决的利益提出主张，即使雇员败诉，他也不会受该判决约束。法院接受了这一解决方法，认为其是相互性制度下排除的扩张。[69]相同理由许可雇主就损害赔偿额的上限提出争点排除，即使雇员在前诉中败诉。雇主在就案件事实提出第二次诉讼抗辩时，可以就损害赔偿数额的争点排除利益提出主张，因此，对雇主作出的判决中的损害赔偿数额就不能超过雇员所应承担责任的数额。[70]

该扩张并不限于主仆替代责任案件。在同一受害人因同一损害对两个当事人享有类似追偿的权利，如果该受害人先后起诉这两个当事人，则该受害人可以在任何间接责任情形中援引这一权利。此外，也许更多的是想象力而不是严谨性，它可以扩张到在一个人的责任取决于另一个人责任的未赔偿情形下允许争点排除。例如，如果 A 以违反合同为由起诉 B，但其因没有证明已经实施了违约行为而败诉，则 A 就被禁止因 C 诱导 B 违约而在对 C 提起的诉讼中就同一争点再行争讼。[71]

因为此种扩张理由的核心是，避免不是剥夺赔偿人的成功抗辩利益就是剥夺受偿人的追偿权利的此种两难问题，因此，理论上它仅适用于受偿人防御性地提出主张的时候。这样，在典型的替代性责任情形中，如果原告先起诉雇主（受偿人）并因未能证明其过失而败诉，则其理由就不会延伸到许可雇员（赔偿人）在原告对雇员提起的后诉中排除雇员过失这个争点。否认雇员对雇主判决

69　见好健康乳制品公司诉艾默里案（*Good Health Dairy Prods. Corp. v. Emery*），《东北区案例汇编》第 2 辑第 9 期，自第 758 页开始（纽约州最高法院 1937 年）；《判决重述（第二次）》第 96 条第（1）款（a）项（1942 年）。

70　见品尼克斯诉格里芬案（*Pinnix v. Griffin*），《东南区案例汇编》第 2 辑第 20 期，自第 366 页开始（北卡罗来纳州 1942 年）；《判决重述（第二次）》第 96 条第（1）款（b）项（1942 年）。

71　见以色列诉伍德都尔森案（*Israel v. Wood Dolson Co.*），《东北区案例汇编》第 2 辑第 134 期，自第 97 页开始（纽约州最高法院 1956 年）（该结果有广泛的依据）；《判决重述（第二次）》第 99 条（1942 年）（有限的依据）。

中的利益意味着，可能在两个诉讼中对相同的争点以矛盾的方式作出裁判，但此为相互性规则中不可避免的风险。在次要责任承担人被免除责任后，允许对主要责任人提出损害赔偿，就根本不存在面临两难问题。[72] 172

间接责任延伸的扩张。然而，绝大多数法院拒绝如此严格地限制间接责任的延伸，因此，允许赔偿人依据前诉中有利于受偿人的判决来确定同一原告在后诉中予以免责。在洁德勒维子诉多诺万案（*Giedrewicz v. Donovan*）中，[73] 法院认为："作为一项公共政策和为了实现正义，较佳的规则（the better rule）似乎是，在审理因雇员过失行为造成的损害赔偿而对雇员或对委托人提起的诉讼中，如果确定了雇员没有过失，则先前诉讼的判决就阻止由相同原告就相同雇员的相同过失行为提起后诉。"

因此，更广泛的扩张许可赔偿人和受赔偿人即雇员和雇主主张争点排除。此种"较佳规则"所依据的基础，肯定不同于前述严格的间接责任扩张。这些案件并未清晰地解释该基础是什么。更广泛的扩张似乎基于这样的理论：如果所称B和C的责任取决于相同的事实情况，而且如果他们之间同一法律关系使得其中一人的责任来自于另一个人的责任，则在针对B的诉讼中作出的不利于权利人A的判决，必然裁决不因该事实情况而产生主要责任，由此，它应该排除A在对C提起的诉讼中重新审理同一争点。此种理论包括了范围狭窄的延伸所关注的间接责任情况，但也更多地解释了更宽泛的结果，即在缺乏合理理由的情形下，许可对单一违法行为起诉的A，在证明一项违法行为已经实施失败后重新争讼该争点。

有些法院裁决相互性规则的扩张只在前诉判决被防御性地使用时适用，因为只有在该情形中次要责任的逻辑才适用。[74] 然而，其他法院允许主张争点排除， 173
并不考虑在后诉中是被告援引还是原告援引。例如，因损害赔偿起诉的雇主被允许使用由雇工针对受害人起诉而获得的前诉判决。[75] 允许原告通过间接禁反言

72　见博玛诉凯斯案（*Bomar v. Keyes*），《联邦案例汇编》第2辑第162期，自第136页开始（第二巡回法院1947年）；《判决重述（第二次）》第96条第（2）款（1942年）。

73　《东北区案例汇编》第179期，自第246、248页开始（马萨诸塞州最高法院1932年）。

74　见，如埃尔德诉纽约和宾夕法尼亚州汽车货运公司案（*Elder v. New York & Pa. Motor Express, Inc.*），《东北区案例汇编》第2辑第31期，自第188页开始（纽约州最高法院1940年）。

75　见团结互助火灾保险公司诉塞里案（*United Mut. Fire Ins. Co. v. Saeli*），《纽约补充案例汇编》第2辑第71期，自第696页开始（上诉庭），以简易裁判意见的方式维持原判，《东北区案例汇编》第2辑第75期，自第626页开始（纽约州最高法院1947年）。

证实自己不存在共同过失，其依据是前诉判决，在该前诉中原告的对手曾就原告过失向原告保险人寻求赔偿未能获得成功。[76]

与宽泛的态度相一致，法院有时认为，任何当事人都绝对地应该能主张因前诉中不利于原告的判决而产生的争点排除的利益，而不限于间接责任情形。例如，“慎重地选择法院却未成功地提出证据的原告，在后诉中对涉及已裁决的所有同一争点要受前诉不利判决的约束。对相互性的要求必须让位于公共政策”。[77]然而，承认此种无限扩张几乎会破坏相互性规则。

《判决重述（第一次）》处理方法。《判决重述（第一次）》承认在间接责任情形中防御性排除的适当性，但条件是所称主要侵权人或违反合同者是前诉的一方当事人，即要么是原告要么是被告。[78]《判决重述（第一次）》拒绝违背相互性，条件是前诉涉及次要债务责任，甚至在赔偿人与受偿人情形中也是如此。[79]也就是，它反对雇员可以从有利于雇主的判决中主张利益的观点。《判决重述（第一次）》也拒绝在后诉中违背防御性使用的要求。[80]也就是说，它反对雇主可以在雇主要求的损害赔偿事实中使用判决的观点。换句话说，《判决重述（第一次）》强调坚持最初产生扩张的逻辑，例如补偿困境。因此，它忽略了从广义视角所作出越来越多的决定。

如同在约束利害关系人中那样，该法律可能本质上在有益于案外人方面走
174 得更远。法律必须决定它应该走多远，在优化相关政策上作出决定。因此，《判决重述（第一次）》确定了最佳效果就在于相互性规则，并定义了几种既判力扩张情形。

2. 非相互性禁反言（Nonmutual Estoppel）

在布拉哈德诉美国国家信托银行和储蓄协会案（*Bernhard v. Bank of America National Trust & Savings Association*）中，禁反言的相互性被加利福尼亚最高法院全

76　麦考特诉阿尔及尔斯案（*McCourt v. Algiers*），《西北区案例汇编》第 2 辑第 91 期，自第 194 页开始（威斯康星州最高法院 1956 年）。

77　可口可乐公司诉百事可乐公司案（*Coca-Cola Co. v. Pepsi-Cola Co.*），《大西洋区案例汇编》第 172 期，自第 260、263 页开始（特拉华州最高法院 1934 年）。

78　见《判决重述（第二次）》第 96 条 e 项评论（1982 年）。

79　见《判决重述（第二次）》第 96、97、99 条（1942 年）。

80　见《判决重述（第二次）》第 96 条 f 项评论（1942 年）。

盘否决了。[81] 此后，大多数司法管辖区在某些重要方面达成了一致意见。现在的做法是，案外人可对前诉当事人援引间接禁反言，除非前诉当事人在前诉中没有充分和公正的机会就争点进行争讼或者除非存在其他特别情形证明有理由再行争讼。[82]

布拉哈德案（*Bernhard*）。库克（Cook）在一妇女去世前从其银行账户中取款。然后，他就成为死者财产的遗嘱执行人。布拉哈德（Bernhard）和其他财产的受益人对库克的最终账目提出了异议，理由是其未将所提取钱款列为资产。在这一有争议的结算诉讼中，遗嘱认证法院认为，死者在世时已把该钱款赠送给库克。之后，布拉哈德被指定为女遗产管理人。她起诉银行要求获取该笔钱款，诉称该笔钱款是未经授权被提取的。银行拒绝支付该笔钱款，理由是根据授权其早已把该笔钱款支付给了库克。虽然银行并非遗嘱认证诉讼的一方当事人，但其援引争点排除。布拉哈德通过援引禁反言相互性原则，认为该争点不能被排除。

加利福尼亚州最高法院作出了有利于银行的裁决。布拉哈德与其他受益人此前已就该争点进行了充分和公正的争讼，并且他们受约束。布拉哈德代表过他们，因此也受约束。银行不是当事人或与当事人存在利害关系的事实并不重要。在常被引用的判决意见书中，特雷诺（Traynor）法官说："除非是当事人或与……一方当事人有利害关系，否则，法律正当程序要求禁止对一方当事人提出既判力请求……然而，没有令人信服的理由要求主张既判力请求的当事人必须曾经是前诉的当事人或者与前诉当事人有利害关系。没有为支持相互性条件而提出令人满意的合理性理由。"[83]

如果银行对布拉哈德案应该负有责任，则其有权从库克那里获得补偿，因 175
此，该案件可能是在承认赔偿人与受偿人扩张到相互性的基础上以相同的结果作出了裁决。"相反，特雷诺法官选择删除相互性条件，并将其付之一炬。"[84] 虽然特雷诺大法官的观点很具有影响力，但基于其观点只是附带意见这个原因，特雷诺大法官就没有仔细地对其观点所具有的宽泛的含义进行限定。

---

81 《太平洋区案例汇编》第 2 辑第 122 期，自第 892 页开始（加利福尼亚州最高法院 1942 年）。

82 参见《判决重述（第二次）》第 29 条（1982 年）。

83 《太平洋区案例汇编》第 2 辑第 122 期，自第 894—895 页开始。

84 布雷纳德·科里（Brainerd Currie）："民事诉讼程序：观点众说纷纭"（Civil Procedure: The Tempest Brews），载《加利福尼亚法律评论》第 53 期，自第 25、26 页开始（1965 年）。

新规则。布拉哈德案的直接影响力很弱。但最终，许多州和联邦法院也逐渐效仿其处理方法。有几个州的裁决与此种趋势背道而驰，至少暂时是这样的。[85] 不过，不论是在简单的情形下，还是在非相互性看上去最有疑问的情况下，这种强大和普遍性趋势在某种程度上已经放弃了相互性原则。

在后诉中，被告可以援引间接禁反言反对前诉当事人，比如前诉原告。案外人的此种“防御性使用”是属于联邦普通法中有关既判力的内容，这种使用方法是由布隆德尔舌头实验室诉伊利诺伊大学基金会案（*Blonder-Tongue Laboratories v. University of Illinois Foundation*）批准的。[86] 在该案中，美国联邦最高法院认为，被诉称为侵权人的被告可以利用专利所有权人在先前对另一名涉嫌侵权人提起的未胜诉的诉讼中所遭受的判决，阻止作为原告的专利所有权人就专利无效性争点再行争讼。

现代方法也许可后诉原告针对前诉当事人甚至是前诉被告援引间接禁反言。在帕克冷针织品公司诉肖尔案（*Parklane Hosiery Co. v. Shore*）中，此种供案外人“进攻性使用”被美国最高法院认定为联邦普通法中有关既判力规则的组成部分。[87] 这是一个令人震惊的案件。在第一次诉讼中，美国证券交易委员会成功地起诉了帕克冷公司（Parklane），要求获得衡平救济，认为该公司在关于企业合并上发表了虚假的委托声明书。在第二次诉讼中，股东根据委托声明书提起了损害赔偿集团诉讼。股东援引间接禁反言，就责任问题提出了部分简易判决动议。尽管第二
176 次诉讼涉及非相互性、属于进攻性使用、前诉原告是联邦政府中一个强有力的执行代理机构以及帕克冷公司在前诉中不享有陪审团审理的权利而在后诉中本该享有陪审团权利，但最高法院还是批准了股东在第二次诉讼中援引间接禁反言。

然而，有些司法管辖区在效仿帕克冷公司案（*Parklane*）上踌躇不决，因为该案中相互性的效率论点减弱了，而对公正的忧虑却在增加。因此，这些司法管辖区开始寻求适当的例外。

一般性例外。并非所有接受布拉哈德案推理的法院，都愿意允许非当事人

---

85 见，如阿姆斯壮诉米勒案（*Armstrong v. Miller*），《西北区案例汇编》第 2 辑第 200 期，自第 282 页开始（北达科他州最高法院 1972 年）；凯斯诉斯采芬—斯托克汉姆保险代理公司案（*Keith v. Schiefen-Stockham Ins. Agency*），《太平洋区案例汇编》第 2 辑第 498 期，自第 265 页开始（堪萨斯州最高法院 1972 年）。另外，亚拉巴马州、佛罗里达州、佐治亚州、密西西比州以及弗吉尼亚州似乎仍然保持着一种相互支持的态势。

86 《合众国案例汇编》第 402 期，自第 313 页开始（1971 年）。

87 《合众国案例汇编》第 439 期，自第 322 页开始（1979 年）。

在所有案件中主张争点排除。这些案件实际上属于特雷诺法官宽泛的附带意见。最强的制约因素可能是群体性事件的阴霾：在火车、汽车或者飞机失事中，一名被告面临众多权利人的索赔。在此种案件中，原告可以针对被告过失连续提起诉讼，要求赔偿。原告未能证明过失，并不能阻止其他人对相同问题再行争讼，因为未参与诉讼的原告将不受不利判决的约束。然而，在被告过失争点问题上，一个原告胜诉会导致所有后诉原告胜诉。如果非相互性争点排除条件得到满足，则被告就受该不利判决的约束。

群体性事件结果受到质疑，因为它倾向于助长而非抑制重复诉讼。根据现代宽松的诉讼合并规则，原告如果不联合起来或者介入某一场诉讼，则他们就会有动机分别起诉并暗自等待另一原告的有利结果。此外，被告不惜一切代价地对每项请求进行抗辩和提出上诉，以免一次失败导致其需对先前没有对判决提出请求的所有原告承担责任。在此类案件中，放弃相互性——按照非相互性的简单理由，而不是减少解决涉及共同争点争议所需要的司法努力——可能会产生相反的效果。[88]

在群体性事件中，非相互性也一直被视为极其不公正。被告不能对争点提起诉讼的机制进行选择。前诉原告很可能因为在所有潜在原告中最富有同情心而被选中。后诉原告未获得禁反言，从此意义上说，他们并不是在试图避免重新争讼，而是在努力避免不得不争讼该争点。但是，最根本的是，非相互性破坏了诉讼风险的对等性，加重了共同当事人的不利比重，并改变了程序制度最基本规则：前诉原告冒着只输掉一个案件的风险，而这也是被告能获得胜诉的全部；反过来，被告冒着立刻输掉所有案件的风险，因此，就一系列案件而言，原告有着压倒性的胜诉优势；前诉原告由此获得巨大的和解筹码，但在没能和解的情形下将面对的是一个不惜任何代价将诉讼进行到底的对手。此种本质上偏离程序中立的做法，将不可避免地产生许多意想不到的实质性影响。[89] 177

88　见詹姆斯·威廉姆·摩尔（James Wm. Moore）、托马斯·S. 科利尔（Thomas S. Currier）："判决的相互性和确定性"（Mutuality and Conclusiveness of Judgments），载《杜兰法律评论》第 35 期，自第 301、308—311 页开始（1961 年）。

89　见评注："间接禁反言相互性原理的概率分析"（A Probabilistic Analysis of the Doctrine of Mutuality of Collateral Estoppel），载《密西根法律评论》第 76 期，自第 612 页开始（1978 年）；评注："揭示敲诈的差距：间接禁反言规则的经济分析"（Exposing the Extortion Gap: An Economic Analysis of the Rules of Collateral Estoppel），载《哈佛法律评论》第 105 期，自第 1940 页开始（1992 年）。

因此，人们提出彻底放弃相互性的种种修改建议。其中，最严格的是只许可案外人防御性地使用争点排除。[90] 布拉哈德案本身实际上涉及的是对争点排除的防御性使用，虽然法院的裁决意见并未表明争点排除不能被进攻性地使用，但这一事实可能助长了有些法院不愿意将放弃相互性的范围扩张到防御性使用以外的情况。无论如何，此种限制将会避免众多权利人情形中的低效率。然而，其他法院把放弃相互性的范围扩大了，允许非当事人进攻性地使用争点排除，甚至在群体性事故案件中也是如此。[91]

限制布拉哈德案中放弃相互性范围的另一个理论是，允许非当事人仅对前诉原告或者有机会选择时机、法院的人以及争讼该争点的对方当事人主张争点排除。[92] 在某些情况下，对前诉被告提出非相互性争点排除可能会引发人们对不公正产生切实担忧。然而，布雷纳德·柯里（Brainerd Currie）教授提
178 议的此种限制被认真考虑过，但在第二巡回法院审理的日丹诺克案（*Zdanok*）中作为一般的限制原则被拒绝。[93] 亨利·弗兰德利（Henry Friendly）法官对那起案件的分析非常有说服力，以至于连柯里（Currie）教授都相信了。[94]

这两个限制性原则带来的问题就在于，每个原则都试图通过严格的例外来协调竞争性政策，例如避免重复诉讼的政策与确保实际公正的政策，而用术语加以界定的这些例外不一定对任何一项政策都有影响。在美国诉美国航空公司

---

90 见阿尔伯纳斯诉福尔河市案（*Albernaz v. City of Fall River*），《东北区案例汇编》第 2 辑第 191 期，自第 771 页开始（马萨诸塞州最高法院 1963 年）；迈克尔·基梅尔（Michael Kimmel）的评注："对非当事人提出的防御性和进攻性间接禁反言主张的影响"（The Impacts of Defensive and Offensive Assertion of Collateral Estoppel by a Nonparty），载《乔治·华盛顿法律评论》第 35 期，自第 1010 页开始（1967 年）。

91 见，如帕克冷针织品公司诉肖尔案（*Parklane Hosiery Co. v. Shore*），《合众国案例汇编》第 439 期，自第 322 页开始（1979 年）；美国诉美国航空公司案（*United States v. United Air Lines*），《联邦补充案例汇编》第 216 期，自第 709 页开始（华盛顿东区联邦地区法院、内华达联邦地区法院 1962 年），以后面提到的另一个案件的名义维持原判，即美国航空公司诉维纳案（*United Air Lines v. Weiner*），《联邦案例汇编》第 2 辑第 335 期，自第 379、404—405 页开始（第九巡回法院 1964 年）。

92 见布雷纳德·科里（Brainerd Currie）："间接禁反言的相互性：布拉哈德案原则的界限"（Mutuality of Collateral Estoppel：Limits of the Bernhard Doctrine），载《斯坦福法律评论》第 9 期，自第 281、309 页开始（1957 年）。

93 日丹诺克诉格里登公司，德基著名食品部门案（*Zdanok v. Glidden Co.*，*Durkee Famous Foods Division*），《联邦案例汇编》第 2 辑第 327 期，自第 944 页开始（第二巡回法院 1964 年）。

94 见布雷纳德·科里（Brainerd Currie）："民事诉讼程序：观点众说纷纭"（Civil Procedure：The Tempest Brews），载《加利福尼亚法律评论》第 53 期，自第 25、29—31 页开始（1965 年）。

案（*United States v. United Air Lines*）中，[95] 对前诉中作为被告的当事人进攻性地使用争点排除的许可，法院认真调查了该案件特征，这些特征涉及在裁决被告就飞机坠毁责任争点上被排除是否适当。值得注意的是，42 名乘客中有 24 人的请求已被合并在第一次诉讼中，法院认为："联合航空公司对机上乘客的责任争点由律师领域内最有能力的律师进行过彻底的争讼……被告对责任争点在法庭的陪审团面前进行过辩论。"[96] 此种特别的结论似乎是合理的。然而，如果适用这两项限制性原则中的任意一项，这些争点就会被再行争讼。

也许最好的解决方法是在布拉哈德案中加入一项一般性例外，该例外具有高度的灵活性且对非相互性的危险尤其敏感：被主张适用争点排除的当事人一方，通过证明在前诉中缺乏充分和公正的机会或动机就该争点进行争讼，就可以挫败适用争点排除的主张。最近，抛弃相互性的案例在大多数情形下，也采纳了此种充分和公正机会的保留方法。[97] 有人认为，把敏感的充分和公正机会的保留方法灌输到布拉哈德案的规则中，实际上抵消了拒绝相互性的益处。在后诉中，当事人并非重新争讼先前已决的争点，而是争讼前诉中是否有充分和公正的机会争讼过该争点的问题。然而，在大多数情况下，这个问题应该相当容易解决。此外，这个问题应当由法院而非陪审团裁判。 179

不过，至少在包含某些最有疑问的案件中，避免寻求严格例外的诱惑是十分困难的。例如，另一项被提出的限制性原则，将拒绝案外人在对争点作出不一致判决的情形下使用争点排除。[98] 这种方法至少会减少众多权利人的群体事故情况所引起的问题。

---

95 《联邦补充案例汇编》第 216 期，自第 709 页开始（华盛顿东区联邦地区法院、内华达联邦地区法院 1962 年），以后面提到的另一个案件的名义维持原判，即美国航空公司诉维纳案（*United Air Lines v. Weiner*），《联邦案例汇编》第 2 辑第 335 期，自第 379、404—405 页开始（第九巡回法院 1964 年）。

96 《联邦补充案例汇编》第 216 期，第 728—729 页。

97 见，如帕克兰针织品公司诉肖尔案（*Parklane Hosiery Co. v. Shore*），《合众国案例汇编》第 439 期，自第 322 页开始（1979 年）；布隆德尔舌头实验室诉伊利诺伊大学基金会案（*Blonder-Tongue Lab. v. University of Illinois Found.*），《合众国案例汇编》第 402 期，自第 313 页开始（1971 年）；B. R. 德威特有限公司诉豪尔案（*B. R. DeWitt, Inc. v. Hall*），《东北区案例汇编》第 2 辑第 225 期，自第 195 页开始（纽约州最高法院 1967 年）。

98 见艾伦·N. 波拉斯基（Alan N. Polasky）："间接禁反言——前诉的效力"（Collateral Estoppel—Effects of Prior Litigation），载《爱荷华法律评论》第 39 期，自第 217、248 页开始（1954 年）；比较：《判决重述（第二次）》第 29 条第（4）款，f 项评论（1982 年）（将矛盾的结果作为思考的因素）。

集团诉讼例外。即使在已经普遍放弃相互性规则的司法区中，可能不适用布拉哈德案原则及其衍生原则的另一种情形是，决定不参加依据《联邦民事诉讼规则》第 23 条第 2 款第 3 项或者州法律类似规则提起集团诉讼的人。

在 1966 年对《联邦民事诉讼规则》第 23 条作出修订之前，除非在所谓欺骗性集团诉讼中，集团诉讼原告一方的成员是通过最初指定或者加入诉讼成为形式上的当事人，否则其不受判决的约束；但有些法院允许非当事人的集团成员在判决胜诉后参加诉讼，从而避免了在不利于集团的判决带来任何不良后果风险的情况下主张所有利益。[99]1966 年《联邦民事诉讼规则》修订案试图废除“单方面参加”此类案件的可能性，方法是规定判决将约束所有集团诉讼成员。[100]

有些评论者认为，《联邦民事诉讼规则》第 23 条第 2 款第 3 项所规定的集团诉讼成员，如今实际上仍然能得到先前单方面参加诉讼的好处。[101] 成员可以选择退出集团，从而避免了不利于集团的判决后果。然而，如果集团代表胜诉，
180 被排除的集团成员可以援引布拉哈德案原则，从而依据对与该集团对立的当事人不利的判决来主张争点排除的利益。

法院阻止了这一策略。[102] 它们认为，以此种方法适用布拉哈德案原则将会破坏 1966 年《联邦民事诉讼规则》修订案的目的。即使与该集团对立的当事人一方可能享有充分和公正的机会最大程度地争讼过该事项，但“给予选择放弃间接禁反言的人从其故意脱离的诉讼中得到利益是不恰当的”。[103] 因此，根据《联邦民事诉讼规则》第 23 条第 2 款第 3 项的规定，在联邦法院或者效仿其规定的州法院提起的集团诉讼中，选择退出集团的集团诉讼成员将不受约束，但也不

---

99 见，如联合碳化合物和碳处理公司诉尼斯雷案（*Union Carbide & Carbon Corp. v. Nisley*），《联邦案例汇编》第 300 期，自第 561 页开始（第十巡回法院 1961 年）。

100 见《联邦民事诉讼规则》第 23 条（c）款第（3）项。

101 例如罗杰·佛曼（Roger Furman）的评注：“选择退出集团诉讼的人攻击性主张间接禁反言”（Offensive Assertion of Collateral Estoppel by Persons Opting Out of a Class Action），载《哈斯汀法律期刊》第 31 期，自第 1189 页开始（1980 年）（具有强烈个人利益的缺席者在控制自己诉讼中的间接禁反言）。

102 见，如卓越电力建设公司诉全国电力承包商协会案（*Premier Elec. Constr. Co. v. National Elec. Contractors Ass'n*），《联邦案例汇编》第 2 辑第 814 期，自第 358 页开始（第七巡回法院 1987 年）。

103 本杰明·卡普兰（Benjamin Kaplan）：“民事诉讼委员会后续工作：联邦民事诉讼规则 1966 年修正案（I）”[Continuing Work of the Civil Committee：1966 Amendments of the Federal Rules of Civil Procedure（I）]，载《哈佛法律评论》第 81 期，自第 356、391 页开始（1967 年）。

应该被允许主张集团诉讼中争点排除的利益。

政府诉讼例外。美国联邦最高法院在美国诉门多萨案（*United v. Mendoza*）[104]中仅仅宣布，进攻性的非相互性间接禁反言不适用于联邦政府。这种相对严格的例外可能延伸至防御性使用以及州政府。[105]基于政府诉讼范围的限制，此种例外具有巨大的数值上的意义。

理论根据是，关于政府诉讼的实质性政策理应克服通常对效率和公平的争论。政府经常与许多不同当事人就重要的法律问题进行争讼。如果政府的诉讼律师能够缓慢而有策略地解决这些问题，而不是将政府冻结到法院的第一个最终裁决，那么社会就会变得更美好。为了避免此种冻结，联邦最高法院不应该经常觉得有义务授予调卷令状。尽管所有这些政策可以借助通常对个案实行充分和公正机会的非相互性例外来调整，但门多萨案（*Mendoza*）认为，灵活的例外太主观，以至于无法在前诉中告知政府前诉判决是否在之后有约束力。

根据人们是否接受该理由，任意界定门多萨案的例外就在于，要么在相同 181
或者相类似性规则适用于非政府性当事人方面涵盖不足，要么就该例外在不存在此种许可理由的情形下，滥用权力许可政府强制对事实性争点再行争讼方面又过度包容。[106]

《判决重述（第二次）》采取的方法。《判决重述（第二次）》赞同普遍放弃相互性，但必须遵守充分和公正的机会，并且就涉及可能证明有理由对争点再行争讼的情形作出进一步保留：

被排除与对方当事人对争点再行争讼的当事人，也被排除与另一个人这般争讼，除非他在前诉中缺乏充分和公正的机会对争点进行过争讼，或者在其他情况下有正当理由给予其对争点再行争讼的机会。[107]

---

104 《合众国案例汇编》第 464 期，自第 154 页开始（1984 年）。

105 参见查尔斯·艾伦·赖特（Charles Alan Wright）、亚瑟·R. 米勒（Arthur R. Miller）、爱德华 H. 库珀（Edward H. Cooper）：《联邦诉讼实践与程序》第 18 卷第 4465 条（补编 1999 年）；评注："对州适用非相互性争点排除"（Nonmutual Issue Preclusion Against States），载《哈佛法律评论》第 109 期，自第 792 页开始（1996 年）。

106 见劳拉·艾米莉·弗罗沙德（Laura Emily Frossard）："政府的间接禁反言：在政府、私人诉讼当事人以及处境相似的当事人的利益之间达到必要的平衡"（Collateral Estoppel of the Government: Striking the Necessary Balance Between the Interests of the Government, the Private Litigant, and Those Similarly Situated），载《得克萨斯法律评论》第 29 期，自第 385 页开始（1987 年）。

107 《判决重述（第二次）》第 29 条（1982 年）。

接受非相互性是《判决重述（第一次）》与《判决重述（第二次）》之间的主要区别之一。报告人在对《判决重述（第二次）》的注释中指出，布拉哈德案规则已经被普遍接受，但附带条件是易受影响的充分和公正的争讼机会。它声明"如果不是受近期权威观点的影响，则截然不同的趋势明显是，在'进攻性'和'防御性'争点排除之间没有本质的差异，虽然在前一种情况下可能需要比后一种情况更有力地表明先前的诉讼机会是充分的"[108]。它也说明，如果发现在第一次诉讼中存在充分的机会，则在第二次诉讼中允许对曾是第一次诉讼中的被告和原告适用争点排除。

然而，《判决重述（第二次）》表明其已经意识到非相互性的危险。普通争点排除的所有一般例外，不仅适用于应对这些危险，而且非相互性的情况也能
182 使高度敏感性发挥作用。为了帮助认可规则的例外，《判决重述（第二次）》的上述部分持续把几种"给予考虑的情况编列成表"，也即，是否：

（1）把争点当作最后裁决，将不符合诉讼中给予救济的可行计划（《判决重述（第二次）》中的此种情形将会承认反垄断等法定计划可能规定禁止非相互性）；

（2）后诉法院向被主张适用争点排除的当事人提供了陈述和决定争点的程序性机会，而这在前诉中是没有的，并且很可能导致对争点作出不同的裁决［此种情形考虑到在后诉中进行更广泛的证据开示、不同于简易审理的全体会议、后诉其他特征的可能性以及与前诉法院便利性有关的事项——但值得注意的是，根据美国最高法院在帕克泠公司案（*Parklane*）中的意见，前诉中缺乏陪审团权利不属于这种因素］；

（3）寻求援引有利排除或避免不利排除的人，在前诉中本可以在其与现行对手之间达成诉讼合并的目的（此因素倾向于只达到公然拒绝参加，例如集团诉讼例外）；

（4）构成排除的裁决本身与另一个相同争点的裁决存在矛盾（此因素在众多权利人的群体事故情况下可能在检查个人连续性行为存在滥用的可能性方面有用处）；

（5）前诉的裁决可能受到后诉中未出庭的前诉当事人之间关系的影响或者明显是基于折中的判决或决定（该因素将会考虑诸如前诉裁判者可能受到尤其

---

108 《判决重述（第二次）》第 29 条，报告人的注解（1982 年）。

同情或者其他情绪反应的影响，而这些情绪反应不应当影响其他案件结果）；

（6）把争点当作决定性裁决可能使后诉争点裁决复杂化，或者损害另一个当事人的利益（此因素将会考虑诸如排除一方当事人可能损害共同当事人的事实）；

（7）争点属于法律争点，并且把其看作最后确定的争点将会不适当地剥夺对其所依据的法律规则进行重新考虑的机会（该因素将承认，有时更灵活地遵循先例原则就足够了）； 183

（8）其他有说服力的情形使得允许当事人对争点重新争讼是合适的（因此，很明显，此列表仅仅是解释性的——事实上，《判决重述（第二次）》对此主题的结论是："最终的问题是，从所有方面看是否有充分的理由允许当事人再次争讼争点。"[109]）。

假定法院已经放弃了相互性，正在努力解决此问题的法院似乎有可能认为此种方法是一种有益的做法。如果它未提供简单的答案，则它至少提供了一个应当比任何僵化的例外更有效的分析框架，从而把避免无意义的重复争讼的愿望与保障当事人基本公正的需求协调起来。

摘要。与过去不同的是，如今的案外人可通过援引前诉当事人（作为当事人的联邦或州政府除外）的间接禁反言的方法从判决中受益。但是，因为试图避免对效率和公正的真正威胁，法院以极大的灵活性适用现代非相互性。它们将所有一般性例外都适用于争点排除。另外，当前诉当事人在前诉中未得到充分和公正的争讼机会时或者当所有情形都证明允许前诉当事人对争点再行争讼具有合理性时，法院可以通过行使自由裁量权拒绝争点排除。影响该自由裁量权的因素主要包括：

- 是否有理由怀疑前诉裁决的准确性，例如与针对同一争点的其他裁决存在矛盾的情形（这属于部分性解决了"多数原告异常"的一个因素，即一系列潜在原告连续起诉所谓的侵权人，直到有人胜诉，并因此在理论上引发对未来原告的间接禁反言）；
- 案外人是否本可以合理地期待合并或参加最初的诉讼（这属于解释集团诉讼例外的一个因素）；
- 前诉当事人是否没有选择最初诉讼的制度（这也许是所有普遍不公正的 184

---

109 《判决重述（第二次）》第 29 条 j 项评论，报告人的注解（1982 年）。

因素中最有说服力的因素）。

3. 非相互性请求排除（Nonmutual Claim Preclusion）

除了非相互性的间接禁反言之外，案外人还能从既判力中得到好处吗？通常情况下，只有当事人及其利害关系人才可从既判力的其他规则中获益，因为对某一案外人而言，必然涉及不同的请求。但是，有时案外人可以利用前诉当事人对某一请求的胜诉来阻止对方当事人对该案外人提出新的请求。

过去赔偿人与受偿人之间的情况就是一个现成的例子。如果受害人与雇员对簿公堂并因雇员被认为无过失而败诉，则所有人都同意，雇主可以在受害人对雇主提起的后诉中援引非相互性间接禁反言。但是，如果受害人一方因未能进行诉讼而在前诉中败诉，那怎么办？针对赔偿相同的情况下所出现的这种困境，即使此种允许使用是属于非相互性请求排除的情形也一样。

法律应该在多大程度上支持此种想法？很明显，非相互性请求排除不能超出交易或事件。《判决重述（第一次）》把非相互性阻却适用于其对相互性的几种间接责任的扩张情形中。[110]《判决重述（第二次）》武断地将非相互性阻却扩展到前诉不利于受偿人的情形中，尽管其拒绝更进一步落实这一想法。[111] 此类案件更符合《判决重述（第二次）》的方法，但更好的主张是支持一种更保守的方法，该方法仅限于少数间接责任扩张。[112]

4. 对现行处理方法的批判（Criticism of Modern Approach）

现行处理方法的基本原理是前诉当事人仅有权获得一次争讼某争点的机会，而不必考虑对手的变化。但是，这种观点也许将单纯的效率观念凌驾于对公正和实质性规则的真正关注之上。

185 相互性规则与非相互性规则存在着一种基本的选择，前者具有少量明确的扩张，而后者具有许多模糊的例外。这两种方法并不是在中间相同位置上予以结束的可替代方案。一方面，相互性的扩张是罕见和受限制的，而它在将既判力扩张到诸如间接责任真正需求的情形时发挥了稳妥和简单的作用。总的来说，扩张的目的当然不是需要涵盖可以排除的每种情况。另一方面，非相互性的例

---

110 见《判决重述（第二次）》第 96、97、99 条（1942 年）。

111 见《判决重述（第二次）》第 51 条第（1）款（1982 年）。

112 参见查尔斯·艾伦·赖特（Charles Alan Wright）、亚瑟·R. 米勒（Arthur R. Miller）、爱德华·H. 库珀（Edward H. Cooper）：《联邦诉讼实践与程序》第 18 卷第 4463 条，第 567—570 页，第 4464 条，第 586—589 页（1981 年）。

外很多，但其肯定不会囊括超出相互性扩张范围的所有情形。普遍性例外甚至不会认可所有可能不适用排除的理由。

大多数司法管辖区作出了支持非相互性的选择。但是，这种选择并非固定不变的。越来越多的人认为，这种选择比布拉哈德案所呈现的东西要复杂得多。此外，法院大量增加例外的能力和偏好为其提供了一条破坏非相互规则的现成途径。简言之，法律仍处于不断变化的状态。因此，也许有一些司法管辖区会重新选择。如果这样的话，他们应该依据一般性相关政策框架重新考虑这种选择（见下表）。

该政策框架似乎更支持相互性。与效率损失的风险相比较，如果社会对法院侵害公正的风险更厌恶，则该不利于非相互性的结论就变得更加有力。

然而，布拉哈德案不可否认地引起了共鸣。在当今这个时代，社会不希望一项裁判代表的内容与相互性所规定内容一样少。但是，除了非相互性外，还有提高裁判效力的其他方法。如果考虑到下列对于非相互性的三种替代方法，则不利于非相互性的结论就变得更加有力：

强制性诉讼合并（Mandatory Joinder）。最主流的选择方法应该是扩大强制性诉讼合并。此种路径一次性就能高效而又公平地解决共同事项。合并的当事人仅在参加案件审理后受约束。如果案件败诉，则其对手会受到约束，但如果案件胜诉，则是对所有被合并当事人的胜诉。此种通过将当事人诉讼风险等同化的方法来恢复程序中立性的诉讼技巧，恰当地说明了相比之下非相互性最严重的缺陷，即对程序中立性的破坏。[113]

政策 来源于第三章	相互性论据 《判决重述（第一次）》规则	非相互性论据 《判决重述（第二次）》规则	186
直接费用	相互性避免了在前诉中的过度诉讼；它避免在后诉中对非相互性的适用和所有例外情形进行诉讼	非相互性避免了重复争讼；它鼓励被告合并诉讼，虽然非常不鼓励原告合并诉讼	

113　见埃莉诺·P. 斯罗德（Elinor P. Schroeder）：“相同争点的再争讼：对非当事人排除的失败和一种可供选择的建议”（Relitigation of Common Issues: The Failure of Nonparty Preclusion and an Alternative Proposal），载《爱荷华法律评论》第67期，自第917页开始（1982年）。

续表

政策 来源于第三章	相互性论据 《判决重述（第一次）》规则	非相互性论据 《判决重述（第二次）》规则	186
其他效力因素：时效和错误成本	相互性的僵化促进了确定性和稳定性；它通过在可疑情形下不适用排除而降低了错误成本；它避免了非相互性固有的严重缺陷，即对被援引人严重不利的概率很高，从而导致错误的结果和烦琐的和解	非相互性避免相互矛盾的裁决	
既判力对被援引者的公正性	排除经常明显不公正，必须有许多例外，但并不能涵盖所有不公正的情况；对具体当事人之间的裁决是一种应具有有限效力的背景事实，而不应当变成可自由漂移的确定事实	不应该允许被援引人再行争讼，特别是当被援引人在前诉中试图滥用诉讼或者本可参加援引人诉讼情况下；非相互性的例外可以防止大多数的不公正排除	
既判力对援引者的公正性	根据相互性，援引者不会遭受不公正，如同新当事人不会面临再行争讼一样；援引者通过改进和解条款和遵循先例已经从被援引者的前诉败诉中获益	根据非相互性，援引者避免了诉讼负担；就像在赔偿者与受偿者之间那样，有时对援引者的公正要求适用排除	
对其他当事人的公正	如果没有相互性，其他当事人就会面临一个愿意争讼到底的对手，虽然其他当事人拥有极大的和解砝码		
其他公正因素：公正原则与公正结果	相互性有利于寻找真相和对事实真相作出裁决；它仍属于一项清楚而简单的原理，只需几种扩张；它的僵化性滋生了信赖利益和类似待遇	非相互性在法庭上的辩论理念具有直观的吸引力，虽然它确实需要一套复杂的例外	
实质性政策	相互性避免非相互性对被援引者严重不利的概率很大所存在的固有的严重缺陷，即造成意想不到的实质性影响；相互性避免了类似门多萨案（*Mendoza*）所需的附带条件		

187 然而，社会通过权衡成本与利益已经选择遵守此种强制性诉讼合并的路径，不会超出诸如《联邦民事诉讼规则》第 19 条关于强制性诉讼合并的规定。例如，

不存在强制性集团诉讼条款。

附带型集团诉讼（Collateral Class Actions）。法院更激进的选择是扩张布拉哈德案而非缩小。质疑者认为，非相互性确实减轻了法院案件积压，但它作为一种类似“单行道的”方式运作。解决方式是重新引入相互性，但要做到这一点，既要案外人获益，也要约束他们。如果A起诉B，之后不论A胜诉还是败诉，则C与B之间类似纠纷将会被排除。A代表C的利益会满足正当程序，并且既判力例外可以处理明显的越轨行为。结果是广泛的间接禁反言，其几乎给予每个案件都会产生类似于集团诉讼那样的潜在效力。[114]

在第一印象中，此种附带集团诉讼的提议听起来好像是可怕地放弃了判决的必要原则，但是略加思考就会意识到遵循先例也是沿着类似的线路起作用。对该提议更好的反驳是，就像《联邦民事诉讼规则》第23条那样，集团诉讼规定象征着社会关于沿着该路径发展到什么程度的决定。事实上，此种观点阐释了集团诉讼的运作方式。《联邦民事诉讼规则》第23条第1款和第2款所规定的条件正努力保障处于相似地位的集团成员并由当事人充分代表，同时将集团制度限制在进行集团诉讼所获得的利益明显超过其诉讼费用的某些情形。附带集团诉讼提议实际上会产生强制性的集团诉讼，而不受《联邦民事诉讼规则》第23条的谨慎限制和保护。

作为证据的前诉裁判（Former Adjudication as Evidence）。上述提到的遵循先例不应该掩盖这是一项灵活性的原则，即将前诉法律裁决几乎仅仅视为纯粹的证据或推定。也许像这样一条中间道路，在依据相互性禁止排除与依据非相互性完全排除之间提供了希望。案外人可能从前诉裁判中得到利益和责任，甚至在事实问题上也是如此。但是，其影响与其说是具有排除性，不如说是具有证据性。[115]

同样，此种证据性的提议最初在美国人听来很古怪。但是，大陆法系国家 188

114 见迈克尔·A. 波尔赤（Michael A. Berch）：“许可寻求肯定性救济的非当事人提出间接禁反言的建议”（A Proposal to Permit Collateral Estoppel of Nonparties Seeking Affirmative Relief），载《亚利桑那州法律期刊》第1979期，自第511页开始；劳伦斯·C. 乔治（Lawrence C. George）：“逆境也有妙用：帕克冷针织品公司案与附带型集团诉讼”（Sweet Uses of Adversity: Parklane Hoisery and the Collateral Class Action），载《斯坦福法律评论》第32期，自第655页开始（1980年）。

115 见藤原浩·本村（Hiroshi Motomura）：“使用判决作为证据”（Using Judgments as Evidence），载《明尼苏达法律评论》第70期，自第979页开始（1986年）。

积极地适用此证据性用法，而不是扩张其既判力原则。事实上，美国在特定情况下也这样做，诸如使重罪定罪获得许可。[116] 因此，人们可能争辩说，美国应该更多地这样做。然而，反对把证据力扩张到事实裁决的反驳意见包括：把过去的裁判与新证据相结合，有点类似于把苹果和橘子结合在一起，特别在判决记录并没有像大陆法系卷宗那样传达前诉证据时更是如此——人们如何在前诉一个简单的过失裁决与天气条件的新证据之间进行权衡呢？此外，我们的陪审制度可能特别难以权衡过去的裁判——一次性裁判者知道如何处理前诉裁判吗？最后，证据性方法缺乏完全避免审理的排除优势——难道审理与否的重要性不是美国程序制度中的一种动力吗？简而言之，将遵循先例原则限制在法律裁决上而不是争议事实的查明上，这绝不是偶发事件。我们的社会已经选择了多大程度上将证据性路径作为对排除的一种替代方法。虽然少数特殊类型的裁判是被许可的，但大多数不属于既判力效力范围的前诉判决主要是通过遵循先例产生裁判价值。当然，如果在和解谈判中改变预期结果存在着明显的可能性，那这也是有价值的。

结论。由于社会选择了不采用此三种高明的替代方法中的任何一种，因此，法院为了自行运作这种非相互相性的蹩脚改革所作出的选择看起来就更加不可靠。事实上，考虑到上表中的政策，所谓的改革似乎已经倒退了一步。在此方面，《判决重述（第一次）》似乎是正确的，而《判决重述（第二次）》似乎是错误的。如果理想的原则介于相互性与非相互性之间，则法律寻求达到这样的理想原则应该通过从相互性极点谨慎地扩张既判力，而不是在创造更多例外的同时宣誓忠于非相互性。

116 见，如《联邦证据规则》自第 803 条第（22）款开始。

第九章　非常规性判决

到现在为止，本书一直在考虑在一个被称作法院的民事法庭中寻求强制性对人救济的前诉判决在随后的效力问题。但是现在我们需要解除那些假设的疑虑。假如原告寻求确认性救济（declaratory relief）怎么办？假如原告依据的是对物（in rem）或准对物（quasi in rem）管辖权怎么办？假如前诉是刑事案件怎么办？或者假如前“诉”是行政或仲裁程序而非法院程序怎么办？这四个问题是接下来本章要讨论的主题。 189

一、非强制性判决

此处的问题是：若某一确认性判决是有效和终局判决，则其在随后的民事诉讼中对请求和争点排除方面具有什么效力。但是，首先是确认判决（declaratory judgments）的一些背景情况需要符合程序。

提起诉讼的当事人通常寻求强制性救济（coercive relief），诸如金钱赔偿判决或禁令。对司法程序所持传统的、限制性观点，实际上限制了法院此种强制性或积极性救济。以前，在普通法和衡平法中，对当事人权利和义务的任何司法声明只不过是命令或者否认某些形式的积极性救济判决的附带事项。有些判决，最明显的是对被告的判决，可能产生了类似那些确认性判决的后果，但这些后果并非诉讼的最初目的。的确，美国最高法院暗示，《宪法》把处理案件和纠纷的联邦司法权限制在第 3 条是对确认性救济的坚固障碍。[1] 190

尽管如此，当某纠纷还未发展到足以授权积极性救济的程度或者受害方还未选择寻求积极性救济时，很容易产生对确认性救济的实际需求。例如，合同中一方当事人可能有理由想要确定特定行为是否将是或者现在是违法行为。20 世纪 30 年代，最高法院撤销其以前的指南，鼓励并支持国会颁布的《1934 年联

1　威林诉芝加哥礼堂协会案（*Willing v. Chicago Auditorium Ass'n*），《合众国案例汇编》第 277 期，自第 274 页开始（1928 年）。

邦确认判决法》。[2]

因此，今天联邦法院可以作出仅界定法律关系的消极救济构成的确认判决。潜在的原告或者被告可以为宣告当事人之间存在的权利、义务和其他法律关系而先行提起联邦诉讼。该诉讼必须存在联邦标的管辖权，并且与通常情况一样，该纠纷的提出必须足以构成属于《宪法》第 3 条范围内的实际纠纷。确认性救济由《联邦确认判决法》和《联邦民事诉讼规则》第 57 条授权和调整。总之，联邦法院可以根据自由裁量权，对超越抽象问题而演变为实际争议并且属于其管辖范围内的案件作出确认性救济。

就确认性救济问题而言，州法院或许比联邦法院限制更多或者更加宽松。几乎每个州都采用了一种程序，允许基于与强制性救济没有关联的特定事实宣告当事人之间存在法律关系。的确，在有些州，确认性判决可以在构成违反义务的事件发生前获得。但事实上，大多数州遵循联邦关于确认性救济的处理方法。

因此，确认性救济属于一种现代的救济方法。旧的既判力原则如何通过调整以应对确认性判决呢？

在仅为确认性救济的诉讼中，有效的终局判决在后诉中有两种既判效力。第一种，在宣告的事项上，它在对立的当事人之间具有确定性，但没有进一步的请求排除效力，因此不阻止为损害赔偿或者其他强制性救济提起后诉。第二种，根据该原则的正常规则，当事人受争点排除约束。[3]

191 确认判决属于对人判决（personal judgment）。它对所宣告的所有事项在当事人之间具有决定性，即使该判决是通过缺席判决获得。此外，根据争点排除规则，在未缺席的案件中，它对作出判决所必要的、实际上已争讼和裁决过的所有争点具有决定性。然而，通常认为即使确认判决是有效的终局判决，其也不具有请求排除效力。[4]

因此，有利于原告的判决不会合并判决中的请求。如果在原告寻求确认判决时，强制性救济的现实理由还未成熟，即使已经取得确认判决，但如果被告

---

2 《合众国案例汇编》第 28 期，自第 2201—2202 页开始。

3 参见《判决重述（第二次）》第 33 条（1982 年）。

4 E. H. 史考布勒（E. H. Schopler）的评述："既判力原则在确认性救济诉讼判决中的适用范围"（Extent to Which Principles of Res Judicata Are Applicable to Judgments in Actions for Declaratory Relief），载《美国法案例汇编》第 2 辑第 10 期，自第 782 页开始（1950 年）。

违反了原告被宣告拥有的权利，则不阻止原告在之后寻求损害赔偿或者其他救济似乎是合理的。

然而，如果胜诉的原告本可以把强制性救济请求与确认请求合并提出，则不将合并效力给予确认判决的理由就不会很明显。因此，具有选择损害赔偿主张根据的原告，可能由此被鼓励将请求加以分割。如果确认判决依据某一主张胜诉，则原告可依靠该判决在以后寻求强制性救济诉讼中作为最终决定这些争点的依据。如果确认判决败诉，则原告可以在确认性或强制性救济的后诉中尝试其他主张。这似乎违反了既判力政策。[5]

一种可以防止此种滥用确认判决程序的保护措施就是适用公认的原则，即确认判决遵守通常与衡平法救济相关的司法自由裁量权。如果原告似乎不正当地拒绝呈现整个案件，法院可以拒绝受理诉讼（entertain the action）。这种把滥用问题消灭在萌芽状态的直接方法，似乎比适用合并原则这种更笨拙的解决方法更可取。

因此，虽然少数法院将合并效力归于确认性判决，即原告本可以在前诉中获得后诉中寻求的救济，[6]但大多数法院坚持认为合并不适用。[7]大多数案件是通过类似上文所概括的与讨论禁令诉讼有关的推理得出其结论，紧随其后的是对临时性 192
妨害或非法侵入作出损害赔偿判决。[8]这一观点是政策支持原告首先寻求次要救济。正因如此，确认判决的诉讼程序应该允许初步处理较大案件中潜在的具有决定性的某个方面。其他多数案件的结果依据的是确认判决的法令政策，甚至是附注文本。《联邦确认判决法》[9]和《统一确认判决法》[10]二者都为基于确认判决的“进一步救济”作出了规定。据悉，适用合并规则将会违反上述法规的特别规定。

二、非对人判决

此处的问题是假定某一非对人判决（a nonpersonal judgment）是有效的终局

---

5 参见查尔斯·艾伦·赖特（Charles Alan Wright）、亚瑟·R. 米勒（Arthur R. Miller）、爱德华·H. 库珀（Edward H. Cooper）:《联邦诉讼实践与程序》第 18 卷第 4416 条，第 77—80 页（1981 年）。

6 见，如马斯特灯饰公司诉芒太克案（*Mastercraft Lamp Co. v. Mortek*），《东北区案例汇编》第 2 辑第 183 期，自第 12 页开始（伊利诺伊州上诉法院 1962 年）。

7 见《判决重述（第二次）》第 33 条 c 项评论，报告人的注解（1982 年）。

8 见第六章第一部分第（一）目第二项。

9 《美国法典》第 28 期，第 2202 条。

10 《统一法典注释》第 12 卷中 A 卷第 8 条，第 395 页（1996 年）。

判决，则该判决在之后的民事诉讼中有何种既判效力。

非对人判决产生于寻求非对人救济的非对人诉讼程序（nonpersonal proceedings），即直接对特定事物发生作用的一种救济。当然，裁决特定事物利益的程序，既可以是作出对人判决的人身诉讼程序（personal proceedings），也可以是作出非对人判决的非人身诉讼程序（nonpersonal proceedings）。无论是人身程序还是非人身程序，都会产生许多涉及事物的争点和请求。因此，它并非通过纠纷的性质将对人和非对人加以区别。相反，对人与非对人之间的本质区别是寻求救济的性质，即它本质上要么是对人救济要么是不对人救济。对某一特定事物直接采取非对人救济的诉讼，就会产生非对人判决。

就非对人救济而言，例如分割当事人共有的不动产，法院必须对该事物具有非对人管辖权。[11] 就对人救济而言，法院必须对该人具有管辖权。然而，通常情况是，在对该事物没有管辖权的法院中，原告可以通过提起诉讼向被告寻求
193 某种对人救济并以对人管辖权为依据，从而实现相当于非对人的救济，例如寻求要求被告转让所有权。另外，两个诉讼都会裁决土地上的利益，但是只有分割土地的前诉会产生非对人判决。

既判力原则的传统表述将其适用限制于对人判决。[12] 同样，关于此点，本书仅探讨了对人判决。既然非对人判决必然确定地解决某些事项，那为什么推迟探讨非对人判决呢？的确如此，但规则很特殊。因此，本章下一部分讨论非对人判决的既判效力问题。

（一）对物

“对物”术语经常不准确地使用在因对事物或“物”有管辖权而不是对被告人提起的任何程序中。然而，更准确的用法是，承认此类诉讼通常既包括那些传统上严格地以对物为特征的诉讼（即裁决涉及全世界在标的财产中利益的诉讼）和那些传统上称作准对物的诉讼（即裁决涉及指定当事人在标的财产中利益的诉讼）。以对物管辖权为基础作出裁决的程序，只要其目的是影响任何人和所有人的利益，无论他们是谁以及身在何处，就能被适当地称作对物诉讼程序。

---

11 参见凯文·M. 克莱蒙特（Kevin M. Clermont）：《民事诉讼程序：地域管辖区与审判地》（1999 年）。

12 见，如《判决重述（第二次）》第 17 条（1982 年）。

如果程序寻求裁决被指定当事人在该事物中的利益，则该程序被恰当地称作准对物程序。以此种程序作出的判决被称作对物判决或者准对物判决，要根据具体情况而定。

辖区涵盖了该物的处所或者“所在地”的法院可以受理寻求对物判决的诉讼，即使法院对被告此人缺乏管辖权。即使对事物有管辖权的法院对其利益受此判决影响的人没有管辖权，法院也可以作出对该事物直接发生作用的判决。所在地法院可以对事物行使管辖权，并且在此基础上裁判任何人在该事物中的利益。

1. 纯对物（Pure In Rem）

对物判决只有两种既判力。就所有人而言，它最终裁决所有人在事物中的利益。同时，根据通常的争点排除规则，任何实际当事人均受争点排除约束。[13] 194

管辖权。对物管辖权可能导致一项判决影响到所有人在所指定事物中的利益。从理论和形式上看，该诉讼针对事物。任何对个人的责任或义务都不会发生。对物诉讼程序通常包括登记土地所有权的诉讼、没收财产的诉讼、对船舶执行船舶优先权的海事程序以及处理遗产的遗嘱认证程序（probate proceedings）。

对物管辖权通常存在于事物所在地，因为该法院有权力，并且在那里进行诉讼将不会不合理。

排除。某对物判决可以决定性地判定物中的权益。即使被告缺席，有利于原告的对物判决也会最终确立原告所声称的对该财产的权益。对原告不利的对物判决，最终确立了原告在该财产中所声称的权益不存在。

对物诉讼程序中判决的目的，不是对某人关于特定交易的权利和义务的完整裁决。其目的仅在于裁决特定财产中最终的权益争点。因此，它并不合并或者阻止最初的请求。合并和阻止规则的适用仍然限于对人判决。与合并或阻止请求不同的是，对物效力仅限于在后诉中决定性地裁决每个人在该事物中的权益。[14]

对物判决也可决定性地对当事人实际上已经争讼并裁决过的争点进行确定，这些争点对作出判决必不可少。因此，除非某人以某种方式出庭进行抗辩，否

---

13 参见《判决重述（第二次）》第30条（1982年）。

14 参见查尔斯·艾伦·赖特（Charles Alan Wright）、亚瑟·R. 米勒（Arthur R. Miller）、爱德华·H. 库珀（Edward H. Cooper）:《联邦诉讼实践与程序》第18卷第4412条，第100—101页（1981年）。

则此种诉讼程序作出的判决不具有争点排除效力。[15]

2. 对法律地位的管辖权（Jurisdiction over Status）

这种判决最终裁决了各方当事人所争议的法律地位，通常也裁决了所有其他人的法律地位。此外，任何一个实际当事人均受争点排除的约束。[16]

195 管辖权。另一个相关的对物管辖权类型为“对法律地位管辖权”。它可能导致一项确立、改变或者终结法律地位判决，诸如家庭关系、公民身份或者精神障碍。通过把法律地位看成一种事物来处理，法院就可以裁判其法律地位。例如，原告配偶居住的州可以作出离婚判决；然而，该州若对被告配偶没有对人管辖权，就不能对金钱抚养义务作出裁判。

为满足正当程序条款的检验，法律地位管辖权通常必须在该法律地位所在地行使。根据正当程序对其他管辖权平等对待和实质正义层面的检验，行使管辖权不能不合理。所有这些都意味着法律地位可以被置于与一方当事人所涉法律地位有重要联系的任何地方。比如，设想一位不幸福的丈夫离开纽约的家到了爱达荷州，其在那里将有更多被许可离婚的理由。如果真的在爱达荷州建立了住所，他就可以在那里起诉离婚。即使妻子缺席，爱达荷州对该离婚的管辖权也是符合宪法的。

排除。基于法律地位管辖权和对此法律地位寻求裁决的有效的终局判决所具有的既判效力，类似于纯对物判决。然而，除此之外，难以一概而论。

很明显，为了证明受理程序完全合理，所有对法律地位裁决的本身均必须具有某些决定性效力，当事人和其他人可以依靠这些效力采取行动。同时，对实际当事人不利的争点排除也不存在任何问题。既判力的这些一般命题类似于纯对物判决。但是，各种法律地位在本质上存在重大差异。法律地位裁决可对个人和公共利益有极大不同的影响。因此，法律地位判决的特征可导致一些细节上的差异。

一方面，有些案件通过允许请求排除在适用既判力方面走得更远，不过此种扩张缺乏一致性，并且可能招致麻烦。例如，某一法院裁决，丈夫基于配偶的遗弃所获得的分居之诉的胜诉裁决，就排除了配偶在之后根据丈夫与前一位

15 参见查尔斯·艾伦·赖特（Charles Alan Wright）、亚瑟·R. 米勒（Arthur R. Miller）、爱德华·H. 库珀（Edward H. Cooper）:《联邦诉讼实践与程序》第 18 卷第 4431 条，第 294—296 页（1981 年）。

16 参见《判决重述（第二次）》第 31 条（1982 年）。

妻子的离婚诉讼无效而再提出婚姻无效诉讼。[17] 更为常见的是，如果前诉具有对人管辖权，离婚胜诉就阻止了之后提起扶养费之诉。

另一方面，许多法院不愿意适用既判力，因为该既判力将最终确立的不利 196
于特定案外人的法律地位，会使其遭受不公正的影响。例如，如果丈夫必须向其妻子支付扶养费直到妻子再婚，如果她再婚但之后获得再婚无效判决，则婚姻无效判决不会恢复丈夫支付扶养费的义务。[18]

总之，有关法律地位管辖权的既判力法往往相当凌乱，并且在实践中高度具体化。

（二）准对物

准对物程序有两种不同的类型：一种是寻求一项判决以确定某事物所有权为目的的程序；另一种是以诉讼的名义用不动产或者其他财产进行运作以满足对人请求为主要目的的程序。

在“子类型一”中，原告寻求确立事物中先前存在的用于对抗被告的权益。例证包括分割土地诉讼、确权诉讼以及取消抵押回赎权诉讼，同时也包括取消对财产其他留置权诉讼或者消除不动产权利瑕疵（a cloud on title）诉讼。这些诉讼并不罕见。

在“子类型二”中，原告寻求将被告财产用以满足对被告提出的请求，而该财产与所有权无关。例如，纽约的原告可以在纽约州法院获得对在土耳其因飞机失事引起的侵权请求的管辖权，方式是扣押被告土耳其航空公司在纽约的银行账户。[19] 如果胜诉，原告就会将具体资产用于支付法院诉讼费，之后将余额用于满足其侵权请求。剩余的额外资金均会返还给被告。然而，按照此种附带管辖权，原告通过诉讼判决获得的赔偿仅限于此资产。被告对资金不足不负任何责任。

1. 子类型一

就被指定的当事人而言，此种判决最终确定了被指定的当事人在事物中的

17　斯坦特尔诉斯坦特尔案（*Statter v. Statter*），《东北区案例汇编》第 2 辑第 143 期，自第 70 页开始（纽约州最高法院 1957 年）。

18　盖尼斯诉杰克布森案（*Gaines v. Jacobsen*），《东北区案例汇编》第 2 辑第 124 期，自第 290 页开始（1954 年）。

19　菲德尔诉土耳其航空公司案（*Feder v. Turkish Airlines*），《联邦补充案例汇编》第 441 期，自第 1273 页开始（纽约南区联邦地区法院 1977 年）。

权益。此外，任何实际上争讼过争点的当事人，均受争点排除的约束。[20]

197 **管辖权**。准对物管辖权可以产生仅影响特定的人在指定事物中的权益。对物与准对物的差异就在于，法院地法在准对物中不会作出影响对世权（the interests of all persons in the world）的判决。尽管准对物诉讼程序通常是针对被指定的被告提起的，但关注的只是他们在事物中的权益。

如同其他非对人诉讼一样，准对物管辖权通常存在于该事物的所在地。

排除。就排除目的而言，除了受判决影响的人数外，子类型一判决基本享有与纯对物判决一样的待遇。因此，即使该判决是通过缺席判决获得，其仍可以最终裁决诉讼标的物（res）中的权益。此外，该判决可以根据争点排除原则决定性地确立争点。

回忆一下，把事物作为目标的请求（比如，寻求取消抵押回赎权的请求）和对人的任何相关请求（比如，寻求恢复基础债务的请求）被视为不同的请求。[21]

值得注意的是，被告可以选择进行一般性出庭（general appearance），[22] 这允许根据所宣称的对人请求作出具有完全既判效力的判决。也就是说，如果某一被指定的被告确实一般性出席了法庭，并且实际上对裁决该事物所有权所依赖的问题进行了争讼，则该出庭通常被视为对相关的对人请求授予了对人管辖权，由此产生的判决与任何其他对人判决具有相同的争点排除效力。

通常而言，被告不能选择有限出庭（limited appearance），该有限出庭属于被告针对案件实体问题将出庭限制于对非对人程序提出异议而并不接受对人管辖

---

20 见《判决重述（第二次）》第 30 条（1982 年）。

21 见第六章第一部分第（一）目第二项。

22 译者注：general appearance，可译为“一般出庭”或者“一般应诉”，其是指一方当事人接受法院管辖权的一种出庭，该种类型出庭的作用是同意法院对案件行使管辖权，并放弃了基于法院缺乏对人管辖权、程序缺陷等理由提出管辖权异议。与一般出庭相对，special appearance 是另一种出庭制度，可译为“特别出庭”或者“特别应诉”，是一方当事人仅对法院的对人管辖权提出异议的一种出庭，其出庭的唯一目的只能是对法院的对人管辖权提出异议，若在提出对人管辖权抗辩之前或同时主张另一抗辩或答辩，则均构成一般出庭并因此放弃了对人管辖权异议。不过，《联邦民事诉讼规则》第 12 条（B）款废除了联邦法院一般出庭和特别出庭之间的区别，当事人对管辖权的异议可以在诉答程序或审前程序中提出。此外，在美国，还有一种出庭制度，即 limited appearance，译为“有限出庭”或者“有限应诉”，其是指被告在另一州法院的准对物诉讼中出庭应诉，其作用可以使被告就案件实体进行抗辩，若被告败诉，则其所承担的赔偿责任仅以该法院扣押或确定的财产价值为限，而不对所有可能的损害赔偿承担责任。《联邦民事诉讼规则》没有对联邦法院的有限出庭作规定，对此遵从的是州法律规定。

权的一种手段。理由是，只有法院在审理非对人诉讼的同时对增加的请求行使对人管辖权不符合宪法的规定时，被告有限出庭才是合适的。由于适当的子类型一中的管辖权在财产所在地是合理的，则很可能使相关对人请求需要的对人管辖权变得合理，从而使有限出庭行不通。

然而，即使在子类型一的诉讼程序中，法院许可有限出庭，这样被告在没有对某些对人请求接受对人管辖权的情况下，可以对非对人请求的实体问题进 198
行争讼，此时争点排除也应该适用。毕竟，当被告对非对人请求中实际需要的必要争点进行过充分和公正的争讼时，排除应该适用于上述任何争点。

2. 子类型二

此种判决最终在当事人之间判定了原告有权将特定事物用以实现针对被告提出的某些无关请求，但仅此而已。因此，原告可以自由地就该请求中未满足部分再次起诉，不论是提起对人之诉还是提起扣押属于被告的其他财产之诉。[23]

管辖权。此种准对物管辖权的子类型从根本上不同于对物管辖权和子类型一中的准对物管辖权。它包括此类案件：原告对被告提出对人请求，并且通过寻求扣押被告的特定财产或者对第三人欠被告的债务进行扣押以满足请求而无须获得针对被告的对人管辖权。尽管子类型二的诉讼存在独特性，但其在传统上被称作准对物诉讼（actions quasi in rem），因为在技术上涉及的是特定人在所指事物中的权益。子类型二中的诉讼也被称为异地扣押程序（proceedings on foreign attachment），并且该管辖权经常被称作扣押管辖权（attachment jurisdiction）。

以前在协助追回被告所欠债务而该债务又不接受对人管辖权情况下，子类型二中的对物管辖权非常有用。如果原告对被告提出请求但没有获得对人管辖权，则原告可以针对在该区域内任何被告的财产进行诉讼，比如银行账户。通常情况下，被告缺席，由此产生的判决允许原告将该财产用于满足请求。原告可以在之后就该请求未满足部分单独地提起诉讼，不论是以对人诉讼提起，还是再次以本子类型中的准对物诉讼针对被告的其他财产提起。

由于对人管辖权范围极大扩展，如今子类型二中的准对物管辖权的有效性受到了严重的质疑。[24] 但是，这种独特的管辖权依然存在。当然，为了满足权力 199

23　参见《判决重述（第二次）》第 32 条（1982 年）。

24　见保罗·D. 卡林顿（Paul D. Carrington）：“准对物管辖权的现代效用”（The Modern Utility of Quasi In Rem Jurisdiction），载《哈佛法律评论》第 76 期，自第 303 页开始（1962 年）。

检验，它通常须在物之所在地进行。在谢弗诉海特纳（*Shaffer v. Heitner*）这一权威案例中，[25] 最高法院指出，非对人管辖权也必须通过不合理检验标准。因此，不合理性就成为是否具有扣押管辖权的关键性检验标准。即使被告的赔偿责任限于该财产的价值，但仅仅指出被告的一点财产，不足以就完全无关联的请求得到合理的司法考虑。更多的是，法院、当事人与诉讼之间的充分关系必须存在，法院才会主观地认为此管辖权从根本上说是公平的。

谢弗诉海特纳案不合理检验的结果是，此种子类型的准对物管辖权仅能在四种特殊情况下取得：（1）确保原告在别处寻求的判决；（2）执行已经在其他地方为原告作出的判决；（3）恢复宪法上存在的对人管辖权；或者（4）在没有其他美国法院时予以恢复。

排除。在子类型二的准对物诉讼中，在法院仅凭借其对财产的管辖权实施诉讼行为而对被告无对人管辖权的情况下，该判决事实上裁决的是原告对该财产的权利。即使判决以缺席的方式获得，对裁判事项也不能再次争讼。但该判决不会对其他事项作出裁决。

在此种诉讼中，原告的基本请求不会受判决排除。即使财产足以完全满足该请求，但理论上原告在之后也有权以对人或者依据对其他财产管辖权的另一准对物的后诉中再次起诉，要求对该请求获得更高赔偿。[26] 有时人们强烈要求，如果被告服从财产所在地的对人管辖权，而原告选择以准对物为依据进行诉讼，则最终判决应该阻止对该请求再行起诉。[27] 然而，很难找到支持这一改革的权威判例。

当然，争点排除可否适用，完全取决于争点是否实际上已被争讼和裁决过。如果判决是在缺席的情况下作出的，则实际上任何争点未被争讼过，因此，判
200 决就不会被赋予争点排除效力。如果被告选择一般出庭，则由此产生的对人判决具有包括争点排除的完整既判效力。

但是，如果被告确实出庭应诉并进行争讼，但却是按照有限出庭的方式进行，并且在被告将出庭应诉限于基于案情实质对非对人诉讼程序进行辩解而未

---

25 《合众国案例汇编》第 433 期，自第 186 页开始（1977 年）。

26 见《判决重述（第二次）》第 34 条 i 项评论，图示 4（1942 年）；另见“法律的发展——既判力”（Developments in the Law—Res Judicata），载《哈佛法律评论》第 65 期，自第 818、834 页开始（1952 年）（讨论此种奇特议题的基本原理）。

27 见《判决重述（第二次）》第 30 条 b 项评论（1982 年）。

接受对人管辖的情况下，则应产生何种争点排除效力呢？这是一个特别麻烦的事情，需要扩大处理范围，因为奇怪的是，在子类型二的准对物诉讼中，为了作出判决而必须裁决的争点与纯正对人诉讼中所涉及的争点相同。如果说基本请求是基于交通事故侵权，则准对物诉讼和对人诉讼均会涉及对过失、因果关系及损害争点的审理。那么，关于这一问题的争点排除法是什么呢？

有限出庭。最初的一些背景是符合程序的。回想一下：在适当的非对人诉讼中，被剥夺选择有限出庭的被告必须在下列二者之间作出选择：（1）因缺席而丧失财产；（2）进行一般出庭。法律何时规定有限出庭的第三种选择？

混乱掩盖了有限出庭的可适用性。答案在零散的判例法中。最好的观点是，如果法院在审理非对人诉讼的同时就增加的请求行使对人管辖权在宪法上是不合理的，则有限出庭就应该可行。[28] 为了理解该观点，对比两个案例：案例一，为了赔偿在日本发生的交通事故造成的人身损害，纽约的一名原告通过扣押法国的被告在纽约价值 30000 美元的财产的方法在纽约起诉，要求赔偿 60000 美元。被告希望通过对过失提出异议来保护她的财产，但没有接受对人管辖权。公正意味着被告应该能够依据扣押管辖权在此案中进行有限出庭，因为在纽约行使对人管辖权是不合理的。案例二，为了取消该法国被告在纽约土地上的抵押回赎权，纽约的原告通过扣押土地在纽约起诉。被告希望根据案件实质进行辩解，没有就基本债务所欠的超出金额接受对人管辖权。效率意味着被告不应进行有限出庭，因为审理终止回赎权之诉的纽约法院凭借被告出庭享有权力，同时可 201
以合理地就债务的相关请求行使对人管辖权。

鉴于此种有限出庭可行性的处理方法，而且由于谢弗诉海特纳案阻止不合理的非对人管辖权，因此，许可有限出庭的机会将会很少。[29] 如果非对人管辖权是合理的，那么可能期望的对人管辖权也会是合理的，从而使有限出庭不可行。[30] 但是，如同在扣押管辖权案件中没有其他美国法院可选择时的某些情形一样，将赔偿责任限定于财产是合理的而不限制对人赔偿责任是不合理的此类情形也

28　见《判决重述（第二次）》第 9 条（1982 年）；I. 丹尼尔·小斯图尔特（I. Daniel Stewart，Jr.）的评注："有限出庭"（Limited Appearances），载《犹他法律评论》第 7 期，自第 369 页开始（1961 年）。

29　见《判决重述（第二次）》第 8 条 g 项评论（1982 年）。

30　见，如坎贝尔诉默多克案（*Campbell v. Murdock*），《联邦补充案例汇编》第 90 条，自第 297 页开始（俄亥俄州北区联邦地区法院 1950 年）。

很少，因此，法院应该许可有限出庭。[31]

那么，被告一开始就必须明确有限出庭的意图。如果法院许可有限出庭，则被告可以充分地参与诉讼。如果对案件事实的辩解胜诉，则被告就达到了保护该财产的目的。如果对案件事实的辩解败诉，则该财产就会丧失，但被告个人对由此产生的判决不会承担责任。也就是说，该财产将会用于满足原告的请求，但被告不对不足部分负责。

即使在有限出庭后，原告也可以以单独的诉讼形式或者以对人诉讼形式或者以准对物诉讼形式再次起诉被告。即使当事人对该请求进行了激烈地和彻底地争辩，前诉判决对该请求仍不具有合并或阻止效力。它的意图仅仅是裁决原告在该财产中的利益。

现在，我们遇到了一个棘手的问题。子类型二中通过有限出庭对案件事实进行辩解后作出的准对物诉讼判决，具有争点排除效力吗？按照权威说法，这是一个“疑难和有争议的”（close）问题。[32] 不同法院对此表达了不同的观点。[33]
202 《判决重述（第一次）》似乎采取了矛盾的观点。[34] 从本质上说，问题在于争点排除是否被视为与有限出庭的现代观念存在矛盾，或者争点排除是否只对作出判决所必要的那些争点要求得到充分和公正地争讼。

如果后者观点正确，则有限出庭后作出的判决应该被给予争点排除效力，即使请求排除效力应该被否决。《判决重述（第二次）》赞成这样一种观点，即准对物判决应该对被告通过有限出庭争讼过的争点具有争点排除效力，但没有

---

31 见，如萨蒙福尔斯制造公司诉美联轮胎橡胶公司案（*Salmon Falls Mfg. Co. v. Midland Tire & Rubber Co.*），《联邦案例汇编》第 285 期，自第 214 页开始（第六巡回法院 1922 年）；切希尔国家银行诉杰恩斯案（*Cheshire Nat'l Bank v. Jaynes*），《西北区案例汇编》第 112 期，自第 500 页开始（马萨诸塞州最高法院 1916 年）。

32 《判决重述（第二次）》第 32 条第 3 款 d 项评论（1982 年）；参见查尔斯·艾伦·赖特（Charles Alan Wright）、亚瑟·R. 米勒（Arthur R. Miller）、爱德华·H. 库珀（Edward H. Cooper）：《联邦诉讼实践与程序》第 18 卷第 4431 条，第 298 页（1981 年）。

33 比较：切希尔国家银行诉杰恩斯案［（*Cheshire Nat'l Bank v. Jaynes*），《东北区案例汇编》第 112 期，自第 500、502 页开始（马萨诸塞州最高法院 1916 年）］与美国诉巴拉诺夫斯基案［（*United States v. Balanovski*），《联邦案例汇编》第 2 辑第 236 期，自第 298、302 页开始（第二巡回法院 1956 年）］。

34 比较：《判决重述（第二次）》第 40 条 a 项评论［（1942 年）（在不具有对人管辖权而被告对请求提出争辩情形下不存在间接禁反言）］与《判决重述（第二次）》第 76 条第（2）款，c 项评论［（1942 年）（适用于实际争讼问题的间接不容否认）］。

引用任何判决加以支持。[35]相反，在不能行使对人管辖权的法院作出的判决中，对被告任何不公平的行为，将转化成裁决其是否有充分、公平的诉讼机会。当然，根据《判决重述（第二次）》，此属于争点排除的一般性例外。申请该例外的诉讼费用很昂贵。实际上，该例外可能破坏了这里的规则，因为有限出庭应当只允许存在于宪法上不适合行使对人管辖权的法院中。因此，《判决重述（第二次）》最终的观点不是很明确。

给予争点排除效力会极大地降低有限出庭作为一种阻止滥用准对物程序的手段的价值。的确，给予争点排除效力从根本上说与有限出庭的本质发生冲突。有限出庭的目的是许可诉讼而不裁决基础性的对人请求，也就是把保护财产的风险限制于财产的价值范围内。因为在扣押请求和基本的对人请求中争点是相同的，因此，在此种特有的环境中有限出庭的目的就与许可争点排除发生了冲突。一方面，败诉被告将无法从具有争点排除效力的有限出庭中获益，因为原告可以再次起诉，并且几乎自动地通过争点排除而胜诉——毕竟被告出庭的结果并不如同我们期盼的那样仅限于非对人诉讼程序。另一方面，具有争点排除效力的有限出庭将给胜诉被告带来一笔小小的意外收获，即只在直接冒着财产风险的情况下阻止整个请求。[36]

此外，只有在法院行使对人管辖权在宪法上不合理之时，有限出庭才应该 203
是可行的。由于最近关于有限出庭导致争点排除效力证明案件的缺失，因此，这意味着整个辩论围绕一种非常罕见的情形进行。这也意味着适用争点排除会经常涉及使法院的判决具有对人效力，而依据宪法，该法院本不能受理基础性的对人请求。因为案件事实争点在适当的扣押请求与不适当的对人请求中是相同的，因此，在所有的诉讼中，只有此处对某请求管辖不合理的裁决未能阻止对该请求争点进行诉讼。同时，只有在扣押管辖权中的有限出庭而不是在其他非对人管辖权中的有限出庭，才需要适用争点排除特殊的一揽子例外规定。[37]

现在讨论在对人管辖权基于宪法存在时使用扣押管辖权和自由授予有限出

---

35 见《判决重述（第二次）》第 32 条第（3）款（1982 年）。

36 见“法律的发展情况——既判力”（Developments in the Law—Res Judicata），载《哈佛法律评论》第 65 期，自第 818、835 页开始（1952 年）。

37 见米尼齐洛诉罗森伯格案（*Minichiello v. Rosenberg*），《联邦案例汇编》第 2 辑第 410 期，自第 106、112 页开始（第二巡回法院 1968 年），经全院法官重审维持原判（aff'd on reh'g en banc），《联邦案例汇编》第 2 辑第 410 期，自第 117 页开始（第二巡回法院 1969 年）。

庭的情形。当对人管辖权合理时，在有限出庭之后再行争讼可取吗？当然不可取。但是，此种情形下，该如何阻止再行争讼呢？我们的选择是，要么为被告提供有限出庭，然后在后诉中出庭几乎不受限制而适用令被告感到诉讼突袭的争点排除，要么一开始就否认有限出庭以便坦率地指出被告所面临的风险和避免重复诉讼的必要性。较好的选择是显而易见的。在没有获得排除情况下争讼案件事实会造成浪费，解决此种浪费的方法，应该是每当公正并不要求之时就否决有限出庭——而不是以不合逻辑和不公正的方式排除有限出庭。的确，最近的大多数案件采取的是否认有限出庭这种可取的路径。

总之，虽然存在分歧，但较可取的观点是按照有限出庭，准对物管辖权中子类型二下的裁判，除了裁决事物中的权益外，不应该具有任何既判效力，因此也不具有争点排除效力。[38]

三、非民事判决

204 此处的问题是假定某刑事判决是有效的终局判决，该刑事判决在之后的民事诉讼中具有什么排除效力。

现在人们普遍认为，刑事判决被视为在随后的民事诉讼中会产生正常的争点排除效力。因此，被判有罪的被告通常要受实际上已经争讼和裁决过的必要争点的约束，除非存在刑事犯罪微不足道以至于剥夺被告有提起诉讼的充分动机的此种例外情况。然而，政府几乎不会受无罪判决约束，因为争点排除例外（例如，更有利的说服负担）几乎总是被适用。[39]

既判力与适用于刑事案件中的双重危险原则之间的异同已经在第二章第一节中讨论过。刑事案件中裁判的事项也可能与之后的民事诉讼相关。在此种民事案件中，请求排除没有作用。但在民事诉讼中，有关刑事判决争点排除效力的问题可能会出现。

以通过审理政府宣判 D 犯有对政府大楼纵火罪为例。政府之后就该建筑的

---

38 见亚瑟·T. 冯·梅伦、唐纳德·T. 特劳特曼（Arthur T. von Mehren & Donald T. Trautman）：“裁判管辖权：建议性分析”（Jurisdiction to Adjudicate：A Suggested Analysis），载《哈佛法律评论》第 79 期，自第 1121、1139 页开始和注释 38（1966 年）；额内斯特·L. 思赤米德尔（Ernest L. Schmider）的评注：“有限出庭与争点排除：重新设置陷阱吗？”（Limited Appearances and Issue Preclusion：Resetting the Trap？），载《康奈尔法律评论》第 66 期，自第 595 页开始（1981 年）。

39 参见《判决重述（第二次）》第 85 条（1982 年）。

损害对D提起民事诉讼。D就共同争点应受排除约束吗？是的。

除了这个简单例子外，即便当所涉争点相同时，仍有两个因素限制了刑事判决在之后民事诉讼中的争点排除效力。一个因素是相互性原则，因为后诉经常涉及一些新当事人代替政府。另一个因素是刑事诉讼程序与民事诉讼程序所要求的证明标准不同。当然，自布拉哈德案起，相互性原则的重要性减弱了，但是证明标准仍然是一个严格的限制因素。

随着相互性原则的衰落，接下来前诉的非当事人就可以主张以刑事有罪判决为基础的争点排除。大多数法院接受此种主张。[40] 其他法院则一直适用相互性规则，从而否认有利于前诉非当事人的争点排除。正如实施纵火后试图获得保险那样，只有在以前被判有罪的当事人在民事诉讼中寻求从其犯罪中获益时，205
中间极少数法院才愿意许可有利于非当事人的争点排除。[41]

由于不同的证明标准，宣告无罪判决几乎不在之后民事诉讼中具有争点排除的效力。奥伦塔尔·詹姆斯·辛普森（O. J.Simpson）不可能在之后受害人家庭对其提起的民事诉讼中使用其无罪判决。即使在当事人仍然相同（即政府与前诉被告）并由此不存在案外人或相互性问题的情况下，宣告无罪判决通常也意味着政府没有排除合理怀疑地确立存在定罪所需要的一个或多个事实。这并不一定意味着政府不能在民事诉讼中就相同争点满足较低的证明标准。因此，因谋杀丈夫罪名被宣判无罪的一位寡妇，在其之后请求政府人寿保险受益案件中不能对她就是否杀害丈夫的争点适用争点排除。[42] 此外，无罪判决通常意味着政府无权提出上诉，对争点排除提出单独的主张。

相反，有罪判决依据的是对犯罪所有要素排除合理怀疑的证明。如果这一高标准的证明得到满足，则更有理由说通常证据优势的民事证明标准得到了满足。关于按照较低证明标准判定次要争点问题，例如驳回审前排除证据动议，争点排除可以适用。如果相同争点出现在民事诉讼中，其实际上已经争讼和裁决过且是定罪所必需的，则适用争点排除是适当的。在之后民事诉讼中给予有

40　见，如泰特尔鲍姆皮草有限公司诉道明尼保险公司案（*Teitelbaum Furs, Inc. v. Dominion Ins. Co.*），《太平洋区案例汇编》第375期，自第439页开始（加利福尼亚州最高法院1962年）。

41　见艾伦·D. 维斯塔（Allan D. Vestal）：《既判力 / 排除》第378—382页（1969年）。

42　伯恩斯诉美国案（*Burns v. United States*），《联邦案例汇编》第200期，自第106页开始（第四巡回法院1952年）；见一批祖母绿切割石诉美国案（*One Lot Emerald Cut Stones v. United States*），《合众国案例汇编》第409期，自第232、235页开始（1972年）。

罪判决间接禁反言效力的唯一障碍是，通常适用于争点排除的那些例外。正是通过这些例外，法院才考虑作为刑事被告的此种策略上和程序上的劣势，包括指定的被告辩护人可能不热心、有限的证据开示程序、偏见的环境以及不愿出庭作证。这些可能构成对共同争点缺乏充分和公正的机会进行争讼。[43]

206 经常出现这些问题的一个领域涉及的是，被定罪的被告之后向政府寻求救济。当随后的诉讼属于间接攻击某一有罪判决的人身保护令程序（a habeas corpus proceeding）时，一些特殊的考虑是有意义的。既判力原理历来被视为不能适用于人身保护令程序，因为人身保护令程序具有免除非法监禁的独特目的。[44] 美国最高法院专门宣布既判力不能适用于联邦法院的人身保护令。[45] 因此，即使在联邦人身保护令程序中提出的争点在最初的州诉讼中争讼过，在某些情况下它们仍然可被再行争讼。许可重复争讼的情况不是由既判力一般原则决定的，而是由一套独立和复杂的法定的裁决性人身保护法体系决定的，[46] 该法在最近几年变得越来越敌视重诉。[47]

然而，人身保护令并非对州违宪定罪的唯一联邦救济。《美国法典》第 42 编第 1983 条所确立的《联邦民权法案》对假借州法律剥夺《联邦宪法》保护的权利、特权以及豁免规定了禁令、宣告和损害赔偿救济。宪法性权利、特权以及豁免在州刑事侦查和起诉中可能受到侵害。因此，针对州官员的行为，刑事被告可以根据第 1983 条规定，提出损害赔偿请求或其他救济。然而，相同的行为有时可作为防御手段或作为排除证据的理由在州法院刑事诉讼中提出。例如，

43　参见查尔斯·艾伦·赖特（Charles Alan Wright）、亚瑟·R. 米勒（Arthur R. Miller）、爱德华·H. 库珀（Edward H. Cooper）：《联邦诉讼实践与程序》第 18 卷第 4471 条（1981 年和补编 1999 年）；乔纳森·C. 涛（Jonathan C. Thau）：“间接禁反言与刑事裁判的可信度：刑事和民事诉讼的理论、实践与策略性含义”（Collateral Estoppel and the Reliability of Criminal Determinations：Theoretical，Practical，and Strategic Implications for Criminal and Civil litigation），载《乔治敦法律期刊》第 70 期，自第 1079 页开始（1982 年）。

44　见罗纳德·P. 索科尔（Ronald P. Sokol）：《联邦人身保护令》（*Federal Habeas Corpus*），自第 157 页开始（1969 年第 2 版）。

45　菲伊诉诺伊阿案（*Fay v. Noia*），《合众国案例汇编》第 372 期，自第 391、423 页开始（1963 年）。

46　见“法律的发展——联邦人身保护令”（Developments in the Law—Federal Habeas Corpus），载《哈佛法律评论》第 83 期，自第 1038 页开始（1970 年）。

47　参见查尔斯·艾伦·赖特（Charles Alan Wright）、亚瑟·R. 米勒（Arthur R. Miller）、爱德华·H. 库珀（Edward H. Cooper）：《联邦诉讼实践与程序》第 17 卷 A 第 4409—4267 条，第 77—80 页（1981 年和补编 1999 年第 2 版）。

在被告家庭中实施的非法搜查和扣押行为可以为通过此搜查获得的任何证据从州法院审理中予以排除提供依据，但也可以根据第 1983 条为提起损害赔偿诉讼提供依据。

如果争点在州刑事诉讼中提出并且作出了裁决，根据第 1983 条，该争点在之后进行的联邦诉讼中提出时会被排除吗？与人身保护令案件表达的立场不同，最高法院认为，既判力完全可以适用于根据第 1983 条提起的联邦民事权利诉 207
讼。[48] 针对这一结论存在很多争论，但是最高法院对争论全然不顾，而用真正的热情接受了既判力。除非被告不能充分和公正地在州刑事诉讼中争讼其所享有的宪法性权利，否则他会在之后的联邦民事诉讼中被间接地禁止对该争点进行争讼。人身保护令在某些情况下是可以获得的，并且在最高法院对州法院作出的联邦宪法性法律裁决进行上诉复审在理论上是可能的，但这些途径并不总是公开的。因此，被告可能根本无法获得联邦法院对联邦宪法性争点的裁决。[49]

（一）认罪答辩

一方面，因为认罪答辩（guilty plea）意味着这些争点实际上并未争讼和裁决，因此，通常越来越公认的观点是据此作出的定罪不会产生争点排除。[50] 然而，确实有很多法院坚持屈服于试图排除认罪答辩所认可争点的诱惑。[51]

另一方面，此种答辩本身通常在证据上作为一种自认在之后的民事诉讼中是可采纳的。它也可能在之后的民事诉讼中公平合理地阻止被告采取不一致的立场。

（二）作为证据的有罪判决

争点排除问题有时与前诉判决中作为必须裁决的争点证据的可采纳性问题

48　艾伦诉麦柯利案（*Allen v. McCurry*），《合众国案例汇编》第 449 期，自第 90 页开始（1980 年）。

49　参见查尔斯·艾伦·赖特（Charles Alan Wright）、亚瑟·R. 米勒（Arthur R. Miller）、爱德华·H. 库珀（Edward H. Cooper）：《联邦诉讼实践与程序》第 18 卷第 4471 条，第 77—80 页（补编 1999 年）。

50　见哈林诉普柔塞斯案（*Haring v. Prosise*），《合众国案例汇编》第 462 期，自第 306 页开始（1983 年）；大卫·L. 夏皮罗（David L. Shapiro）："认罪答辩应该具有排除效力吗？"（Should a Guilty Plea Have Preclusive Effect？），载《爱荷华法律评论》第 70 期，自第 27 页开始（1984 年）。

51　参见查尔斯·艾伦·赖特（Charles Alan Wright）、亚瑟·R. 米勒（Arthur R. Miller）、爱德华·H. 库珀（Edward H. Cooper）：《联邦诉讼实践与程序》第 18 卷第 4474 条，第 759—761 页（1981 年）。

发生混淆。回顾一下，根据传闻规则（hearsay rule），通常情况下判决是不可采纳的。[52] 然而，应该注意的是有些司法管辖区采取的是特殊的传闻例外规则。[53]
208 此种例外规则通过审理或认罪答辩，使得对某种严重罪行作出定罪的任何至关重要的事实争点成为可以采纳的证据。此种妥协的方法代表了一种认可，即在刑事案件中，说服和其他保护的沉重负担有理由证明有罪判决在之后民事案件中至少具有一定的效力是合理的，即使不是排除效力。

（三）不辩护也不认罪的答辩

此种答辩和由此产生的定罪在随之的民事诉讼中不具有任何排除效力或证据效力。它只是“不争辩”的一种方法。

四、非司法程序

此处的问题是假定非司法裁决是有效的终局裁决，其在之后的民事诉讼中具有什么样的请求和争点排除效力。

（一）行政性裁判

既判力是司法程序的产物。它不适用于立法或者行政性裁决（executive determinations）。此处的问题涉及的是既判力在多大程度上适用于那些被称为行政机构或裁判所的混合机构所作出的裁决。

由行政裁判所作出的裁判被视为法院的判决，除非没有使用司法裁决的基本要素或者除非立法政策支持重复争讼。[54]

有大量的判例似乎直截了当地宣布既判力不适用于行政机关裁决。[55] 然而，今天人们似乎普遍认为，有的行政机构的一些裁决将不仅被其他行政裁判所赋予排除效力，而且也由法院赋予排除效力。最高法院曾经认为：“在行政机关以司法身份行事且在各方当事人有足够机会提起诉讼之前妥善地解决有争议的事

---

52 见第二章第三部分。

53 见，如《联邦证据规则》第 803 条第（22）款。

54 参见《判决重述（第二次）》第 83 条（1982 年）。

55 见，如皮尔森诉威廉姆斯案（*Pearson v. Williams*），《合众国案例汇编》第 202 期，自第 281 页开始（1906 年）；沃伯顿诉沃肯廷案（*Warburton v. Warkentin*），《太平洋区案例汇编》第 2 辑第 345 期，自第 992 页开始（堪萨斯州最高法院 1959 年）。

实问题时，法院毫不犹豫地适用既判力来执行除斥期间。”[56]

为了裁决争点排除何时适用于行政机关作出的裁决，有必要考虑特定的裁决和条件，特别是作出该裁决时的程序性环境。对该机关在行使其制定规则职能过程中发现的事实，不会被给予排除效力。但是，当行政职能包括以对抗程序为媒介，按照既定程序查明历史事实并确定其法律意义时，该机关本质上是在从事司法行为。它作出的裁决与法院作出的裁决一样对当事人具有约束力。 209

本质上，排除规则取决于受约束的当事人是否有充分和公平的机会以自己选择的方式陈述案件，以及除程序公正之外是否有任何实质性理由来证明重复诉讼是合理的。当然，如果行政机关处理案件的程序不同于司法程序，则排除可能是不适当的；有关证据自认的不同规则、使用强制性程序强制提供证据和证人以及审理模式都与此方面相关。一般来说，当事人有权要求对行政裁决进行司法复审，这通常是排除所要求的；酌情拒绝对行政裁决这种直接司法审查是决定该事项是否应在后诉中被排除时应该考虑的一个因素。[57]

（二）仲裁裁决

仲裁裁决普遍被视为法院判决，其通常具有请求排除效力和争点排除效力，除非司法裁决的基本要素未被使用或者除非立法政策或者合同条款支持重复争讼。[58]

从技术上看，虽然既判力仅仅是具有法院判决或行政法庭裁决的一种属性，但许多判例认为，仲裁庭作出的不论是有利于还是不利于权利人的裁决都同样具有既判力。[59]

在有些但并非所有的此类案件中，裁决得到了司法上的确认（judicially confirmed）。由于未经确认的仲裁裁决的权威来自当事人协议而非主权行为，因此可以推断出来，其既判力取决于当事人的意图。[60]然而，最近的大多数案件 210

56　美国诉犹他州建筑和采矿公司案（*United States v. Utah Constr. & Mining Co.*），《合众国案例汇编》第 384 期，自第 394、422 页开始（1966 年）。

57　参见查尔斯·艾伦·赖特（Charles Alan Wright）、亚瑟·R. 米勒（Arthur R. Miller）、爱德华·H. 库珀（Edward H. Cooper）：《联邦诉讼实践与程序》第 18 卷第 4475 条，第 762—770 页（1981 年）。

58　参见《判决重述（第二次）》第 84 条（1982 年）。

59　见 A. C. 弗里曼（A. C.Freeman）撰写的《裁判法专论》（*A Treatise of the Law of Judgments*）第 2 卷，第 1339—1341 页（1925 年第 5 版）。

60　见艾伦·D. 维斯塔（Allan D. Vestal）：《既判力 / 排除》，自第 233 页开始（1969 年）。

似乎并不把这个问题视为当事人的意图。[61] 事实上，在有些司法管辖区或在某些行业中，可能存在一种在没有当事人相反意思表示时赞成适用既判力的推定（presumption in favor of res judicata）。

根据某种理论，仲裁裁决经常以某种方式享有既判力。哪种既判力？相对而言，请求排除有可靠的理由，因为仲裁通常产生彻底地结束争议的效果。当事人可能同意仲裁的想法是，它会产生有约束力的结果。相反，建立在仲裁者随心所欲地作出裁决基础上的争点排除经常是不适当的，因此法院更谨慎。当事人在同意仲裁时可能根本没有考虑过争点排除。[62]

---

61 见，例如海外汽车公司诉进口汽车公司案（*Overseas Motors, Inc. v. Import Motors Ltd.*），《联邦补充案例汇编》第 375 期，自第 499 页开始（密歇根东区联邦地区法院 1974 年），维持原判，《联邦案例汇编》第 2 辑第 519 期，自第 119 页开始（第六巡回法院 1975 年）。

62 参见查尔斯·艾伦·赖特（Charles Alan Wright）、亚瑟·R. 米勒（Arthur R. Miller）、爱德华·H. 库珀（Edward H. Cooper）：《联邦诉讼实践与程序》第 18 卷第 4475 条，第 770—772 页（1981 年）。

第十章　非域内判决

一、总则

此处的问题是不同司法系统内的判决，在之后的民事诉讼中应该享有何种 211
待遇。在某州或某国作出的判决经常会对另一个州或国家的法院进行的诉讼产生影响。例如，在某司法管辖区获得判决的原告，可能希望对被告或被告在另一司法管辖区的财产执行判决。在此情形下，原告可以请求第二个司法管辖区（F-2）法院执行第一个司法管辖区（F-1）法院的判决。历史上，此种救济要求原告依据该判决在 F-2 法院提起诉讼以实现对该判决的执行，[1] 除非有些制定法规定更加简易的执行程序（summary enforcement procedure）。

执行并不是请求 F-2 司法管辖区法院给予 F-1 司法管辖区法院判决的唯一效力。如果当事人以前在 F-1 司法管辖区法院对 F-2 司法管辖区法院诉讼中所涉及的请求争讼过，则 F-2 司法管辖区法院可能会被请求承认 F-1 司法管辖区法院作出判决所具有的合并或阻止效力。如果当事人以前在 F-1 司法管辖区法院对 F-2 司法管辖区法院诉讼中所涉及的一些争点争讼过，则 F-2 司法管辖区法院可能会被请求承认 F-1 司法管辖区法院作出的判决具有争点排除效力。因此，对非本州判决的承认涉及根据既判力法将效力给予此类判决，而既判力法一直是本书的主题。的确，承认是执行的前提条件。

本章的主题是法院判决。未经司法复查的行政裁决和未经司法确认的仲
裁裁决常常在不同司法管辖区法院获得尊重。但是，此种尊重通常来自 F-2 司 212
法管辖区法院的冲突法原则：作为礼让（comity），F-2 司法管辖区的法院可以选择授予其效力。然而，不存在对这些非法院判决给予充分的信任和尊重的

1　见第六章第一部分第（二）目第一项。

一般义务。[2]

总之，本章将涉及美国法院对非本州判决的承认和执行范围。它会真正地把外国判决与美国的非本州判决分开处理——就这些美国判决而言，它将依次涉及在州法院或联邦法院提出的所有州和联邦判决的四种组合。但是，首先，此处需要对判决承认和执行的一般原则进行简要说明。本章将最终解释和证明这些一般原则适用于所有的不同场景：

（一）承认

根据既判力原则，法院将会承认有效的终局性非本州判决或赋予其效力。

当后诉法院面临前诉判决是否有效和终局的问题时，其适用作出判决的法院所适用的法律——当然，这应服从适当的外在限制，诸如正当程序和其他强制施加的并成为州法律组成部分的联邦规定。在后诉法院面对以前诉判决为基础的既判力范围问题时，其同样适用作出判决的法院所适用的法律，包括适当的外在限制。对待判决的基本方法是“回顾”（retroverse），意思是回头思考作出判决的法院对自己判决的观点。后诉法院让前诉法院的法律决定它最终裁判的内容。

（二）执行

后诉法院执行获得承认的判决。

就执行方法而言，后诉法院适用其自己的法律。然而，法律服从于联邦的要
213 求，即方法不应过于复杂或昂贵以免对非本州美国判决的执行造成不应有的负担。

二、美国法院的判决

当判决来自另一个美国法院时，处理非本州判决的上述规则在很大程度上是美国法院的强制性规定。这些规则有助于我们认识到一个统一国家的好处。“充分的信任与尊重的生动目的……是‘改变几个州作为独立外国主权国家的状

2 参见田纳西州大学诉艾略特案（*University of Tenn. v. Elliott*），《合众国案例汇编》第 478 期，自第 788 页开始（1986 年）（提议一些州行政性裁决尽管不属于适用于联邦法院的《美国法典》第 28 编第 1738 条的规定，但符合适用于州法院的“充分信任和尊重条款”的范畴）；见苏珊·班兹（Susan Bandes）、劳伦斯·B. 索伦（Lawrence B. Solum）：《摩尔论联邦诉讼实践》第 18 卷，第 130 条第 60—66 款（1999 年第 3 版）（首先讨论《1958 年联合国承认及执行外国仲裁裁决公约》）。

态，即每个州对其他州依据法律或其他州司法程序创设的义务可自由地视而不见，并使其成为单一国家的必不可少的组成部分，由此以合理义务为依据的救济可能被要求作为权利而不考虑其渊源’。”[3]

（一）州判决

1. 州—州

在前诉判决由某一州法院作出而后诉在另一个州法院提起的情况下，《联邦宪法》规定的充分信任与尊重条款要求后诉法院给予此有效、终局判决与作出判决的州所在法院享有相同效力。[4]

承认（Recognition）。普遍的观点是充分的信任与尊重要求后诉法院给予非本州判决的效力，既不能比作出判决的州的效力多也不能比其少，更确切地说是同样的效力，即使该判决是错误的或者违反地方公共政策。

充分的信任与尊重规则（Rule of Full Faith and Credit）。《美国宪法》第1章第4条规定的充分的信任与尊重条款只是规定“各州对其他各州的公共法案、案卷以及司法程序应该给予充分的信任与尊重”。当然，该条款要求F-2司法管辖区法院给予F-1司法管辖区法院作出的有效和终局判决“最低程度的既判效力”与其在F-1司法管辖区法院具有的既判力一样。[5]无人主张说，F-2司法管辖区法院可以给予F-1司法管辖区法院判决少于其在F-1司法管辖区所具有的效力。但是，如果政策许可，F-2法院可否给予F-1法院判决比其在F-1司法管辖区更多的效力，目前还没有明确的答案。法官杰克逊（Jackson）在一篇著名的文章中 214
认为，F-2司法管辖区法院能做的是：“各州依据其自愿性规则，在依照宪法不能这样做的情况下可以扩大承认……”[6]相反，大多数权威主张，基于充分的信任与

3　贝克诉通用汽车公司案（*Baker v. General Motors Corp.*），《合众国案例汇编》第522期，自第222、232页开始（1998年）[（引证密尔瓦基县诉M. E.怀特公司案）（*quoting Milwaukee County v. M. E. White Co.*），《合众国案例汇编》第296期，自第268、277页开始（1935年）]。

4　见《判决重述（第二次）》第93、100条（1971年）。

5　德非诉杜克案（*Durfee v. Duke*），《合众国案例汇编》第375期，自第106、109页开始（1963年）。

6　罗伯特·H.杰克逊（Robert H. Jackson）：“充分信任与尊重——宪法中的律师条款”（Full Faith and Credit—The Lawyer's Clause of the Constitution），载《哥伦比亚法律评论》第45期，自第1、30页开始（1945年）；见罗伯特·C.卡萨德（Robert C. Casad）：“系统内的争点排除和《判决重述（第二次）》”[Intersystem Issue Preclusion and the Restatement (Second) of Judgments]，载《康奈尔法律评论》第66期，自第510、521—523页开始（1981年）。

尊重对判决的承认意味着给予该判决“与其在作出判决的州相同的效力”。[7]

一方面，支持给予更多效力的主张是这样适用的。假定 F-1 司法管辖区法院作出的判决是有效和终局性的，则 F-1 司法管辖区法院既判力规则基于讨论的情形允许提出请求或对争点重新争讼，F-2 司法管辖区法院的规则不允许重复争讼，F-2 司法管辖区法院既判力规则在适用在 F-2 司法管辖区法院作出的判决时不会超越正当程序或其他此类宪法性限制。如果 F-2 司法管辖区法院与 F-1 司法管辖区法院诉讼所涉及的当事人或事件有重大联系，且如果重复争讼发生在 F-2 司法管辖区法院，则推定 F-2 司法管辖区法院有权自由根据可适用的实体法和程序法处理该诉讼。如果 F-2 司法管辖区法院与该诉讼有充分的联系以至于许可将其实体法适用于该请求或争点而没有违反正当程序或充分的信任与尊重条款，[8]则它似乎就有充分的联系把其既判力法适用于以前在 F-1 司法管辖区法院争讼过的、与 F-2 司法管辖区诉讼中相关的请求或争点。因此，适用 F-2 司法管辖区法院广义的排除规则按理说是允许的。当然，F-2 司法管辖区法院在避免重复诉讼带来的负担方面具有利益。

另一方面，如果 F-2 司法管辖区法院把请求排除或者争点排除效力给予 F-1 司法管辖区法院作出的判决，则其结果就是该判决成为一个有资格在其他每个州获得既判效力和充分的信任与尊重的新判决——甚至在 F-1 司法管辖区。F-2 司法管辖区法院适用自己更广泛的既判力标准所产生的效力，可能会极大地改
215 变 F-1 司法管辖区法院裁判的效力。[9] 例如，如果 F-2 司法管辖区法院认为 F-1 司法管辖区法院作出的判决是对该请求提起后诉的阻止，则 F-2 司法管辖区法院作出的判决会阻止对该请求进行重新争讼，即便依据 F-1 司法管辖区规则并不阻止这么做。如果 F-2 司法管辖区法院根据 F-1 司法管辖区规则，对未被视

---

7 《冲突法重述（第二次）》对第五章主题二的说明，第 277 页（1971 年）；见同上，第 93 条 b 项评论；农田乳品厂诉巴尔博案（*Farmland Dairies v. Barber*），《东北区案例汇编》第 2 辑第 478 期，自第 1314 页开始（纽约州最高法院 1985 年）；芭芭拉·安·阿特伍德（Barbara Ann Atwood）：“联邦诉讼中的州法院判决：勾勒充分信任和尊重的轮廓”（State Court Judgments in Federal Litigation：Mapping the Contours of Full Faith and Credit），载《印第安那法律期刊》第 58 期，自第 59、69 页开始和注释 54（1982 年）。

8 见好事达保险公司诉海牙案（*Allstate Ins. Co. v. Hague*），《合众国案例汇编》第 449 期，自第 302 页开始（1981 年）；家庭保险公司诉迪克案（*Home Ins. Co. v. Dick*），《合众国案例汇编》第 281 期，自第 397 页开始（1930 年）。

9 见罗氏公司诉麦当劳案（*Roche v. McDonald*），《合众国案例汇编》第 275 期，自第 449 页开始（1928 年）。

为最终性裁决的争点，排除了对其进行重新争讼，则类似永久性的效力就可能产生。值得注意的是，F-1 司法管辖区法院没有对称权力给予 F-2 司法管辖区法院的判决效力低于其在 F-2 司法管辖区具有的效力。因此，F-2 司法管辖区法院适用其自己既判力法对 F-1 司法管辖区法院具有重要的影响。当然，F-1 司法管辖区法院在明确规定自己判决的效力中具有重要的实体性和程序性利益。F-2 司法管辖区法院在避免重诉中的利益，按理说不足以证明此种对 F-1 司法管辖区法院利益的影响是合理的。

然而，更关键的是平衡两州利益。解决此问题的方法是回到充分信任与尊重条款的目的上。它意味着把司法上统一国家的好处给予了我们。不论个人随后设法在广义还是狭义既判力州起诉，F-1 司法管辖区法院在全国范围的效力应该是相同的。另外，公正性表明在 F-1 司法管辖区，诉讼的当事人知道什么是紧要的以及判决在国内任何地方意味着什么。[10]

更基本的问题是，既判力是一个详细规定（specifies）判决裁决了什么（what a judgment decides）和没有裁决什么（what it does not decide）的法律。判决没有裁决的内容与其裁决的内容一样重要。既判力界定了判决的界限，该界限是该判决的本质内容，要尊重某一判决需要尊重其界限。对 F-2 司法管辖区法院而言，给予 F-1 司法管辖区法院判决内容的尊重超过 F-1 司法管辖区法院给予的尊重——而不是相同的尊重——必然意味着 F-2 司法管辖区法院对判决界限的尊重度较低。因此，充分的信任与尊重条款要求必须给予判决内容及其界限的效力与判决作出的州所给予的效力相同。

最后，应该注意的是《美国法典》第 28 编第 1738 条本质上类似于 1790 年为了执行充分信任与尊重条款而通过的制定法，其规定了同样的尊重条款：“任何此类州、准州或属地的记录和司法程序……在合众国及其准州和属地内的每个法院应该与依法或者依照惯例在获得它们的州、准州或属地内法院具有相同 216
的充分信任与尊重。”该制定法因此阐明了如何理解该条款。

有效性（Validity）。州不得赋予无效判决以效力，这样做会违反正当程序。因此，只有有效的 F-1 司法管辖区法院判决才有权在 F-2 司法管辖区法院得到承认。有效性在此情形下通常意味着，F-1 司法管辖区法院必须曾经享有事物和地

10　见尼尔森诉亚当斯美国股份有限公司案（*Nelson v. Adams USA, Inc.*），《联邦最高法院案例汇编》第 120 期，自第 1579 页开始（2000 年）（正当程序问题）。

域管辖权，并且依据自己的标准和联邦正当程序标准给予过充分的通知。[11] 因此，F-1 司法管辖区判决在 F-2 司法管辖区的承认，可以通过表明 F-1 司法管辖区法院缺乏管辖权或轻视通知的此种间接攻击进行抵制。

F-2 司法管辖区法院针对根据此种间接攻击可以就涉及管辖权和通知的事实作出独立的裁决，除非在 F-1 司法管辖区法院诉讼中对那些争点的裁决是在赋予 F-1 司法管辖区法院的裁决具有既判效力的条件下作出的。[12] 如果 F-1 和 F-2 司法管辖区在当事人被阻止对有效争点重诉时规定了不同的裁决标准，则 F-1 司法管辖区的标准应该在 F-2 司法管辖区适用。

终局性（Finality）。同样，只有最终的 F-1 司法管辖区法院判决在 F-2 司法管辖区法院才有资格获得承认。终局性的有关标准就是 F-1 司法管辖区法律规定的那些标准。[13]

请求排除（Claim Preclusion）。F-1 司法管辖区法院的有效的终局性判决在 F-2 司法管辖区法院有资格就其请求排除效力获得承认。不考虑 F-1 司法管辖区法院判决是有利于原告合并还是有利于被告阻止。如果 F-1 司法管辖区法院和 F-2 司法管辖区法院适用不同标准裁决请求排除效力，则适用 F-1 司法管辖区法院当地法律。[14]

争点排除（Issue Preclusion）。充分信任与尊重也要求 F-2 司法管辖区法院将争点排除效力给予 F-1 司法管辖区法院判决中裁决过的事项。如果 F-1 司法管辖区法院的判决是有效的和终局的，则根据 F-1 司法管辖区的原则被禁止再行争讼的争点在 F-2 司法管辖区不得再行争讼。如果就争点排除效力问题 F-1 司法管辖区和 F-2 司法管辖区的法律之间存在差异，则 F-1 司法管辖区的法律规制所有问题，包括谁受争点排除约束和获益的问题。[15]

有观点认为，此特殊规则不具有宪法依据，因此在某些情况下，F-2 司法
217 管辖区法院有权适用自己广义的标准，这些标准涉及的是 F-1 司法管辖区法

11 见第十二章。

12 见第十三章。

13 见帕森斯钢铁公司诉第一亚拉巴马州银行案（*Parsons Steel, Inc. v. First Ala. Bank*），《合众国案例汇编》第 474 期，自第 518 页开始（1986 年），发回重审，《联邦案例汇编》第 2 辑第 825 期，自第 1475 页开始（第十一巡回法院 1987 年）；《冲突法重述（第二次）》第 107 条（1971 年）。

14 见《冲突法重述（第二次）》第 95 条（1971 年）（1988 年修订）。

15 《冲突法重述（第二次）》第 95 条，g 项评论（1971 年）（1988 年修订）。

院判决的争点排除所影响的争点和当事人。[16] 哈特诉美国航空公司案（*Hart v. American Airlines*）[17] 面临的问题是，纽约州法院可否在飞机失事诉讼中有效适用非相互进攻性间接禁反言规则，这一规则将许可针对航空公司主张争点排除规则以支持来自得克萨斯州的前诉判决中的非当事人。在得克萨斯州，相互性规则被广泛采用，因而此种前诉判决在那里就不具有争点排除效力。尽管如此，因为原告来自纽约，因此，纽约州这一审判级别的法院认为，纽约州对诉讼对象有充足的利益以保证适用其更广泛的排除规则。然而，如已经论证的那样，本书采取的立场是哈特案（*Hart*）的观点是有疑问的。但有些法院已经直接这样裁决了。[18]

充分信任与尊重的例外（Exceptions to Full Faith and Credit）。根据第二个州公共政策，不存在一般性例外。[19] 因此，基本请求违背 F-2 司法管辖区公共政策的此种事实——例如，赌博交易的请求——并不是对 F-1 司法管辖区法院就该请求作出的判决不予承认和执行的有效理由。[20]

---

16 例如保罗 · D. 卡林顿（Paul D. Carrington）："间接禁反言与外国判决"（Collateral Estoppel and Foreign Judgments），载《俄亥俄州法律期刊》第 24 期，自第 381 页开始（1963 年）；杰弗里 · E. 路易斯（Jeffrey E. Lewis）："冲突中的相互性——灵活性与充分信任和尊重"（Mutuality in Conflict—Flexibility and Full Faith and Credit），载《德瑞克法律评论》第 23 期，自第 364 页开始（1974 年）；评注："多州上诉中的间接禁反言"（Collateral Estoppel in Multistate Litigation），载《哥伦比亚法律评论》第 68 期，自第 1590 页开始（1968 年）；格雷戈里 · S. 格舍（Gregory S. Getschow）："评注：前诉中胜诉意味着在随后多州诉讼中得到州排除规则的认可"（Comment，If at First You Do Succeed：Recognition of State Preclusive Laws in Subsequent Multistate Actions），载《维拉诺瓦法律评论》第 35 期，自第 253、266 页开始（1990 年）（认可多数决原则有利于产生相同效力）（acknowledging that majority rule favors giving same effect）。

17 《纽约补充案例汇编》第 2 辑第 304 期，自第 810 页开始（最高法院 1969 年）（联邦—州的规定，尽管纽约法院忽略了前诉判决来源于得克萨斯州某一联邦法院的这一事实）(federal-state setting，although the New York court ignored the bearing of the fact that the prior judgment was from a federal court in Texas)；比较：威廉姆斯诉海洋运输公司案（*Williams v. Ocean Transp. Lines*），《联邦案例汇编》第 2 辑第 425 期，自第 1183 页开始（第三巡回法院 1970 年）（州—联邦的规制）。

18 例如哥伦比亚保险公司诉倍儿乐 FP 股份有限公司案（*Columbia Cas. Co. v. Playtex FP, Inc.*），《大西洋区案例汇编》第 2 辑第 584 期，自第 1214、1218 页开始（特拉华州最高法院 1991 年）（"此种结果明显与充分信任和尊重条款的目的和精神不一致"）。

19 见贝克诉通用汽车公司案（*Baker v. General Motors Corp.*），《合众国案例汇编》第 522 期，自第 222 页开始（1998 年）。

20 见方特勒罗伊诉拉姆案（*Fauntleroy v. Lum*），《合众国案例汇编》第 210 期，自第 230 页开始（1908 年）。

姐妹州（sister-state）的税收判决相应地有权在其他州获得承认和执行。[21] 刑事判决的地位则不太明确。虽然美国最高法院曾经宣布 F-1 司法管辖区法院的刑事判决不需要在 F-2 司法管辖区执行，但法院为此目的而对刑事的定义是相当狭窄的。[22] 从此种意义上说，对私人当事人（private party）[23] 惩罚性损害赔偿的判决很显然不是刑事的。[24] 只有在 F-1 判决是真的刑事判决时，也就是说，判决实际
218 上是由州对公共犯罪实施惩罚性罚款或其他惩罚时，也许 F-2 司法管辖区法院才能不予执行。[25]

因此，可能对部分或者所有的充分信任与尊重的要求不予适用，只存在于极端狭窄的例外情形，也即在 F-2 司法管辖区承认和执行会严重和不适当地影响 F-2 司法管辖区的重要利益，从而产生了反对此种承认和执行的全国性利益。将承认或执行判决所体现的这种国家利益与 F-2 司法管辖权这种地方上对基本权利的厌恶加以区别是需要的。适当例外的具体例子很少见：作出判决的州声称直接在第二个州转移土地所有权 [26] 或者在第二个州的法院进行诉讼。[27] 国会创建的例外是将同性婚姻从充分的信任与尊重条款中剔除的 1996 年的制定法 [28]（条款顺便明确地授权国会制定例外 [29]）。但是，即使在充分的信任与尊重条款不强迫承认或执行的情况下，第二个法院仍然可以基于礼让赋予判决效力。

州与州之间尊重判决的一个具有解释性但非常有争议的问题，产生于涉及

---

21 见密尔瓦基县诉 M. E. 怀特公司案（*Milwaukee County v. M. E. White Co.*），《合众国案例汇编》第 296 期，自第 268 页开始（1935 年）。

22 亨庭顿诉阿特里尔案（*Huntington v. Attrill*），《合众国案例汇编》第 146 期，自第 657 页开始（1892 年）（法官附带意见）。

23 译者注：私人当事人是指非政府当事人，其可能是个人，也可能是公司。

24 见詹姆斯—狄金森农产品抵押公司诉哈利案（*James-Dickinson Farm Mortgage Co. v. Harry*），《合众国案例汇编》第 273 期，自第 119 页开始（1927 年）。

25 见《冲突法重述（第二次）》第 120 条（1971 年）。

26 见福尔诉易斯庭案（*See Fall v. Eastin*），《合众国案例汇编》第 215 期，自第 1 页开始（1909 年）；《冲突法重述（第二次）》第 102 条，d 项评论（1971 年）。

27 见詹姆斯诉大干线西部铁路公司案（*James v. Grand Trunk W. R.R.*），《东北区案例汇编》，第 2 辑第 152 期，自第 858 页开始（伊利诺伊州最高法院 1958 年）；《冲突法重述（第二次）》第 103 条（1971 年）（1988 年修订）。

28 《美国法典》第 28 卷第 1738 条 C 款。

29 见布雷纳德·科里（Brainerd Currie）："主要对判决的充分信任和尊重：国会的角色"（Full Faith and Credit，Chiefly to Judgments：A Role for Congress），载《最高法院评论》第 1964 期，自第 89 页开始。

影响法院地州（F-1）以外其他州中土地的判决或法令。[30] 很早以前，最高法院认为，行使衡平权力并对当事人具有对人管辖权的法院可以签发法令，要求当事人一方在另一州转让土地。[31] 该法令不能对物实施强制执行，因为作出判决的法院对该物不具有管辖权。对拒绝按照命令执行转让的被告，法院可以通过行使藐视法庭行为的权力执行该法令。如果被告执行了该土地转让，那么被告不得在之后以转让受到胁迫而不是自由行为和契约为由在该财产所在地撤销。法院命令的"强迫"不支持撤销或取消。 219

然而，如果被告没有转让，则任何事情都能在土地所在地（F-2 司法管辖区）实现吗？在福尔诉易斯庭案（*Fall v. Eastin*）[32] 中，最高法院认为 F-2 司法管辖区法院没有义务把在 F-1 司法管辖区法院诉讼中胜诉的当事人认可为所有权人。该案件是一件奇怪的案件，其权威性受到了严重的质疑，且其确切的含义不清晰。[33] 麦肯纳（McKenna）法官所代表的多数意见，似乎不仅表明充分的信任与尊重不需要 F-2 司法管辖区法院给予 F-1 司法管辖区法院判决以对物效力，而且也不需要 F-2 司法管辖区法院承认任何争点排除效力。"该法令在华盛顿州给予的与在内布拉斯加州认可的作为证明确定产权的诉讼是合理的利益不同……"[34] 然而，法院毫无异议地注意到了俄亥俄州的一起案件，即该案件将俄亥俄州争点排除效力归于肯塔基州法令，该法令要求就俄亥俄州土地进行特定履行。因此，美国联邦最高法院似乎表明，F-2 司法管辖区法院可将争点排除效力给予 F-1 司法管辖区法院就 F-2 司法管辖区土地作出的判决，或者 F-2 司法管辖区法院可以按照其认为适当的方式拒绝这样做。

虽然福尔诉易斯庭案没有被推翻，但将争点排除的基本逻辑运用于与其他有效的对人判决有关的涉外土地法令时似乎是适当的。现代裁决的趋势是，在

30　参见拉塞尔·J. 温特劳布（Russell J. Weintraub）:《冲突法评述》，自第 412—460 页开始（1986 年第 3 版）；莫发德·汉考克（Moffatt Hancock）:"对不动产诉讼中外国法律和判决的充分信任和尊重：最高法院和土地禁忌"（Full Faith and Credit to Foreign Laws and Judgments in Real Property Litigation: The Supreme Court and the Land Taboo），载《斯坦福法律评论》第 18 期，自第 1299 页开始（1966 年）。

31　马西诉瓦茨案（*Massie v. Watts*），《合众国案例汇编》第 10 期（《克兰奇案例汇编》第 6 期），第 148 页（1810 年）。

32　《合众国案例汇编》第 215 期，自第 1 页开始（1909 年）。

33　见布雷纳德·科里（Brainerd Currie）:"对外国判决给予充分信任与尊重"（Full Faith and Credit to Foreign Land Decrees），载《芝加哥大学法律评论》第 21 期，自第 620 页开始（1954 年）。

34　《合众国案例汇编》第 215 期，第 14 页。

争点适宜排除情况下将争点排除效力给予与其他州土地有关的法令。一些法院甚至将此类裁决建立在充分信任与尊重需要该结果的主张基础上。目前，也许不能完全肯定地说，此类法令依照宪法有权获得承认其争点排除效力。但是，这样说正变得越来越稳妥了。[35] 事实上，最高法院最近就福尔诉易斯庭案作了这样的总结："因此，一个姐妹州关于另一州土地所有权的法令被认为不能有效地转让所有权（引用福尔诉易斯庭案），尽管此种法令可能的确排他性地裁决了在
220 涉外诉讼当事人之间适用的权利和义务……"[36]

执行（Enforcement）。虽然美国某一州法院的有效和终局性判决依照宪法，有权在另一个州法院获得承认和执行，但 F-2 司法管辖区法院要求对寻求在 F-2 司法管辖区执行 F-1 司法管辖区法院判决的当事人为此目的，要在 F-2 司法管辖区提起诉讼的做法并不违反充分的信任与尊重条款。[37]

的确，从历史上看，执行的一般方法是，原告根据前诉判决在 F-2 司法管辖区提起一个新诉并因此获得一个通常可以强制执行的本州判决。今天，联邦法律对于在一个联邦地区法院执行其他联邦地区法院关于实现金钱或财产赔偿判决进行登记作出了规定，从而自动地将所登记的判决转换为正常可强制执行的当地判决，避免了对判决提起独立诉讼涉及有关管辖权、送达以及审判地方面的要求。[38] 如同《外国判决统一执行法》（the Uniform Enforcement of Foreign Judgments Act）[39] 规定的那样，几乎所有的州均基于此理念许可对姐妹州或联邦法院判决进行登记并由此消除了对该判决进行独立诉讼的需要。

衡平法判决（equity decrees）有权获得充分的信任与尊重，尽管最近才出现接受此种提议的案例。[40]F-2 司法管辖区的法律支配着强制执行的方法。事实上，F-2 司法管辖区法院可以自由地以自己选择的方式执行该法令，只要该方式是公平的。

---

35 见，《判决重述（第二次）》第 28 条 e 项评论（1982 年）；《冲突法重述（第二次）》第 102 条 d 项评论（1971 年）。

36 贝克诉通用汽车公司案（*Baker v. General Motors Corp.*），《合众国案例汇编》第 522 期，自第 222、235 页开始（1998 年）（法官附带意见）。

37 见麦克艾莫乐诉科恩案（*McElmoyle v. Cohen*），《合众国案例汇编》第 38 期（《彼得斯》第 13 期），自第 312 页开始（1839 年）。

38 《美国法典》第 28 卷第 1963 条。

39 《统一法典注释》第 13 卷，自第 149 页开始（1986 年）。

40 见贝克诉通用汽车公司案（*Baker v. General Motors Corp.*），《合众国案例汇编》第 522 期，自第 222、234—235 页开始（1998 年）。

然而，充分的信任与尊重不需要 F-2 司法管辖区法院执行 F-1 司法管辖区法院的判决，因为根据 F-2 司法管辖区适用于执行本州判决的时效法，该判决由于失去时间效力而禁止执行。[41] 对于此种看似反常的结果被解释为，充分的信任与尊重不要求 F-2 司法管辖区规定特别程序执行姐妹州的判决（special procedures for enforcing sister-state judgments）。尽管如此，如果该判决持有人使 F-1 司法管辖区法院将已过执行期限的判决恢复为一个新判决，则 F-2 司法管辖区法院必须执行。[42]

同样的观点用以证明，当 F-2 司法管辖区没有适合对 F-1 司法管辖区法院判 221
决作出的救济予以执行的现有司法机构时，F-2 司法管辖区法院拒绝执行 F-1 司法管辖区法院判决是合理的。常被人们引用的霍姆斯（Holmes）大法官所作陈述中的一种解释是："如果原告能找到其有权出庭的法院，则 F-1 判决的效力就由《宪法》确定……但是《宪法》不需要 F-2 州规定此种法院。"[43] 在该情况下，法院允许 F-2 司法管辖区法院基于通常的司法实践，拒绝受理对两家州外公司之间的判决提起的诉讼。不过，值得注意的是，F-2 司法管辖区是不是受理基本请求的适当法院与充分的信任与尊重没有关联。[44]

在这些非常狭窄和不确定的时效法和司法机构的例外情况下，F-2 司法管辖区法院可以拒绝执行 F-1 司法管辖区法院作出的某一特定类型的判决，理由是它们不适合在 F-2 司法管辖区法院执行。这两项例外进一步表明，充分的信任与尊重条款中所反映的统一政策并不需要牺牲所有当地关注的有效司法管理。

2. 州—联邦

当后诉法院是联邦法院时，则《美国法典》第 28 编第 1738 条也要求后诉法院对某一有效的终局性判决与作出判决法院所在州给予的效力相同。[45]

41　见麦克艾莫乐诉科恩案（*McElmoyle v. Cohen*），《合众国案例汇编》第 38 期，自第 312 页开始（1839 年）；《合众国案例汇编》（《彼得斯》案例汇编第 13 期），自第 312 页开始（1839 年）；《冲突法重述（第二次）》第 118 条第（2）款（1971 年）。

42　见联合全国银行诉兰姆案（*Union Nat'l Bank v. Lamb*），《合众国案例汇编》第 337 期，自第 38 页开始（1949 年）；《冲突法重述（第二次）》第 118 条第 2 款 c 项评论（1971 年）。

43　英美供应有限公司诉戴维斯供应有限公司案（*Anglo-American Provision Co. v. Davis Provision Co.*），《合众国案例汇编》第 191 期，自第 373、374 页开始（1903 年）；见《冲突法重述（第二次）》第 117 条 d 项评论（1971 年）。

44　见肯尼诉元首酒店案（*Kenney v. Supreme Lodge*），《合众国案例汇编》第 252 期，自第 411 页开始（1920 年）。

45　参见《判决重述（第二次）》第 86 条（1982 年）。

准据法（Governing Law）。假设原告在某州提起的就业歧视诉讼中败诉，现在联邦法院提起了第七章规定的就业歧视诉讼。虽然《宪法》规定的充分信任与尊重条款不针对联邦法院，但正在施行的制定法，即《美国法典》第 1738 条要求“在美国境内”的每个法院充分地信任和尊重各州、准州以及属地法院作出的判决。联邦最高法院在此处的观点十分明确。联邦法院必须适用作出判决法院所在州的既判力法。[46]

222 即使联邦法院的请求处于联邦法院专属管辖权之内时也是如此。[47] 因此，在考虑前诉对州请求作出的先前州判决的排除效力时，即使州法院不能审理联邦请求，联邦法院也必须适用州既判力法。联邦法院给予州判决的尊重不能低于作出判决的州法院享有的尊重。联邦最高法院也一再认为，联邦法院不能自由地给予州判决比作出判决的州法院给予的排除效力更多。[48]

尽管如此，州既判力法并不绝对地适用于联邦法院。毕竟，它通过联邦制定法即《美国法典》第 1738 条适用于联邦法院，因此联邦法律可以对该制定法作出例外规定。在以强有力的联邦实体或程序政策为依据的有限环境下，联邦法院可以对不利于（或者通过制定法想为有利于）承认与执行作出规定。几个不常见的例子是，联邦法院偶尔解释授予联邦专属管辖权的联邦制定法，目的是许可特定争点在联邦法院再行争讼。[49] 然而，一般而言，只有在国会明确表达在特定的法律领域中推翻第 1738 条的意图下，才会出现此种一般的回顾性方法（general retroverse approach）的例外。[50]

准据法的性质（Nature of Governing Law）。当然，通常适用的州既判力法

46 见克雷默诉化工建设公司案（*Kremer v. Chemical Constr. Corp.*），《合众国案例汇编》第 456 期，自第 461、466 页开始（1982 年）。

47 见松下电气产业公司诉艾普斯坦（*Matsushita Elec. Indus. Co. v. Epstein*），《合众国案例汇编》第 516 期，自第 367 页开始（1996 年）（证券案件）。

48 见，玛里斯诉美国骨科医学会案（*Marrese v. American Academy of Orthopedic Surgeons*），《合众国案例汇编》第 470 期，自第 373、384—386 页开始（1985 年）。

49 见，如布朗诉非尔森案（*Brown v. Felsen*），《合众国案例汇编》第 442 期，自第 127 页开始（1979 年）（破产案件）。

50 见克雷默诉化工建设公司案（*Kremer v. Chemical Constr. Corp.*），《合众国案例汇编》第 456 期，自第 461、468 页开始（1982 年）；比较：参见查尔斯·艾伦·赖特（Charles Alan Wright）、亚瑟·R. 米勒（Arthur R. Miller）、爱德华·H. 库珀（Edward H. Cooper）：《联邦诉讼实践与程序》第 18 卷第 4469 条第 1 款（补编 2000 年）（处理棘手的鲁克—费尔德曼原则，即使用类似排除的概念以拒绝联邦地区法院在对州判决上诉性质诉讼中有事物管辖权）。

不会摆脱联邦的影响。更重要的是，如果诉讼程序没有给予充分和公正的诉讼机会，正当程序要求该州不依据该判决进行排除。[51] 也即是，州必须具有基本上公正的既判力法，详细说明州判决的效力，既判力法既适用于该州自己的法院也适用于联邦法院。[52] 把此种既判力法称作一套州法是准确的，尽管各州在联邦限定的范围内制定了其法律。 223

（二）联邦判决

1. 联邦—州

在前诉判决由联邦法院作出而后诉是在州法院提起时，后诉法院必须同样给予有效终局判决与其在作出法院同样的效力，并且联邦既判力法凭借最高条款在州法院处于控制地位。[53]

准据法。众所周知州法院必须给予联邦法院判决类似的尊重，虽然此种要求的确切来源并不明确。[54] 充分信任与尊重以及施行的制定法在州法院均不适用于联邦判决。因此，相同的回顾性规则（the same rule of retroversion）因何而来呢？

最好的见解是，与任何法院系统一样，根据《美国宪法》第 3 条运作的联邦法院有必要制定一套既判力法。联邦法律不仅包括临时性的法规和法院规则，也包括遵守本书描述的现代规则的联邦既判力普通法。此外，联邦制度已经发展了处理判决冲突问题的一种回顾性方法，即后诉法院适用作出判决法院将适用的既判力法。这些联邦原则适用于联邦判决，因此根据《宪法》第 6 条规定的最高条款在州法院具有约束力。[55]

准据法的性质。基于简单但激烈争论的观点，不管前诉法院联邦事物管辖权（subject-matter jurisdiction）的基础为何，统一的联邦法均适用于前诉法

---

51 见克雷默诉化工建设公司案（*Kremer v. Chemical Constr. Corp.*），《合众国案例汇编》第 456 期，自第 461、480—483 页开始（1982 年）。

52 见威廉姆·V. 拉尼贝尔格（William V. Luneburg）：“听审机会和排除原理：联邦对州法律的限制”（The Opportunity to Be Heard and the Doctrines of Preclusion: Federal Limits on State Law），载《威拉诺华法律评论》第 31 期，自第 81 页开始（1986 年）。

53 参见《判决重述（第二次）》第 87 条（1982 年）。

54 汉考克全国银行诉法纳姆案（*Hancock Nat'l Bank v. Farnum*），《合众国案例汇编》第 176 期，自第 640 页开始（1900 年）。

55 见苏珊·班兹（Susan Bandes）、劳伦斯·B. 索伦（Lawrence B. Solum）：《摩尔论联邦诉讼实践》第 18 卷，第 133 章第 12 节（1999 年第 3 版）。

224 院。[56]因此，即使联邦判决是在异籍诉讼（a diversity action）中作出，该判决的效力仍由统一的联邦法既判力法则加以调整。然而，这样的结果在州利益极高的特定情形中极难接受。[57]

假设一个因中毒引起的侵权案件（例如接触暴露的石棉），在联邦异籍诉讼中原告提起（因石棉沉着病）损害赔偿诉讼并胜诉，但选择不起诉（因癌症）伤害的风险极大地增加了。当癌症风险之后变为癌症现实时，原告能再次起诉吗？再进一步假设联邦法律对分割请求采取严格的请求排除观点，而州法律谨慎地决定给予此类原告选择分割请求的权利。[58]原告是否真的是因为仅仅在联邦法院起诉就失去了实质性的选择权？

或者假设一个群体性事故案件。即使当地州坚持禁反言的相互性和即使当地州就是事故发生地，一项有利于原告的联邦异籍判决是否应该为非相互性、进攻性间接禁反言敞开大门？被告仅因为在联邦法院被起诉过就应该失去再行争讼的权利吗？还有一种选择是，如果该州利害关系法（the state privity law）对非当事人有积极的约束力，那么某一判决针对被告的效力会有多宽呢？

一种有力的主张认为，在这些具有重大实质意义的特殊案件中，联邦判决法至少应该把相关的州法作为联邦普通法。[59]然而，该主张在群体性事故案件中

56　见塞姆特克国际有限公司诉洛克希德·马丁公司案（*Semtek Int'l Inc. v. Lockheed Martin Corp.*），《大西洋区案例汇编》第736期，自第1104页开始（马里兰特别上诉法院1999年）（联邦既判力法调整联邦在所移送的不同州籍当事人案件中作出的判决），撤销判决，万律数据库系统（2001年）第182650号（《合众国案例汇编》）；罗南·E. 迪格兰（Ronan E. Degnan）："联邦式既判力"（Federalized Res Judicata），载《耶鲁法律期刊》第85期，自第741页开始（1976年）。

57　见海色诉伍德拉夫案（*Heiser v. Woodruff*），《合众国案例汇编》第327期，自第726、733页开始（1946年）（将其意见限制于非多籍当事人案件）。比较：雷恩诉沙利文案［（*Lane v. Sullivan*），《联邦案例汇编》第2辑第900期，自第1247、1249—1250页开始（第八巡回法院1990年）（州法律规定）］与豪色诉克虏伯钢铁生产商案［（*Hauser v. Krupp Steel Producers, Inc.*），《联邦案例汇编》第2辑第761期，自第204、207页开始（第五巡回法院1985年）（联邦法律规定）］。

58　见评注："现代隐匿性疾病案件的请求排除：许可再次诉讼的建议"（Claim Preclusion in Modern Latent Disease Cases：A Proposal for Allowing Second Suits），载《哈佛法律评论》第103期，自第1989页开始（1990年）；第六章第一部分第（一）目第二项。

59　见查尔斯·艾伦·赖特（Charles Alan Wright）、亚瑟·R. 米勒（Arthur R. Miller）、爱德华·H. 库珀（Edward H. Cooper）：《联邦诉讼实践与程序》第18卷第4472条（1981年和补编1999年）；参见斯蒂芬·B. 伯班克（Stephen B. Burbank）："跨辖区排除、充分信任和尊重与联邦普通法：一种通用方法"（Interjurisdictional Preclusion，Full Faith and Credit and Federal Common Law：A General Approach），载《康奈尔法律评论》第71期，自第733页开始（1986年）（大量州制定的法律应该直接通过申请伊利原则加以适用）。

比因中毒引起的侵权案件中的说服力要弱。在更多的一般性案件中，支持州法律作为联邦普通法的主张进一步变弱了。

因此，正确的方法是什么？塞姆特克案（*Semtek*）[《合众国案例汇编》（2001 年）] 选择了通常采纳州法律的联邦普通法来调整异籍判决（diversity judgements）。我们犹豫不定地认为，较好的观点是联邦既判力法应该适用于所 225
有联邦判决，但是极少把州法律采纳为联邦普通法。[60]

统一联邦裁判法应该经常因三种理由进行适用。**第一种**，虽然州利益确实有时很关键，但联邦利益更强烈。联邦裁判是联邦政府机构的产物，它应该能够界定其自身产出的界限。“法院可能具有的最有力的政策之一就是决定自己判决的范围。”[61] 同时，把州既判力法适用于联邦判决会使已经复杂的承认和执行程序过度复杂化，会破坏联邦裁判法律的统一性且可能在一定程度上削弱联邦在其判决中处理整个诉讼的利益。许多既判力法的确与案件在前诉曾经或应该争讼的方式有关，因此在规定联邦诉讼程序适用于本案诉讼时，将既判力法与州法律连接起来可能会导致不合逻辑和不合理的结果。**第二种**，在这种情况下，使联邦既判力法符合充分信任与尊重条款和后诉法院第 1738 条规定的一般惯例，即指望作出判决的法院的法律决定其判决效力，从而将好处给予司法上统一的国家。另外，这种回顾性实践（retroverse practice）与类似情况下的做法是相似的，例如，州法院在由《联邦民事诉讼规则》第 13 条第 1 款和第 41 条调整的案件中需要联邦法律决定联邦判决的效力。**第三种**，在此特定情境下适用联邦法律并未完全反映伊利案（*Erie*）所关注的核心问题。由于此判决的既判力问题，原告不可能在前诉中选择联邦法院。此外，伊利案的关注度在此情境下变得更低了，因为后诉法院的法官要询问在选择前诉法院中是否不许挑选法院，而非在本案中是否存在不许挑选法院的此种一般性问题。

然而，例外是必要的。有时，虽然很少，但州实质性政策之力可能上升得太高而不能忽视，尽管在统一联邦裁判法中存在所有的背景利益。所建议的方

60　参见霍华德·M. 埃里克森（Howard M. Erichson）：“跨辖区排除”（Interjurisdictional Preclusion），载《密西根法律评论》第 96 期，自第 945 页开始（1998 年）。

61　科恩诉黑廷格案（*Kern v. Hettinger*），《联邦案例汇编》第 2 辑第 303 期，自第 333、340 页开始（第二巡回法院 1962 年）。

226 法是，联邦法院采用联邦普通法所使用的一般的平衡方法，[62] 将导致在那些特殊性案件中把有关州法律采纳为联邦普通法。也就是说，虽然准据法仍然是联邦的，但在此情况下它并不是统一的。相反，联邦法院会选择采纳适当的州既判力法。这种尊重是为了适应所涉及的高度的州利益。但是，将州法律作为联邦法律的此种罕见和灵活的采纳方法，与根据伊利案要求广泛地和约束性地在联邦法院适用州法律是有区别的。

2. 联邦—联邦

当后诉法院是另一个联邦法院时，仍然是适用判决作出法院法律的这一相同规则处于主导地位，因为两个法院是同一司法管辖区下的职能部门。[63]

联邦法院应该如同州法院对待联邦判决那样对待联邦判决。处理涉及判决冲突问题的联邦追溯性方法约束整个国家的联邦法院。事实上，即使在巡回法院之间法律存在差异的案件中，作为后诉的联邦法院也应该适用作出判决的联邦法院对联邦既判力法的观点。[64]

三、外国的判决

虽然美国法院处理外国判决的方法可以更灵活，但美国法院对待外国判决（foreign judgments）几乎与对待美国判决（American judgments）没有区别。原因就在于其对外国判决的尊重通常源于礼让（comity）而非法律义务。[65]

（一）承认与执行规则

1. 一般实践

外国政府的行为在另一个政府领域范围内没有效力，除非另一个外国政府
227 选择给予其效力。就外国判决而言，没有类似于充分的信任与尊重条款这样具有国际约束力的法律。因此，当前诉判决涉及美国的诉讼时，外国判决与美国判决之间存在根本性的差异。

---

62 见凯文·M. 克莱蒙特（Kevin M. Clermont）：《民事诉讼程序》（*Civil Procedure*），第 234—235 页（1999 年第 5 版）。

63 参见《判决重述（第二次）》第 87 条（1982 年）。

64 见查尔斯·艾伦·赖特（Charles Alan Wright）、亚瑟·R. 米勒（Arthur R. Miller）、爱德华·H. 库珀（Edward H. Cooper）：《联邦诉讼实践与程序》第 18 卷第 4466 条（1981 年）。

65 参见《冲突法重述（第二次）》第 98 条（1971 年）（1988 年修订）。

不过，当前诉判决是在外国作出时，既判力背后的一般性政策的实用性并不比其在美国作出时要少。的确，美国法院倾向于尊重外国判决，不仅是因为终局性是一种具有公正和效率的政策，而且也是因为美国法院希望鼓励国外对自己的判决给予类似的尊重。因此，不受宪法义务的约束但受类似政策的激励，美国法院通常会尊重外国判决，前提是根据外国法律，该国判决是有效和终局的。如果作出判决的法院具有事物和地域管辖权且如果裁判的情形是当事人已经获得了公正的出庭权，则 F-1 司法管辖区法院的既判力法应该可以适用，并且 F-1 司法管辖区法院的判决可以在 F-2 司法管辖区法院强制执行。

然而，仔细观察具体裁决情况就表明，适用于外国判决的标准与适用于本州、姐妹州或者联邦判决的标准不同。产生差异的主要原因是，虽然外国判决符合外国法律的要求，但美国法院并不保证美国人就能最低限度地接受该外国判决。关于有效性的外国法律差异很大。此外，正当程序条款当然不调整外国主权国家，并且外国法律制度的运作可能确实完全在国外。美国法院对其认为与本国法律相矛盾的外国判决将不给予尊重。美国法院不会承认或执行未满足美国正当程序基本理念程序所产生的外国判决。美国法院可以询问根据外国法律是否存在地域管辖权，但更重要的是，美国法院可以审查外国管辖权主张是否满足美国正当程序的检验标准。例如，美国法院对法国的判决不予理睬，因为该判决的对人管辖权完全是依据原告的法国国籍。此外，美国法院还可以对礼让适用其他限制，例如允许以更有力的衡平理由进行间接攻击，以及如果最初的请求直接违反了下面所解释的强有力的当地公共政策就拒绝承认和执行。

尽管如此，与大多数国家相比，美国在尊重外国判决方面事实上表现得相当慷慨。在此方面，绝大多数国家表现出的主权国家观念比美国所认可的要高。 228
在其他国家，即使美国判决通过了该外国法院司法管辖权的重新审查并且这很可能涉及满足外国管辖权规定的所有标准，但外国法院倾向于积极地重新复查案件事实以保证判决所适用的法律符合当地政策。

2. 排除的细节

请求排除。作为防御手段提出的阻止原告在美国法院再行提出请求的对原告不利的某一外国判决，通常被给予完全的请求排除效力。然而，该判决可能会受到的质疑理由比本州、姐妹州或联邦判决要更广泛一些。除了管辖权和合理性攻击外，有些美国法院避免外国判决的阻止效力的理由可以是承认违反了强有力的当地公共政策（local public policy）。

虽然对原告不利的外国判决可以作为一种阻却事由（as a bar）在美国法院提出，但传统观点一直认为，有利于原告的判决不会被给予合并效力。因此，在遵循此种观点的美国法院中，在外国获得一项不满意的胜诉判决的原告有权选择对该判决提起诉讼或者对原始请求起诉。[66] 此种观点明显深植于对执行判决的普通法诉讼的古老限制，但在现代实践中很难证明其继续存在是合理的。[67] 许多法院拒绝遵循这一观点。[68] 如今，可以说传统观念已经基本消失了，并且法院将合并和阻止效力给予了外国判决。

争点排除。人们普遍认为，在外国法院争讼过特定争点的当事人被阻止在
229 美国法院对相同争点再行争讼。[69] 同样，外国判决在某种程度上比美国判决更易受到质疑。

假定缺乏宪法限制，美国法院可以并且有些法院确实给予外国法院判决的效力比外国法院给予自己判决的效力要多。例如，美国法院可能尽管不应该，但其将非相互性间接禁反言效力给予了外国群体侵权判决，即使外国法院不会这么做。[70]

---

66 见黑塞尔·E. 英特马（Hessel E. Yntema）："外国判决在英美法系中的执行"（The Enforcement of Foreign Judgments in Anglo-American Law），载《密歇根法律评论》第 33 期，自第 1129、1139 页开始（1935 年）。

67 见艾伯特·A. 艾伦茨威格（Albert A. Ehrenzweig）：《冲突法论》（*A Treatise on the Conflict of Laws*），第 217—218 页（1962 年）。

68 见，如阿拉斯加州商务公司诉戴布尼案（*Alaska Commercial Co. v. Debney*），《阿拉斯加案例汇编》第 2 期，自第 303 页开始（1904 年）。

69 见海外汽车公司诉进口汽车公司案（*Overseas Motors, Inc. v. Import Motors Ltd.*），《联邦补充案例汇编》第 375 期，自第 499 页开始（密歇根东区联邦地区法院 1974 年）（E. D. Mich.1974），维持原判，《联邦案例汇编》第 2 辑第 519 期，自第 119 页开始（第六巡回法院 1975 年）；尤金·F. 斯科尔斯、彼得·海（Eugene F. Scoles & Peter Hay）：《冲突法》（*Conflict of Laws*）第 996—1018 页（1992 年第 2 版）；考特兰·H. 彼得森（Courtland H. Peterson）："既判力与外国判决"（Res Judicata and Foreign Country Judgments），载《俄亥俄州法律期刊》第 24 期，自第 291 页开始（1963 年）；威利斯·L. M. 里斯（Willis L. M. Reese）："外国判决在该国的地位"（The Status in This Country of Judgments Rendered Abroad），载《哥伦比亚法律评论》第 50 期，自第 783、789 页开始（1950 年）。

70 见《美国对外关系法重述（第三次）》[Restatement（Third）of Foreign Relations Law of the United States] 第 481 条 c 项评论（1987 年）。

3. 准据法

就外国判决的承认和执行而言，该事项由一般礼让原则进行调整。调整此类问题的礼让原则是 F-2 司法管辖区法律所认可的原则。

因此，关于礼让的州制定法[71]和普通法适用于州法院，而有关礼让的联邦普通法在联邦法院调整联邦请求。然而，在异籍诉讼中，联邦法院根据伊利案寻找如何对待外国判决的州法律。[72]有一种观点认为，在所有联邦案件甚至在所有州案件中，联邦法律均应该适用，因为强大的联邦利益包括对外关系的利益，但事实并非如此解决。无论如何，涉及礼让的州和联邦法律基本上是类似的。

在理想情况下，针对外国判决承认和执行的范围，州和联邦的礼让法都应参照国外作出判决的法院地法来规定。[73]

非常奇怪的是，国际法本身目前在美国对待外国判决方面并没有真正发挥作用，除非美国的做法已经是构成国际法一部分的公认原则的表现。虽然很明显该事项由条约调整，但美国没有一个有关该事项的条约。

（二）承认与执行的特殊例外

如同上述已经阐释的那样，在绝大多数情况下，美国法院对待外国判决与美国判决类似。然而，有几个值得注意的差异。 230

1. 互惠（Reciprocity）

在备受批评的希尔顿诉盖约特案（*Hilton v. Guyot*）[74]的裁决中——涉及的是法国原告试图在联邦法院针对美国公民执行一项法国法院作出的金钱判决——意见极不统一的美国最高法院的裁决是，联邦法院不应该在没有对外国法院判决

---

71 见，如《统一外国金钱判决承认法》（Uniform Foreign Money-Judgments Recognition Act），《统一法典注释》第 13 卷，自第 263 页开始（1986 年）[在苏珊·班兹（Susan Bandes）、劳伦斯·B. 索伦（Lawrence B. Solum）:《摩尔论联邦诉讼实践》第 18 卷，第 130.52 条（1999 年第三版）中进行讨论]。

72 见《冲突法重述（第二次）》第 98 条 c 项评论（1971 年）（1988 年修订）。

73 参见罗伯特·C. 卡萨德（Robert C. Casad）:“争点排除与外国判决：何国之法律”（Issue Preclusion and Foreign Country Judgments: Whose Law？），载《爱荷华法律评论》第 70 期，自第 53 页开始（1984 年）。

74 《合众国案例汇编》第 159 期，自第 113 页开始（1895 年）；见《冲突法重述（第二次）》第 98 条 f 项评论（1971 年）（1988 年修订）；《美国对外关系法重述（第三次）》第 481 条 d 项评论（1987 年）。

的案件事实再次进行诉讼的情形下给予执行，条件是该国法院在类似情形下不执行美国法院的判决。应该说，此种互惠例外仅仅适用于作出的外国判决有利于作为该国国民的原告和不利于作为该国外国人的被告。在原告是该国的外国人或者双方当事人都是该国的国民时，此例外不适用于判决不利于原告的情形。在其他所有情形中，最高法院认为，互惠例外并不适用，因此不管在该国给予美国判决何种待遇，外国判决都可以在联邦法院执行而不需要重新考虑案件事实。

人们普遍认为，希尔顿诉盖约特案的裁判不是约束州的一种例外，而仅仅是调整在联邦法院执行判决的一种例外。[75] 甚至在联邦法院，鉴于之后宣布的伊利原则，该例外不适于异籍案件，除非联邦法院所在州已接受此例外——已经这么做的州并不多。[76]

231 一种有说服力的反驳希尔顿诉盖约特案的观点是，法院不应该在外交关系中发挥属于政府其他部门的作用，特别是在美国法院没有对互惠事项形成统一战线时；法院不清晰且范围狭窄的互惠例外损害了既判力法的公正与效率；因为政府的政策而惩罚外国当事人是不公正的。[77] 然而，有一种感觉仍然萦绕不散，即在没有超国家机构的情况下，预示着美国所能做的一切就是制定一部联邦互惠法，目的是激励外国法院放弃其在尊重美国判决中的吝啬做法。[78]

---

75 见约翰斯顿诉大西洋轮船总公司案（*Johnston v. Compagnie Générale Transatlantique*），《东北区案例汇编》第 152 页，自第 121 页开始（纽约 1926 年）。但是见约翰·诺顿·摩尔（John Norton Moore）："联邦制与对外关系"（Federalism and Foreign Relations），载《杜克法律杂志》第 1965 期，自第 248、265 页开始。

76 见蒙特利尔银行诉康福案（*Bank of Montreal v. Kough*），《联邦案例汇编》第 2 辑第 612 期，自第 467 页开始（第九巡回法院 1980 年）；瑞典商业银行诉卡尔森案（*Svenska Handelsbanken v. Carlson*），《联邦补充案例汇编》第 258 期，自第 448 页开始（马萨诸塞州地区法院 1966 年）。但见约翰·D. 小布鲁梅特（John D. Brummett, Jr.）的评注："外国判决在美国的排除效力和联邦法律选择：伊利原则作用的再评价"（The Preclusive Effect of Foreign-Country Judgments in the United States and Federal Choice of Law: The Role of the Erie Doctrine Reassessed），载《纽约法学院法律评论》第 33 期，自第 83 页开始（1988 年）。

77 见理查德·H. M. 马洛伊、蒂瑟姆帕拉多斯·M. 内斯（Richard H. M. Maloy & Desamparados M. Nisi）："传达给最高法院的信息：下次你有机会"（A Message to the Supreme Court: The Next Time You Get a Chance），请看希尔顿诉盖约特案（*Hilton v. Guyot*）；"我们认为其需要修改"[（We Think It Needs Fixing），注意：原文中英文单词应为"Reparing"而非"Fixing"——译者注]，载《国际法律研究杂志》第 5 期，自第 1 页开始（1999 年）。

78 见迈克尔·温康普（Michael Whincop）："承认场景：对外国判决承认的博弈论问题"（The Recognition Scene: Game Theoretic Issues in the Recognition of Foreign Judgments），载《墨尔本大学法律评论》第 23 期，自第 416 页开始（1999 年）（作为囚徒困境博弈游戏分析承认）。

2. 公共政策（Public Policy）

美国法院有时基于基本请求违反法院地某些强有力的公共政策而拒绝承认或执行外国判决。[79]一个可能的例子是，英国对诽谤作出的判决侵犯了美国的言论自由原则。在此类案件中，与基于互惠原则拒绝承认和执行的案件不同，不存在对基本请求进行诉讼恢复的情况。不过，此种基于公共政策理由而拒绝给予尊重的权力却很少使用。[80]

在此点上，应该注意的是，施以纳税义务或者刑法处罚的外国判决通常不认为有资格在美国法院获得承认和执行，尽管实际上很难发现如此裁决的案件。此外，基本请求（the underlying claims）一般不能在美国法院继续起诉。[81]

（三）《海牙条约》

主要的欧洲国家似乎在对待外国判决问题上走在美国前面。欧盟有一个 232
具有启发性但不完善的条约称作《关于民商事案件管辖权及判决承认与执行的布鲁塞尔公约》（the Brussels Convention on Jurisdiction and the Recognition and Enforcement of Judgments in Civil and Commercial Matters）。根据该公约，成员国同意事实上自动地承认和执行其他成员国的判决。此种规定类似于《美国宪法》中的充分信任与尊重条款。为了使此协议具有可接受性，该公约也是一个规定了地域管辖权的“双重公约”。后一项协议如同美国的正当程序那样在运行。欧盟成员国尊重其他成员国的判决，因为它们知道该公约将其他成员国限制在适当的管辖范围内。现在的欧洲形势令人兴奋，因为超国家的欧洲法院监督国家法院，积极地处理细节问题，就像两个世纪前美国马歇尔法院（the Marshall Court）统一了美国司法系统一样。

当然，《布鲁塞尔公约》的管辖权基础遵循的是大陆法系的方法。虽然还有

---

79 见，如迪·布雷蒙特诉彭尼曼案（*De Brimont v. Penniman*），《联邦案例汇编》第 7 期，第 309 页（纽约南区巡回法院 1873 年）（第 3715 号）；《美国对外关系法重述（第三次）》第 482 条第（2）款（d）项（1987 年）。

80 见《冲突法重述（第二次）》第 117 条 c 项评论（1971 年）。

81 《美国对外关系法重述（第三次）》第 483 条（1987 年）；托马斯·B. 小斯图尔（Thomas B. Stoel，Jr.）：“英美国家对外国非刑事刑罚和税收判决的执行”（Enforcement of Foreign Non-Criminal Penal and Revenue Judgments in England and the United States），载《国际法和比较法季刊》第 16 期，自第 663 页开始（1967 年）。

针对侵权行为和合同诉讼的类似长臂管辖权（long-arm-like jurisdiction），有选择法院的授权条款，在涉及不动产及类似诉讼方面有专属的地方管辖权，但被告的住所是提起诉讼的经常居住地（the usual place）。某些处境不利的原告可以在国内起诉，例如消费者。就阻止方面而言，每一成员国放弃了其过度的管辖权，例如法国基于原告法国国籍放弃了其对人管辖权。

然而，《布鲁塞尔公约》仅适用于居住在成员国的被告。事实上，它公开区别对待非成员国当事人。因此，虽然法国不能在一位法国人对一位英国人提起的诉讼中使用过度管辖权，但当被告是一位美国人时其仍然可以使用。此外，最终的法国判决在英国、德国和欧盟的其他任何地方针对美国人或美国人财产均会获得自动承认和执行。

同样，根据《布鲁塞尔公约》事实上自动获得承认和执行不会扩大到不是成员国的国家作出的判决。实际上，欧洲国家传统上一贯并继续在将尊重扩张到条约未包括的外国判决上相当吝啬。

233 这样，美国人正遭受双重损失。他们不仅要遵守欧洲法院具有深远影响的管辖权及其最终判决所具有的广泛的承认与执行力，而且美国判决在欧洲法院常常会受到冷遇。从长远看，美国难以应对此种情形。

因此，美国着手推动缔结一项关于管辖权和判决的全球性协议。此工作正在通过海牙国际私法会议运作。一项条约将解决美国人今天发现他们在判决的承认和执行方面所处的双重损失困境。

多边条约一个明显的关注就是，美国也许不得不对自己反感的外国判决给予尊重。美国人相信姐妹州和联邦判决，但此处适用的是正当程序，同时美国最高法院在适当的时候要复查对正当程序的适用。也许，即使没有超国家的监督机构，美国人也可以对少数意向相似的法律体系的判决抱有信心。但是一项全球性条约完全是另一回事。美国人不能确定所有外国判决都符合基本公正性。因此，任何条约都必须包含一项条款，规定给予每个缔约国可以对哪些国家面对面与该国签约的广泛的控制权以及对违反正当程序和其他抵触情形实行狭隘的公共政策例外。

这样的条约会存在吗？美国没有多大讨价还价的能力。尽管欧洲人难以把目前有利的情形争取过去，但这需要签订条约。因此，预计任何最终的条约将类似于《布鲁塞尔公约》。也即，该条约会对地域管辖权某些依据取得一致意见，但主要是那些欧洲人认可的依据——据此作出的判决实际上会在其他签约国获得自动承认和执行，也许欧洲人认为太过宽容或太具惩罚性的那些判决除外。这样的前景并不符合美国的喜好。因此，达成一致的条约还远未确定。当然，通往国际性协议的道路不会一帆风顺（will not be smooth）。

然而，达成多边条约的协议可以为美国就管辖权和判决带来巨大的回报。该谈判肯定值得努力。[82] 特别就对待外国判决方面，《海牙条约》似乎相当合理。 234
它意味着美国可以从其已给予其他国家判决的尊重中获得回报。

---

82 见凯文·M. 克莱蒙特（Kevin M. Clermont）："司法救助与海牙公约"（Jurisdictional Salvation and the Hague Treaty），载《康奈尔法律评论》第 85 期，自第 89 页开始（1999 年）。

第三部分

实　践

Res Judicata pro veritate accipitur

A thing adjudged is taken for truth.

既判之事项应视为真理。

（罗马格言）

第十一章　既判力的援引

将某事项视为真理是严肃的事情。法律在处理类似适用既判力事项上需要谨慎地进行。因此，法律应该规定详细的程序，但显然其没有成功地做到这一点。本书致力于研究法律如何在实践中处理既判力原则。 237

一、提出

既判力并非自动生效（self-executing）。期望以此为依据的人必须提出，如若不然则意味着弃权（waiver）。此结果源于我们对抗制的前提和构成既判力基础的法的目的并非如此重要以至于需要诉诸司法的这一事实。

因此，该规范是利害关系方必须提出既判力主张。[1] 但是几乎所有的一般原则都存在例外。在此，人们必须注意到，法院有权主动地提出既判力（raise res judicata on its own），虽然法院很少这样做。法院通常仅在发现其在避免重复诉讼和不必要的危险方面存在自身利益时才会主动行使这一权力。[2]

（一）时间选择

正如在第一章第三部分和随后有规律地解释的那样，既判力只适用于判决后，在前诉裁决过程和任何直接复审的范围内不适用既判力，例如上诉。因此，在诉讼 2 中原告可以援引既判力，用以阻止被告根据诉讼 1 作出的判决对诉讼中基础性实体事项（underlying merits）进行防御或者可以援引既判力，用以阻止对诉讼 1 中裁决的某些争点进行重诉。同样，后诉被告可以援引请求排除或争 238

1　见，如卡博内尔诉路易斯安那州卫生与人力资源部门案（*Carbonell v. Louisiana Dept. of Heath & Human Resources*），《联邦案例汇编》第 2 辑第 772 期，自第 185 页开始（第五巡回法院 1985 年）。

2　见，如亚利桑那州诉加利福尼亚案（*Arizona v. California*），《最高法院案例汇编》第 120 期，自第 2304、2318 页开始（2000 年）；普劳特诉挥霍农场股份有限公司案（*Plaut v. Spendthrift Farm, Inc.*），《合众国案例汇编》第 514 期，自第 211、231—232 页开始（1995 年）；迪斯莫尼诉布劳纳案（*Dismone v. Browner*），《联邦案例汇编》第 3 辑第 121 期，自第 1262 页开始（第九巡回法院 1997 年）。

点排除作为防御。因此，处理后诉的法院决定既判力的适用与否。

在特殊情况下，在判决之后既判力的援引者可以从前诉法院获得一项阻止被援引者之后试图重诉的禁令。[3] 这些情况必须非常特殊，因为此种衡平法上的救济仅在后诉主张的合法救济不充分的情况下才存在。行为不当的被援引者、非常复杂的前诉程序、可预见到的后诉程序以及后诉法院不尊重既判力的危险——所有这些因素都增加了作出禁令的机会。但是，此种禁令的确仍然很少见。[4]

（二）方法

后诉被告通常应该将主张既判力作为肯定性答辩（affirmative defense）。后诉原告通常应该通过审前动议提出既判力。为了理解在实践中此问题的含义，有必要分别考量请求排除和争点排除。

1. 请求排除

既判力的请求排除效力通常是由答辩当事人在答辩状或者答辩状的修改中主张的一种防御方法。[5] 一般而言，它必须专门作为一种肯定性答辩加以主张，
239 因此不能仅仅通过否认加以提出。[6] 过分迟延地提出肯定性答辩会导致失权。[7]
如果答辩方适当地在应答答辩（a responsive pleading）中提出既判力答辩，一方当事人可以通过在起诉状中提出动议的方式提出该问题以请求法官作出审前裁决。[8] 当提出诉答状之外的资料用以支持该动议时，法官将此种动议视为简易判决动议。[9]

在有些情形下，法院也允许被告通过答辩前动议或者诉求不充分抗辩

---

3 见，如哈里森诉美国案（*Harrelson v. United States*），《联邦案例汇编》第 2 辑第 613 期，自第 114 页开始（第五巡回法院 1980 年）（异常好斗的原告）。

4 见，如布鲁菲尔德社区医院诉安柔乐维子案（*Bluefield Community Hosp. v. Anziulewicz*），《联邦案例汇编》第 2 辑第 737 期，自第 405 页开始（第四巡回法院 1984 年）；第二章至第八章。

5 见《联邦民事诉讼规则》第 15 条（a）款。

6 见《联邦民事诉讼规则》第 8 条（c）款。

7 见亚利桑那州诉加利福尼亚案（*Arizona v. California*），《最高法院》第 120 期，自第 2304、2316—2317 页开始（2000 年）。

8 见《联邦民事诉讼规则》第 12 条（c）款。

9 见《联邦民事诉讼规则》第 56 条。

（demurrer）提出防御。[10] 也就是说，如果诉状中呈现的是与前诉判决相同的请求事实，则许多法院允许通过主张诉状中未能陈述可以给予救济的请求这样一种动议而提出既判力防御。即使前诉判决没有在诉状中出现，只要这种不合常规的实践没有产生明显的危害，一些法院也容忍此种行为；该动议将会指责诉状没有陈述可以给予救济的请求并且可能提供前诉判决以支持该异议；当提出这种外部资料时，法院将会把此动议看作简易判决动议。

虽然法院经常容忍此类动议行为，但可以说，这不仅在法院规则的技术性理解上是不允许的，而且在动议行为正确目的的看法上也是不允许的。[11] 因此优秀的答辩律师会避免此种程序风险而在答辩中正确地提出防御。

就原告偶然提出请求排除而言，基本规则仍然是他们必须向对方和法院提供合理的主张通知。如果原告对反诉提出请求排除，则原告的答辩应该包括肯定性答辩。如果原告对答辩主张请求排除，则原告可以提出动议。如果原告不正当地迟延，产生的结果将是其在通常的证据开示、审前会议或证据可采性规 240
则中失权。

2. 争点排除

援引争点排除的主体决不限于答辩方（defending parties）。在特定案件中，双方当事人都可以通过呈现先前裁决的事项，寻求确立其诉讼请求或者答辩或者其中的部分内容，或者证明对手提出的诉讼请求、答辩或者其中部分要素是错误的。当事人可以在诉答中具体提及在前诉中已被裁决的某一特定争点的事实而主张争点排除。然而，对于当事人是否必须在诉答中提出争点排除这一问题的回答因案件而异。

争点排除是广义既判力术语的一个方面，因为既判力是一项肯定性答辩，所以许多案例已经表明，争点排除必须作为一个肯定性答辩加以主张。的确，《联邦民事诉讼规则》第 8 条第 3 款把既判力和禁反言视为肯定性答辩。美国最高法院也宣布支持此种观点，“既判力和间接禁反言属于必须主张的肯定性答

10　查尔斯·艾伦·赖特（Charles Alan Wright）、亚瑟·R. 米勒（Arthur R. Miller）：《联邦诉讼实践与程序》第 5 卷第 1277 条，第 77—80 页（1990 年第 2 版）；参见查尔斯·艾伦·赖特（Charles Alan Wright）、亚瑟·R. 米勒（Arthur R. Miller）、爱德华·H. 库珀（Edward H. Cooper）：《联邦诉讼实践与程序》第 18 卷第 4405 条（1981 年）。

11　见，如孔科尔迪亚诉本代科维奇案（*Concordia v. Bendekovic*），《联邦案例汇编》第 2 辑第 693 期，自第 1073 页开始（第十一巡回法院 1982 年）。

辩……此种诉答的目的是让对方当事人注意到禁反言请求并给予其辩论的机会，如果可以，将对为什么适用禁反言不适当进行辩论”。[12]

一些权威观点因此认为，没有主张争点排除就构成放弃对争点再行争讼的权利。但这样的表述不能被解释为适用一种严格的条件，即争点排除必须在每一个被援引的案件中加以主张。首先，当争点排除用以确立原告请求而非被告答辩的时候，参照《联邦民事诉讼规则》第 8 条第 3 款和类似规定是不合适的。因此，《联邦民事诉讼规则》第 8 条第 3 款不能理解为在每个案件中都需要主张争点排除。但是，如果原告不必主张它，为什么被告应该必须这样做呢？理由不是很明显。其次，如上述注解的那样，被告在有些情况下甚至可以通过提出
241 动议的方式主张排除。因此，通过撤销或者简易判决动议援引争点排除应该也是可以的，特别是当寻求排除的事项会破坏具有类似请求排除效力的请求时。最后，争点排除答辩只可用于诉讼后期，因为其他诉讼还未作出裁判。当然，当事人不必主张不可适用的理由。相反，当事人之后可以通过补充性诉答[13]或动议的方式主张既判力。

除了上述无可置疑的三点外，有人可能主张争点排除在功能上不同于请求排除。通常，争点排除仅用以证明或反驳案件的部分内容。因此，其在诉讼中的功能本质上是证据性的，从此种意义上说它代替了证据。当证据存在的形式是以前诉判决案卷记录而非以证人证言、物证或事实上的实物证据这种通常形式出现时，或者当法律争点通过争点排除作出推断而非仍然进行公开辩论时，有更多的理由要求一方当事人陈述其将准备如何确立诉讼请求或答辩的要件吗？也就是说，当某一争议点需要通过诉诸争点排除确立时，在诉答状中通知对方当事人或者法院的特殊要求是什么？当事人只能在案件审理过程中引入前诉判决吗？

一方面，某些权威观点认为，前诉判决在适当情形下可以基于争点排除目

12 布隆德尔舌头实验室诉伊利诺伊大学基金会案（*Blonder-Tongue Lab. v. University of Illinois Found.*），《合众国案例汇编》第 402 期，自第 313、350 页开始（1971 年）。然而，可参见南太平洋铁路诉美国案（*Southern Pac. R. R. v. United States*），《合众国案例汇编》第 168 期，自第 1 页开始（1987 年）（即使其没有特别主张前诉判决，在确认产权诉讼中的原告美国，也可以通过间接禁反言证明其是案件的一个要素）。

13 见，如《联邦民事诉讼规则》第 15 条（d）款。

的而使用，无须任何特别诉答甚至是提出动议。[14] 当前诉判决在庭审中首次提出时，他们允许排除某一法律争点。在事实问题上，他们许可主张前诉判决如同在庭审中许可引入证据一样。如果判决证明或者反驳的案件事实是案件的实质性事实，则它发挥作用的方式仅仅与证据的方式相同。如果对方当事人因诉答状中没有具体涉及该判决而反对对此进行认定，在无实质损害的情况下，寻求援引争点排除的当事人可能会被允许修改当事人诉答状；如果前诉判决未遭到对方当事人的反对，则意味着该事项在双方当事人默示同意的情况下进行了审理。[15] 因此，在庭审中提出争点排除时，即使当事人未及早提出，一些法院也一直都乐意赋予其完全的效力。然而，此种许可方式存有界限。如果当事人未及时援引争点排除，则意味着当事人弃权。因此，大多数法院认为，当事人寻求争点排除的主张不能在庭审后提起。[16] 242

另一方面，要求诉答或者至少是动议将能确保更好地得到通知。此外，争点排除不同于事实证据或者法律论证，因为争点排除导致该争议点被最终确定。前诉判决不仅是对已裁决事项的证明，而且对那些已裁决事项也具有确定作用。它类似于免除诉讼请求或答辩内容的一项新的法律规则。同时，对方当事人可能不得不从事一些准备工作使前诉判决所具有的争点排除效力归于无效。因此，许可当事人等到庭审时才主张认定前诉判决似乎有点松弛过头（seems to be pushing laxity a bit too far）。

总之，为了争点排除目的而在主张认定前诉判决之前，合理的通知或许是所有法院的要求。也就是说，法院在弃权方面倾向于宽松把握。尽管如此，显示有必要主张争点排除的案件足够多，要求尽早通知的政策也足够令人信服，因此当事人最安全的做法就是避免程序性争议并尽快提出争点排除。在可能时，被告应该在答辩中包含对前诉判决争点排除效力的一些介绍。类似地，原告通

14　见海外汽车公司诉进口汽车公司案（*Overseas Motors, Inc. v. Import Motors Ltd.*），《联邦补充案例汇编》第 375 期，自第 499、512—515 页开始（密歇根东区联邦地区法院 1974 年），维持原判，《联邦案例汇编》第 2 辑第 519 期，自第 119 页开始（第六巡回法院 1975 年）；苏珊·班兹（Susan Bandes）、劳伦斯·B. 索伦（Lawrence B. Solum）：《摩尔论联邦诉讼实践》第 18 卷，第 132 条第 5 款（8）项（1999 年第 3 版）。

15　见《联邦民事诉讼规则》第 15 条（b）款。

16　见，如哈维诉联合运输工会案（*Harvey v. United Transp. Union*），《联邦案例汇编》第 2 辑第 878 期，自第 1235 页开始（第十巡回法院 1989 年）（原告放弃权利）。

常应该通过申请审前动议的方式提出争点排除。

二、证明

（一）责任

适用既判力的说服责任，即满足规则要求的条件是由提出既判力的当事人一方承担。但是，适用既判力例外的证明责任是由另一方当事人承担。反对方无论如何都必须通过对提出既判力的拥护方作出适当回应的方法提出例外，然后说服法院适用这一例外。

有一种情形并不适用此种简单的方案。一旦攻击者试图通过攻击判决的有效性来摆脱判决，则至少在其知道了前诉时攻击者就承担了这一责任。在此种
243 后期判决的情形下，推定应该转向支持有效性。因此，举证和说服责任（burden of production and persuasion）是由确立无效性的攻击者承担，而不是由表明判决有效性的拥护方承担。[17]

（二）证据

援引既判力的一方当事人，通常需要提交前诉判决的证据，例如判决的正式记录。[18] 然而，有时法院愿意对前诉判决采取司法认知（judicial notice）。[19]

援引既判力的当事人，特别是在争点排除方面通常有必要证明附加事项，例如在前诉中实际争讼的是什么。这些问题可能除诉讼记录外，还需要旁证，包括用以证明诉状外的争点经同意已经进行审理的笔录、将某些争点从争论中移除的证据契约或当事人协议。如今此种旁证证据规则在大多数司法管辖区获得了广泛的许可，并且该旁证可以和呈现前诉真实状况的正式诉讼记录相抵

17　见特丽莎·L. 克鲁克（The resa L. Kruk）的评述："根据《联邦民事诉讼规则》第60条第2款（4）项规定，谁对以缺乏管辖权为由而撤销缺席判决负担证明责任"（Who has Burden of Proof in Proceeding Under Rule 60（b）（4）of Federal Rules of Civil Procedure to Have Default Judgment Set Aside on Ground That It Is Void for Lack of Jurisdiction），载《美国法律汇编联邦系列》第 102 期，自第 811 页开始（1991 年）。

18　见，如《美国法典》第 28 卷第 1738 条；《联邦民事诉讼规则》第 44 条；《联邦证据规则》第 902 条。

19　见，如圣路易斯浸信会诉联邦储蓄保险公司案（*St. Louis Baptist Temple v. FDIC*），《联邦案例汇编》第 605 期，自第 1169 页开始（第十巡回法院 1979 年）。

触。[20]然而，在有些州，旁证可能不被接受或者它不能用来说明诉讼记录中反映的争点实际上未经争讼，虽然旁证可以用来说明诉讼记录中未反映的争点实际上已经争讼过。[21]当然，为了降低之后的困难，期待适用既判力的当事人应该在最初诉讼中作出不懈努力，例如修改诉状使记录既准确又富于表现力。

精确地证明在前诉中实际争讼过什么尤为困难。为此，有时需要提供前诉中审理事实问题的陪审员的证词。但是，美国最高法院很久以前表明："陪审团秘密审议或者用于作出其裁决的诉讼程序理由，既不是证明争点或者裁决的合格证据，也不是证明争点或裁决的可采信的证据。虽然陪审员就结果可能会达成一致，但时常对达成结论的理由或依据存在不同意见。"[22]今天大多数证据法都同意排除此种陪审员证据。[23]同样地，法官不能就其思维方式作证，虽然他们是前诉中公开的客观事件的合格目击者。[24]许可法官就其前诉裁决作证太容易受事后合理化和改进的影响，并且对法官来说是一种过度的负担。因此，应该做什么呢？如同一项判决通常必然意味着解决一定的争点那样，仔细地审查记录就可以揭示出裁决的依据。安排由陪审团作出特别裁断（special verdict）可以克服余下的不清晰，这同样可以确保法官在不设陪审团审理的案件中作出详细的事实裁决和法律结论。旁证可以偶尔起作用。但是，在最终缺乏足够证据证明已经裁决过什么时，既判力将不会被适用。 244

（三）裁决

在大多数案件中，法官会在审理前从提交的证据中决定是否适用既判力，

20　见《判决重述（第二次）》第19条h项评论、第77条（1982年）。

21　见，如斯莱特诉斯克温案（*Slater v. Skirving*），《西北区案例汇编》第70期，自第493页开始（内布拉斯加州最高法院1897年）。

22　货运公司诉斯可乐斯案（*Packet Co. v. Sickles*），《合众国案例汇编》（《华莱士》第5卷）第72期，自第580、593页开始（1867年）。

23　见《联邦证据规则》第606条。

24　见，如格里普－帕克股份有限公司诉伊利诺伊工具公司案（*Grip-Pak, Inc. v. Illinois Tool Works*），《联邦案例汇编》第2辑第694期，自第466页开始（第七巡回法院1982年）；弗莱明·小詹姆斯（Fleming James，Jr.）：《民事诉讼程序》（*Civil Procedure*），第579—580页（1965年）；查尔斯·艾伦·赖特（Charles Alan Wright）、亚瑟·R. 米勒（Arthur R. Miller）、爱德华·H. 库珀（Edward H. Cooper）：《联邦诉讼实践与程序》第18卷第4420条，第189—191页（1981年）。但是比较蒂莫西·E. 特拉沃斯（Timothy E. Travers）的评述："在非由其审理的案件中作证人的法官"（Judge as Witness in Cause Not on Trial Before Him），载《美国法案例汇编》第3辑第86期，自第633、665—668页开始（1978年）（引用官方机构许可法官的证词来解释不清晰的记录）。

包括在前诉中实际争讼和裁决过的内容和由此导致的后诉争点是否应当被排除。

然而，如果就作为旁证提出的证据的真实性存在真正的争议，并且如果当事人要求陪审团审理该事实争议，则有些法院会将问题提交给陪审团并附上案件中其他问题的证据，包括寻求排除的证据问题。如果在此种案件中陪审团裁决应该适用既判力，则其不会继续审理被排除的那部分案件事实，目的是根据在后诉中提出的证据作出裁决。[25] 此种程序不仅在可信赖方面似乎存在怀疑，而且在避免重复诉讼的排除目的方面也不够规范。

245 因此，即使既判力针对的是事实证据争议并且是审前裁决的问题，将既判力问题视为应由法官裁决的问题也是一种比较好的做法。此外，此种向审前司法处理方向的转变，有助于阐明既判力裁决背后隐藏的原因，从而促进该原则的健康发展。

但是，如果法院要推行此种有利于对既判力进行司法裁决的政策，如何才能克服在普通法诉讼中陪审团权利存在于任何真正的事实性纠纷中这种似乎合理的争论呢？此种争论应该使法官暂时踌躇不前，因为在既判力争议中是否存在陪审团权利仍悬而未决。所以，普遍的司法回应是回避该争论，方法是在此种既判事项争议背景下从非常狭义的角度界定"事实"。[26] 采取此种狭义的事实定义的方法不仅把既判事项交给了法官处理，而且通过简易判决为审前笔录证言（pretrial disposition）提供了便利。因此，绝大多数既判事项被视为"法律"问题提出。

不考虑标签问题，把事实在该原则中的真正作用减少到最小是可取的。在既判力法确实针对事实的范围内，它往往是一项不可取的原则。它由此违背了原则应该具有的清晰、简洁和严格的优点。因此，立法者应该在其他条件相同的情况下尽力制定既判力法以期使争议事实的作用最小化，从而彻底避免陪审团的问题。

---

25 见货运公司诉斯可乐斯案（*Packet Co. v. Sickles*），《合众国案例汇编》（《华莱士》第 5 卷）第 72 期，自第 580 页开始（1867 年）。

26 见，如瓦尔诉开瑞振动机械公司案（*Wahl v. Vibranetics, Inc.*），《联邦案例汇编》第 474 页，自第 971 页开始（第六巡回法院 1973 年）；比较：马克曼诉西景仪器有限公司案（*Markman v. Westview Instruments, Inc.*），《合众国案例汇编》第 517 期，自第 370 页开始（1996 年）（有关陪审权的事实与法律区别）。

（四）复审

上诉复审（appellate review）同样会遇到事实与法律之间区别的问题。[27] 同样，从广义角度界定“法律”的范围，上诉法院可以且相当偏重于重新审查。[28] 的确，更恭敬的复审会趋向于将诉讼限制在是否重复诉讼上，因为对既判事项的裁决会使初审法院的裁决变得更加坚定不移。将既判力事项交给初审法院有助于发展一种原则，即在追求个性化精确度方面对许多因素进行直观的衡量。然而，上诉法院仍然倾向于反对尊重，因为他们想要收紧既判力原则并严格监督其适用。基于管理原因，他们也希望在本质上将这一原则定性为具有更加纯粹的法 246
律性质并因此更容易通过简易判决进行审前司法处理。

然而，如果初审法官或陪审团在审理旁证后对明显的事实性子问题作出了裁决，则上诉法院会对该法官或陪审团就子问题作出的裁决分别给予适度顺从式复审（明显错误标准）或者更加顺从式的复审（不合理的陪审团标准）。[29] 为了避免给予该尊重，上诉法院会把“事实”看作是只包括“最终基于查明事实的法庭经验与人类行为主要动机的适用”所得出的结论。[30]

此外，如同非相互性争点排除（nonmutual issue preclusion）情形一样，如果初审法院在处理既判力事项中作出的裁决具有明显的自由裁量权性质，则上诉法院会适用滥用自由裁量权的复审标准。[31] 但是，基于最低限度的尊重，上诉法院并不情愿这样做。[32]

---

27 见史蒂文・A. 柴尔德里斯（Steven A. Childress）、玛莎・S. 戴维斯（Martha S. Davis）:《复审标准》（*Standards of Review*）第 1 卷第 3 条第 9 款（1986 年）。

28 见，如布拉西诉威廉姆斯案（*Blasi v. Williams*），《联邦案例汇编》第 2 辑第 775 期，自第 1017 页开始（第九巡回法院 1985 年）。

29 见，如贝里斯诉工业委员会案（*Bayless v. Industrial Comm'n*），《太平洋案例汇编》第 2 辑第 880 期，自第 654 页开始（亚利桑那州上诉法院 1993 年）。

30 署长诉杜伯尔斯坦案（*Commissioner v. Duberstein*），《合众国案例汇编》第 363 期，自第 278、289 页开始（1960 年）。

31 见，如帕克冷针织品公司诉肖尔案（*Parklane Hosiery Co. v. Shore*），《合众国案例汇编》第 439 期，自第 322 页开始（1979 年）。

32 见查尔斯・艾伦・赖特（Charles Alan Wright）、亚瑟・R. 米勒（Arthur R. Miller）、爱德华・H. 库珀（Edward H. Cooper）:《联邦诉讼实践与程序》第 18 卷第 4465 条，第 590—591 页（1981 年）。

第十二章　既判力的阻却

247　前几章分别从请求排除和争点排除两个方面讨论了既判力运作中存在的各种例外情况。假定一方当事人援引既判事项的某个方面来对付对方或被援引者，为了推翻既判力规则，被援引者可以提出并证明其中有一种既判力适用的例外。另一种方法是，通过克服援引者对该规则的任何学理性要求的支持，被援引者可以阻却援引者最初试图适用既判力规则的尝试。例如，被援引者可以通过推翻援引者所说明的现行案件的争点与前案相同、该争点实际上已争讼和裁决或者其决定是前诉所必不可少的方法来挫败争点排除。

所有这些都是显而易见的。不那么直接的方式是被援引者可以通过提出前诉判决缺乏有效性和终局性这一既判力前提条件来阻却既判力的适用。也就是说，寻求避免判决约束力的一方当事人，可以对判决本身进行攻击。当然，当事人基于许多理由，可以通过立即提出判决后动议或上诉的方式这样做。但是，即使在初审和上诉法院复审的普通程序之外，当事人也可以至少以缺乏终局性或者有效性为由对判决进行攻击。

终局性问题在第五章探讨过。对判决有效性进行攻击的问题相当复杂。本章将探讨如何通过确立前诉判决无效来免除既判力。

一、攻击的方法

248　某一个判决要具有既判力，它必须是“有效的”。要被视为有效，判决必须足够好从而经得起以请求形式“对判决的救济”进行攻击。研究的核心首先应该是为判决提供救济的那些判决后程序。就技术层面而言，为了避免判决的效力，请求对判决的救济指的是：除了初审法院和上诉法院普通复审程序外的特定程序性技巧。对判决的救济包含三种技巧：

（一）救济动议

当事人或利害关系人可以通过提出判决救济的动议，对判决法院作出的判决进行攻击。[1]此种动议在技术上属于初次诉讼的继续，也是一种被称作直接攻击（direct attack）的攻击形式。然而，它仅在相当特殊的情形中适用，不是特意用作救治裁判存在粗心大意的良方。但是，在适当的案件中，它是判决救济的一种首选方法，属于最直接和最有条理的技巧。[2]

（二）独立诉讼

因为采用上述动议有适用程序上的限制，因此，如果不能通过动议获得对判决的充分救济，则人们为了使得判决无效、阻止执行判决或者以其他方式获得对判决的救济，可以恰当地对判决持有人提起一起独立的诉讼（an independent suit）。[3]此处的实质是独立的请求，但直接针对的是前诉判决。此种想要获得对判决的救济而采取的独立的衡平法上诉讼最好，但并非必然在判决法院提起， 249
当然，该法院可以对此种诉讼继续行使管辖权。[4]

（三）防御性攻击

如果后诉当事人依靠前诉判决作为提出请求或答辩的依据（如原告以判决为依据提起诉讼以便对其加以执行或被告提出既判力的情形），并且如果对判决不能获得充分救济而采用其他两种程序技巧更为方便时，则对方当事人可以恰当地在后诉中对前诉判决发起攻击以阻止其适用。[5]与直接攻击不同，这种方式被称作间接攻击（collateral attack）。由于援引既判力往往会引发间接攻击，因此，研究既判力常常涉及间接攻击的问题。

正因如此，“直接攻击”这一术语仅仅是指对专门为此目的提起的对某一

1　见，如《联邦民事诉讼规则》第 60 条第 2 款；蒙特利尔银行诉奥拉夫松案（*Bank of Montreal v. Olafsson*），《联邦案例汇编》第 2 辑第 648 期，自第 1078 页开始（第六巡回法院 1981 年）（适用《联邦民事诉讼规则》第 60 条第 2 款）。

2　查尔斯·艾伦·赖特（Charles Alan Wright）、亚瑟·R. 米勒（Arthur R. Miller）、玛丽·凯·凯恩（Mary Kay Kane）:《联邦诉讼实践与程序》第 11 卷第 2857—2866 条（1995 年第 2 版）。

3　见，如布雷顿诉加农案（*Britton v. Gannon*），《太平洋区案例汇编》第 2 辑第 285 期，自第 407 页开始（俄克拉何马州 1955 年）（作为反诉或抗辩主张而提出衡平法上的请求）。

4　参见查尔斯·艾伦·赖特（Charles Alan Wright）、亚瑟·R. 米勒（Arthur R. Miller）、玛丽·凯·凯恩（Mary Kay Kane）:《联邦诉讼实践与程序》第 11 卷第 2868 条（1995 年第 2 版）。

5　见，如马歇尔诉洛克希德案（*Marshall v. Lockhead*），《西南区案例汇编》第 2 辑第 245 期，自第 307 页开始（得克萨斯州上诉法院 1952 年）。

判决提出异议的程序，例如通过上诉、提出动议或者独立诉讼的方式寻求对判决的救济。如果判决受到严重错误的影响，则法院可以通过此种直接攻击的方式予以推翻或者撤销，从而消灭其既判力。任何严重的错误都可以为直接攻击判决提供依据，包括但不限于可能也是作为间接攻击依据的根本性错误或管辖错误。

“间接攻击”是指试图通过攻击判决的有效性而非通过直接攻击的方法来消除、阻却或者规避判决的效力。对判决的有效性发起攻击的情形是：当对试图执行判决或者在后诉中主张认定判决既判力进行抗辩时，对判决的有效性发起攻击就是间接攻击的主要实例。

二、攻击的理由

如上所说，一项判决必须被认为是有效的，其才能具有既判效力。如果这
250 样认为，判决必须能经得住所请求的对判决进行救济的三种攻击方法中任何一种攻击。那么，有什么理由会支持通过这些方法进行攻击呢？

（一）管辖权和通知

1. 管辖权

通常使判决无效的主要缺陷是管辖权瑕疵（defects of jurisdiction）。法院缺乏对诉讼标的、人（对人诉讼）或者物（对物或准对物）享有管辖权而作出的判决，可能在与该判决相关的后诉中会受到质疑。根据传统原理，对管辖权可以以直接攻击甚至是以间接攻击的方法提出异议。

也就是说，不论行使管辖权是违反宪法性要求还是准宪法性要求，如果攻击者没有引起他人对该判决的实质性依赖，则传统法律允许因缺乏管辖权而进行间接攻击。传统法律不允许对审判地瑕疵或者违反不方便法院原则或者其他司法自我克制原则进行间接攻击，但仅就管辖权法规瑕疵可以。[6]

所谓事物管辖权（subject-matter jurisdiction）或能力（competence），我们的意思是依据适用的宪法上和制定法上的规定，要求法院有权对出现在其面前的这类争议作出裁判。用非地理术语来讲，本质上宪法和制定法为了划分政府部

---

6 参见查尔斯·艾伦·赖特（Charles Alan Wright）、亚瑟·R. 米勒（Arthur R. Miller）、爱德华·H. 库珀（Edward H. Cooper）：《联邦诉讼实践与程序》第 18 卷第 4428—4431 条，第 77—80 页（1981 年）。

门的职能，详细规定了法院事物管辖权范围，由此调整联邦和州的权力，将法院从其他部门中分离出来，并将不同的法院区别开来。

所谓地域管辖权（territorial jurisdiction）或者司法管辖权（judicial jurisdiction），我们的意思是对法院有权在其当事人和事件中处理非本地要素案件的权力进行重要限制。从当事人、法院以及诉讼之间的地理关系角度而言，相关原则详细规定了法院地域管辖权的范围以期将诉讼地限制在适当的某地法院。[7]

地域管辖权的概念，既包括对人诉讼管辖权，也包括对物或者准对物的非对人诉讼管辖权。对人与非对人管辖权之间的区别就在于诉讼对象是人还是事物。 251

根据一般性法律，法院要完善地域管辖，它不仅必须有充分的管辖权联系或依据，诸如被告出现、居所地、同意或者法院所指的行为，而且必须正式宣称其对诉讼标的（target of the action）行使权力。法院的宣称源于原告的诉讼送达。在对地域管辖权依据进行间接攻击时，攻击者既可以提出法院对前诉所指人或事物缺乏联系，也可以提出原告没有诉讼送达（service of process）。

2. 通知

同样，既判力的被援引者可以直接或者间接地攻击前诉判决，理由是在前诉中未向被援引者或者其代表提供充分通知。[8] 正当程序条款要求将未决诉讼合理地通知有关主体或代表——合理通知必须是形式相当正式和内容详实；合理通知必须是事实上的通知或者合理地预测会产生事实上的通知；合理通知必须提供合理的听审机会。[9] 除了宪法要求外，当地有关送达程序的法律进一步详细规定了给予充分通知的方式。

传统法律允许对不适当通知进行间接攻击，不论是违反宪法性规定还是更重要的准宪法性规定，前提是攻击者没有诱使他人实质性地依赖该判决。因技术性违反有关发出通知的准宪法性规定的原因，它不允许进行间接攻击，而只

---

7 参见罗伯特·C. 卡萨德、威廉姆·B. 里奇曼（Robert C. Casad & William B. Richman）:《民事诉讼管辖权》(*Jurisdiction in Civil Actions*)（1998 年第 3 版）；凯文·M. 克莱蒙特（Kevin M. Clermont）:《民事诉讼程序：地域管辖权与审判地》(*Civil Procedure*: *Territorial Jurisdiction and Venue*)（1999 年）。

8 参见《判决重述（第二次）》第 65—66、81 条（1982 年）。

9 见马冷诉中央汉诺威银行和信托公司案（*Mullane v. Central Hanover Bank & Trust Co.*），《合众国案例汇编》第 339 期，自第 306 页开始（1950 年）。

允许依据有利于基本公正的理由进行攻击。无论是在当事人实际上收到了形式相当正式和内容详实的通知的情况下，还是通知的形式和传送的方式基本符合法定程序的情况下，司法的趋势是倾向于忽略轻微的违规行为。[10]

252 我们直接取自《判决重述（第二次）》的"适当通知"（adequate notice）术语，[11]可能存在误导性。很明显，它设定的实际通知的条件并非不容置疑。即使被告从未收到通知，合理的计算也会导致实际通知，从而产生有效的判决。

不太明显的问题是，根据判例法，此处的适当通知是一种简略表达，代表对正当程序最基本的要求给予广泛的关注。在直接和间接攻击时，法院会考虑真正地有利于公正本质的任何理由。因此，在集团诉讼案件中，正当程序要求缺席的集团成员由被指定的当事人进行充分的代理，此被指定的当事人在诉讼中的利益能够确保其有效地代理集团成员的请求或答辩——更准确地说，缺席者必须真正地同意一些当事人案件实体的总体目标，这些当事人强烈地并能够胜任地追求那些目标，并且缺席者必须通过实质利益或程序行为和该当事人存在某种联系。[12] 当力图针对缺席的集团成员主张集团诉讼中作出的判决时，后者除了其他通常的攻击理由外，还可以基于该代理没有充分地遵守正当程序直接或间接地攻击该判决。如果成功，此种攻击能使缺席者不受集团诉讼判决效力的约束。

3. 总结

事物管辖权、地域管辖权以及适当通知等此类要求通常是随后进行直接攻击或者间接攻击的理由。该理由是这些要求对初审法院的管辖权如此具有基础性以至于对它们的审查应该持开放态度。一般而言，即使在完全不同的后诉中，法院也可以调查前诉对这三项法院管辖权防御的满足情况。

与管辖权和正当程序有关的法律或者事实问题可以对簿公堂进行直接或间接攻击，包括诸如是否存在管辖权的特别根据和在此情况下是否适当通知等事项。然而，如同下一章解释的那样，如果这些争点已在前诉中作出了裁决，寻

253

---

10 参见《判决重述（第二次）》第 2—3 条（1982 年）。

11 见《判决重述（第二次）》第 1 条（1982 年）（为了满足三个关键要求，使用"事物管辖权"、"地域管辖权"以及"适当通知"）。

12 见理查德诉亚拉巴马州杰弗逊县案（*Richards v. Jefferson County*，*Ala.*），《合众国案例汇编》第 517 期，自第 793 页开始（1996 年）；汉斯贝里诉李案（*Hansberry v. Lee*），《合众国案例汇编》第 311 期，自第 32 页开始（1940 年）。

求消除该判决既判效力的当事人就被阻止根据该理由进行攻击。

（二）衡平法理由

1. 一般原则

有时判决效力可以依据衡平法理由加以消除，诸如根据欺诈、强迫或错误获取的事实。[13] 根据普通法，此种判决的获得不会使其容易受到间接攻击，但在执行该判决会严重不公正或者不合理时，衡平法院在有些情况下会禁止执行该判决或者给予其他适当的衡平法救济。应该说，此种判决只是“可撤销的”（voidable）而非“无效的”（void）判决。[14] 时至今日，因特别不公正而对判决进行此种衡平法上的攻击，必须通过直接攻击而非间接攻击的方式进行，诸如通过动议或者为摆脱判决而提起独立的诉讼。

受害人可以通过动议寻求救济。考虑一下《联邦民事诉讼规则》第 60 条第 2 款的用语：

根据动议和公正的条款，法院因下列原因可以使当事人或当事人法定代理人摆脱终局判决、命令或程序：（1）错误、疏忽、突袭或者可以原谅的过失；（2）根据本《联邦民事诉讼规则》第 59 条第 2 款规定，为了申请重新审理，通过相当注意也不能及时发现的新证据；（3）欺诈（不论在此之前被称作内部的还是外部的）、虚假陈述或者其他对方当事人的不当行为；（4）判决无效；（5）判决已被履行、放弃或者解除，或者作为判决基础的前诉判决已经被推翻或者撤销，或者该判决将来执行会不公平；（6）其他任何免除判决效力的正当理由。该动议应该在合理期限内提出，且基于本款（1）、（2）以及（3）理由提出的动议不得超出判决、命令作出或程序采取之后 1 年。根据本条第 2 款提出的动议不影响判 254
决的终局性或者中止其运作效力。为了使当事人摆脱判决，本规则不限制法院受理独立诉讼的权力……

通常与衡平法救济一样，通过提起独立诉讼对判决进行救济受自由裁量因素的影响很大，并且这些案件通常很难和解。细想一下某一联邦法院的表述：

此种诉因的必要因素是（1）基于公平和良知不应该执行的判决；（2）对判

13　参见《判决重述（第二次）》，自第 67—68、70—74 条开始（1982 年）。

14　见苏珊·班兹（Susan Bandes）、劳伦斯·B. 索伦（Lawrence B. Solum）：《摩尔论联邦诉讼实践》第 18 卷，第 130 条第 13 款（3）项（1999 年第 3 版）。

决所依据的所谓的诉因有充分的答辩；（3）欺诈、意外事件或者错误阻止被告在判决中获得答辩利益；（4）被告方面没有错误或过失；（5）没有依法获得充分的救济。[15]

因此，许多但并非所有不当行为或不幸足以通过直接攻击对判决进行救济。然而，答辩方由于对手的欺诈未获得公正听审的机会，是一种几乎总是给予救济的情形。这种情形值得仔细观察。

2. 欺诈

何种欺诈才算充分？通常《联邦民事诉讼规则》第 60 条第 2 款第 3 项明确地把通过动议提出的救济扩张到了欺诈，但应遵守 1 年的诉讼时效。虽然独立诉讼案件不受诉讼时效的严格限制，但传统上存在“内在”（intrinsic）欺诈和“外在”（extrinsic）欺诈的区分。对前诉内在欺诈不是通过独立诉讼对判决进行救济的理由，但外在欺诈则是。因此，通过动议进行救济的理由似乎比独立诉讼的理由要宽泛得多。

虽然内在的和外在的这些术语在此语境下被广泛地使用，而且在较小程度上仍然如此，但这两类欺诈行为之间并没有非常明确的区分。当然，这些
255 术语本身没有详细描述没有许可或者不应该许可衡平攻击与那些许可或者应该许可衡平攻击这两类案件之间的差异。[16] 要认识该差异，人们必须深入研究判例法。

一般而言，内在欺诈（intrinsic fraud）被认为包括在产生前诉判决的诉讼程序过程中作出的证据性不实陈述。诉状中虚假陈述、证人的虚假证言以及诸如此类通常被归为内部欺诈的实例。它们属于通常在程序中可以加以避免或纠正的虚假陈述——通过反证、交叉询问、弹劾证人等或者通过上诉。

外在欺诈（extrinsic fraud）被认为包括与基础的实体事实无关或者属于外在的不当行为。“外在欺诈一直被界定为胜诉当事人在实际对抗性审理之外直接和肯定地对败诉当事人实施的欺诈行为，从而使败诉方无法充分和公正地陈述自

15 全国担保公司诉州立银行案（*National Sur. Co. v. State Bank*），《联邦案例汇编》第 120 期，自第 593、599 页开始（第八巡回法院 1903 年）。

16 比较［苏珊·班兹（Susan Bandes）、劳伦斯·B. 索伦（Lawrence B. Solum）：《摩尔论联邦诉讼实践》（*Moore's Federal Practice*）第 18 卷，第 130 条第 4 款（4）项（1999 年第 3 版）（使用该差异）］与［查尔斯·艾伦·赖特（Charles Alan Wright）、亚瑟·R. 米勒（Arthur R. Miller）、玛丽·凯·凯恩（Mary Kay Kane）：《联邦诉讼实践与程序》第 11 卷第 2861、2868 条（1995 年第 2 版）（批评该差异）］。

己的理由。此种定义中包含了虚假陈述，即败诉方仅是名义上的当事人，他们不会寻求救济、进行虚假的和解承诺、隐瞒诉讼以及诱拐证人等。”[17] 当欺诈造成拒绝给予受欺诈方正当的出庭权时，正常审判和上诉程序就不能被用来纠正虚假陈述或证言。在此情形下，通过独立诉讼进行衡平法上的救济或许为避免不公正所必需。

然而，有的法院在扩展外在欺诈方面走得更远。根据通常的观点，虽然使用假证言不构成外在欺诈，但主动地隐瞒当事人有义务披露的重要证据就等同外在欺诈。[18] 因此，外在欺诈和内在欺诈之间的差异就变得模糊了。

此外，外在欺诈威胁到了正当程序通知的领域。有时，相同的欺诈性不法行为可能支持对通知理由进行间接攻击。但根据其名称，欺诈不会只构成直接攻击。因此，传统模式是间接攻击针对通知瑕疵，独立诉讼针对外在欺诈，此外，动议针对所有欺诈。但是，通常情况下，因为相关定义不精确导致现实更 256
加模糊。

三、对攻击方法和理由的处理

现在我们必须综合所有这些信息来理解有效性。第一步是要认识到有效性的法律史是一种划分失败的历史，法律试图在某些攻击方法的概念性框架中分配某些攻击理由也未获得成功。如同我们通过举例的方法所看见的那样，外在欺诈和内在欺诈之间的区别没有发挥作用。

此外，间接攻击与直接攻击之间的基本区别或者对应的无效与可撤销判决之间的区别被证明是一种幻想。基于外在欺诈的传统观点，它使得判决可以撤销并遭受以独立诉讼的形式进行直接攻击。然而，甚至在普通法与衡平法合并前，针对在相同诉讼中主张法律请求本身提出的法律请求，作为反诉提出一些衡平法上请求和作为防御提出一些衡平法上的答辩已经成为可能。如果提起诉讼的目的是执行通过外在欺诈获取的判决，则在执行诉讼中可以通过反诉的方式对执行该判决提出衡平法上的异议。因为在反诉中寻求救济会使对方当事人

17　布雷顿诉加农案（*Britton v. Gannon*），《太平洋区案例汇编》第2辑第285期，自第407、409—410页开始（俄克拉何马州最高法院1955年）。

18　见，如韦安特诉犹他州储蓄和信托公司案（*Weyant v. Utah Sav. & Trust Co.*），《太平洋区案例汇编》第182期，自第189页开始（犹他州最高法院1919年）。

的请求无效，因此主张外在欺诈确实可以被称作一种答辩而非反诉。[19] 如果答辩获得了支持，则该判决会被拒绝给予执行，这如同被告已证实了对前诉判决缺乏管辖权一样。在此情形中——在执行判决的诉讼中将欺诈作为一种答辩的主张——可以在逻辑上被称作直接攻击的衡平法上的独立诉讼的所有表象都消失了，并且欺诈性答辩是一种间接攻击，只是用了不同的名目罢了。[20] 因此，利用习惯法和普通法的效用差异来区分间接攻击和直接攻击更是令人匪夷所思。（归
257 根结底，独立诉讼应置于何地呢？在大多数案件中，独立诉讼过去和现在都被称作是一种直接攻击。[21] 然而，其他案件将其称为间接攻击，[22] 而有些案件将独立诉讼与直接攻击和间接攻击进行了区分，将独立诉讼称为间接反驳。）[23]

因为准确地界定区别行不通，因此对于直接攻击和间接攻击的划分以失败告终。法院必须回到有效性概念背后所隐藏的基本观点上。简单地说，有些基本缺陷是如此严重，以至于可在任何时间和地点被提出，甚至可在随后和远距离的防御性攻击情形中被提出；其他较小瑕疵必须通过法律所规定的专门具有纠正目的的更直接的攻击程序来提出纠正或根本不提出。在此环境中对缺陷加以区别，似乎至少要求后诉法院进行一些自由裁量性质的平衡。权衡的结果将决定有效性。

那么，后诉法院用以界定有效性的现行法律是什么呢？这会因法院不同而存在差异。划分的欲望持续存在，因此对每个法院而言，法律存在于严格划分与灵活裁决两者之间。换句话说，法律存在于下列《判决重述（第一次）》和《判

---

19 见马萨里诉艾斯得乐案（*Massari v. Einsiedler*），《大西洋区案例汇编》第 2 辑第 78 期。自第 572、575—576 页开始（新泽西州最高法院 1951 年）。

20 见布雷顿诉加农案（*See Britton v. Gannon*），《太平洋区案例汇编》第 2 辑第 285 期，自第 407 页开始（俄克拉何马州最高法院 1955 年）。但见加努恩诉美国航空公司案（*Gannon v. American Airlines*），《联邦案例汇编》第 2 辑第 251 期，自第 476、482 页开始（第十巡回法院 1957 年）（2—1 裁决）（在基于与布雷顿案相同的伊利诺伊州判决的不同申请执行诉讼中，法院不同意非终局的布雷顿裁决，并认为伊利诺伊州的判决“基于欺诈没有进入法院管辖范围为由而在诉讼中不存在间接攻击”），依法撤销判决，《联邦案例汇编》第 2 辑第 251 期，自第 486 页开始（第十巡回法院 1958 年）。

21 见评论：“对判决直接和间接攻击区别的价值”（The Value of the Distinction Between Direct and Collateral Attacks on Judgments），载《耶鲁法律期刊》第 66 期，自第 526、531 页开始（1957 年）。

22 见，如格里菲斯诉纽约银行案（*Griffith v. Bank of N. Y.*），载《联邦案例汇编》第 2 辑第 147 期，自第 899、901 页开始（第二巡回法院 1945 年）。

23 见，例如艾希霍夫诉艾希霍夫案（*Eichhoff v. Eichhoff*），《太平洋区案例汇编》第 40 期，自第 24、25 页开始（加利福尼亚州最高法院 1895 年）。

决重述（第二次）》各自代表的两种处理方法之中。

（一）传统的、严格的处理方法

通常情况下，在初审法院和上诉法院正常复审过程之外，后续诉讼中各种程序对有效性的攻击所依赖的依据是由作出判决的最高管辖权法院设定的。当然，该最高管辖权法院的法律要受制于可适用的外部限制，一个例子就是正当程序和其他联邦规定所施加的限制并成为州法律组成部分的情形。

因此，在说到对州法院缺席判决提起的诉讼中，州法律规定了间接攻击的理由。这些理由一直很有限。此处的传统规则是间接攻击会胜诉，理由是作出判决的法院没有满足事物管辖权、地域管辖权或者适当通知的要求；事实上，这种攻 258
击只根据这三种理由中的一种就会取胜而不是依据应该在上诉或其他直接攻击时加以纠正的任何其他错误。换句话说，通常的表述规定，只有作出判决的法院没有满足下列要求之一，判决才会受到间接攻击：（1）事物管辖权；（2）地域管辖权；或者（3）适当的通知。[24]

如果缺席当事人（the defaulting party）迅速地将诉讼推进到作出判决法院以期对判决救济提出动议，则理由清单将稍长一些。那么，救济会存在于极其不公正的情形中，例如在欺诈的情形中。在某类特别严重的不当行为或意外事故的不幸情况下，例如典型的外在欺诈，缺席当事人作为选择也可以通过独立诉讼进行救济。

总之，虽然对判决救济的动议和独立诉讼在传统上仅限于极其不公正的案件，但并不局限于侧重在对管辖权和通知的间接攻击。[25]

（二）超现代的、灵活的处理方法

传统原则已经有了一些进展，并进而对其相对确定性方面也取得了一些进展。超现代或后现代的观点是：法院应该在某种程度上明显地将对判决的救济作为一种自由权衡方法。根据某些学者的观点并在某些情况下，对判决的救济应该更明显地取决于对公平的自由平衡。根据作出判决的最高司法机构的法律规定，各种因素会决定是否提供救济：

24 见《判决重述》第4条（1942年）。

25 见《判决重述》第五章（1942年）。

- 判决存在的所谓缺陷的性质和重要性；
- 对所采用的判决进行救济的程序性技巧，此种因素所依据的观点是这种技巧形成了一个系统，并且随着攻击的模式、地点和时间与前诉距离变得更遥远了，则一系列可适用的救济理由应该压缩；
- 请求救济的影响；
- 259 当事人的立场，包括寻求救济的谨慎程度和对判决的依赖性。

按照此种灵活的处理方法，仍然可以说，为了实现既判力，当且仅当判决满足事物管辖权、地域管辖权以及适当通知的要求，判决就通常被视为有效。也就是说，此种灵活的处理方法近似于传统性原理，但也存在例外。为了某些目的，有时候没有满足管辖权、联系以及通知此三项条件的判决仍然有效力（甚至在作出判决的法院提出动议时），[26] 而满足那些条件的其他判决会没有效力（甚至在根据该判决提起的后诉中）[27]——所有上述的灵活因素都应予以考虑。例如，即使攻击者可以说明在前诉没有管辖权或者通知，并且即使攻击者根据《联邦民事诉讼规则》第 60 条第 2 款第 4 项采用直接攻击方式，但如果攻击者显示出把该判决视为有效的意图并且其他人实质上依赖该判决，则该判决将会经得住攻击。相反，当管辖权和通知没有问题并且是间接攻击时，至少出于某些目的，如果前诉所涉及的缺陷很严重并且攻击者基于应有的注意寻求救济，则判决也会失效。最终，归根结底这是对公平的一种自由衡量。

（三）解决

至少在某种程度上，《判决重述（第二次）》的灵活性方法随处可见。本章在其关于有效性的开放式定义中含蓄地承认这个事实：“判决若被视为有效，则判决的质量必须足够好，经得住以请求形式‘对判决救济’所进行的攻击。”此处关键的想法就是，有效性应该从判决救济的角度进行界定。有效判决不是必

---

26 见，例如格斯温德诉塞四纳飞机公司案（*Gschwind v. Cessna Aircraft Co.*），《联邦诉讼规则案例汇编》第 189 期，自第 643 页开始（堪萨斯州地区法院 1999 年）（缺乏事物管辖权）；马歇尔诉洛克希德案（*Marshall v. Lockhead*），《西南区案例汇编》第 2 辑第 245 期，自第 307 页开始（得克萨斯州民事上诉法院 1952 年）（缺乏对人管辖权）；《判决重述（第二次）》第 65—66 条（1982 年）。

27 见，李诉卡罗尔案（*Lee v. Carroll*），《南部区案例汇编》第 2 辑第 146 期，自第 242 页开始（路易斯安那州上诉法院 1962 年）（以欺诈为由进行的间接攻击）；《判决重述（第二次）》第 67—68、70—74、82 条（1982 年）。

然性地由一定程序导致的判决。相反，有效判决是可以经得住旨在推翻该判决 260
的经历过一定程序的判决。[28]

此种表面上看不确定的、对有效性有追溯效力的处理方法，需要一些正当理由。它本末倒置了吗?

的确，当事人和法院需要具有可操作性的、有预测意义的有效性。如同我们已经建议的那样，可操作意义是：有效判决通常产生的条件是作出判决的法院对事物和诉讼对象具有管辖权以及对有关当事人给予了适当的通知。换句话说，有效判决即使存在错误，也没有最基本的缺陷。通过使用此种概括性定义，诉讼当事人和法院通常尊重有效判决而忽略罕见的无效判决。

此种粗略式的处理方法几乎针对每个判决都能运行良好。但是，在涉及随后对有效性攻击的特殊案件中，情况就变得比较模糊了。

首先，一系列的错误已经发生，并且受到攻击的情况已经到了一团糟的地步。可以说，原告在满足诉讼最基本条件方面出现差错。被告无法及时解决这一问题。法院可能遗漏判决的有效性和案件的实质性问题。

其次，这种糟糕的事情出现在后诉法院面前，后诉法院面临着一系列奇特判决后出现的新情况。人们可以依赖于该判决。攻击按照特定方式在特定时间出现于特定法院面前。所有这些因素影响救济的正当性。攻击可能仅在技术性意义上取决于管辖权或通知存在的缺陷，因此基本条件在适当语境中没有显得如此神圣。或许攻击可能取决于管辖权和通知之外的其他一些缺陷，但这些缺陷在适当语境中显得如此严重以至于是致命的。在攻击时，所请求的救济属于为了特定目的而对无效性的一种宣布。但是，这意味着，一项判决就某些目的而言是有效的，而在其他目的方面则是无效的。准确地说，出现于后诉法院面前的前诉判决被推定是有效的，并且法院也会如此对待该前诉判决直到攻击者能推翻判决为止。但是，在决定攻击是否成功时，后诉法院必须考虑这些范围广泛的因素，并且只能通过自由裁量式平衡才能做到这一点。

因此，要说某一判决有效——不同于粗略式的或者假设性的有效——需要
对语境式平衡的结果作出预测性的一般陈述。仅回顾有效性定义可能确实是准 261
确的，即判决的质量必须足够好，经得住以请求的形式寻求对判决救济进行攻击。它从有效性问题实际出现的程序性背景即追溯效力背景角度进行框定。它

28 参见《判决重述（第二次）》第二章导言，第19—22条（1982年）。

适当地使用有效性标签描述结果而非援引有效性来充当该结果的原因。

尽管此种追溯效力的定义更准确，但不可否认比传统上的粗略式定义更复杂。但是，此处具有不确定性的追溯效力通常成本低廉。大量的判决运作整体上并不受罕见的不规范案件所存在的轻微不确定性的影响。大多数判决都处于明显具有有效性的范围内。此外，这些不规范案件如此杂乱和独特以至于其不可避免地要由后诉法院加以巧妙处理。任何可想到的有效性定义都无法避免这种不确定性。因此，坦白地说，追溯效力的定义不会严重地损害判决终局性特点。

总之，在事物管辖权、地域管辖权以及适当通知中，传统上要求在粗略式意义上使用有效性是一种不错的做法。它是对判决通常具有既判效力的一种简短而又有效的表达方法。但是，人们应该在粗略意义上谨慎地使用它。正如本章详细阐述的一样，人们应该意识到完全理解有效性和无效性必须要有一个有追溯效力的定义。

第十三章　确定管辖权的裁判权[1]

本书首先论述了既判力，之后针对为阻却既判力而对其有效性进行攻击进行了论述。最后一个适当的论题是，既判力在对有效性攻击的反击中的效力问题。因此，这种互动就是本章关注的核心。 263

在初次诉讼中，法院可以移交管辖权和通知。在事物管辖权、地域管辖权或者适当的通知中，如果其中有一项基本的诉讼地依据的答辩是在初次诉讼的一般进程中提出，则没有陪审团参与审理的法官，既可以根据当事人的申请在审前程序中决定该答辩，也可以选择将该争点推迟到审理阶段。[2]此外，经过初次诉讼审理后，关于缺乏事物管辖权的答辩一旦被提出就会被裁决。[3]

在初次诉讼中对法院管辖权的答辩作出裁决后，可能会产生既判事项的效力问题。既判力一般规则及其例外需要适用。例如，如果一方当事人的住所地问题实际上已被争讼并被裁决从而维持管辖权，并且如果该住所地问题作为另一个请求的案件实体的组成部分而出现，则前诉裁决可能具有争点排除效力。在一个完全不同的案件中，如果攻击者之后基于不适当通知而失去了间接攻击，则根据争点排除一般原则，该损失将阻止基于该理由再发起攻击。[4]

但是，还有一个非常重要的附加问题，即在初次诉讼中对法院管辖权的答辩作出驳回的决定，会对最终判决的攻击产生影响，因为攻击不是出现在初审法院和上诉法院复审的正常进程中而是出现在后诉中。这是一个不同类型的问题：它不涉及排除性使用包括在某一有效判决中的决定，相反，为确定有效性而 264

1　译者注：确定管辖权的裁判权原则产生的结果有点特殊。它类似于争点排除，但也存在不同，从而构成了不同于请求排除和争点排除的第三种既判力法体系，或者说是一套独立于既判力的法律体系。

2　见，如《联邦民事诉讼规则》第 12 条（d）款。

3　见，如《联邦民事诉讼规则》第 12 条（h）款。

4　见，如阿雷西博广播公司诉波多黎各案（*Arecibo Radio Corp. v. Puerto Rico*），《联邦案例汇编》第 2 辑第 825 期，自第 589 页开始（第一巡回法院 1987 年）。

涉及排除使用先前的决定。在这里，对终局性的渴望一般超过对有效性的关注，将排除效力给予决定，从而产生一种特殊类型的既判力，被称作“确定管辖权的裁判权”（jurisdiction to determine jurisdiction）。也就是说，对管辖权或者通知作出的肯定性裁决可以阻止当事人在后诉中基于该理由攻击最后判决。

确定管辖权的裁判权原则的效果，给人第一印象是有点震惊。毕竟，《美国宪法》第5修正案和第14修正案所规定的正当程序概念似乎隐含这样一条原则，即人们不受缺乏管辖权或者没有给予通知的法院所作出判决的约束。此原则似乎不仅意味着不得对人或人的财产作出此种判决，也意味着该判决不得像有效判决一样进行执行或承认。然而，事实是有效性原则并不存在。

的确，如果被告在缺乏管辖权或者没有给予通知的法院被起诉，通常情况下该被告没有任何义务应诉。如果被告没有采取任何行动回应诉讼，则法院可以作出缺席判决，但此种判决应该说是无效的。如果原告尝试依据该判决在后诉中针对相同被告主张权利，则被告通常被许可通过说明该判决是在没有管辖权或给予通知的情况下作出的方法来消除该判决效力。就前诉法院作出判决的权力问题，被告有权出庭进行辩论。

相反，被告可以选择在初次诉讼中向受质疑的法院提出管辖权或通知问题。在其他情况下，缺乏权力的法院为了决定其是否具有管辖权以及通知是否良好，完全可能拥有裁判权，其对此类问题作出的裁决可能对当事人有约束力并且会阻止对相同问题再次争讼。因此，被告在受质疑的法院出庭是被告仅有的出庭辩论权。

265 事实上，我们的法律接受了此种所谓的自助原则（bootstrap principle），[5] 允许缺乏基本权力依据的法院作出一项判决，该判决在之后可以免受攻击。因为管辖权或通知的争点事实上已被争讼和裁决，即使存在错误，当事人也不能在后诉中对相同争点再行争讼。当然，错误的裁决可以通过对判决提起上诉加以复审，但不能在寻求对判决的救济中进行异议。

5 译者注：自助原则是指禁止对已经作出终局判决的另一州法院的管辖权提出间接攻击的一项原则。这一原则以既判力原则为基础，即当事人受法院判决的约束，而不论争点是法院管辖权还是其他问题。依据自助原则，如果法院最初对案件没有管辖权，但当争点被当事人在本法院争讼时，法院可以因其作出它有管辖权这一结论性裁决而使自己取得管辖权，即使该裁决是错误的。该原则适用于法院在前诉中已对人身、法律地位或土地行使管辖权时，但法院对案件没有事物管辖权，则该原则不能适用，也就是该原则不能使没有事物管辖权的法院作出的判决生效。因此，即使当事人在州法院对联邦事项出庭争讼，也不能支持该法院取得对联邦事项的管辖权。

的确，尽管自助原则的终局性价值与有效性的直观性价值互相冲突，但我们的法律接受了自助原则的终局性价值。我们的法律适用该原则的范围甚至比上述所解释的、实际上已经争讼和确定的有关法院权力的答辩更为广泛。但是，在分析决定管辖权的裁判权原理细节前，读者应该首先要清晰地记住该原则的性质。

一、子原则的地位

确定管辖权的裁判权原则属于一套独立的既判力法。它明显类似于争点排除，但其在几个方面存在差异。第一，争点排除要求一个有效的前诉判决。决定管辖权的裁判权不要求有效性，但所起作用为的是使本来可能是一项无效的判决变得无懈可击。第二，争点排除仅适用于后诉中，因此不适用于对判决救济的动议中，该判决技术上属于初次诉讼的继续。[6] 然而，决定管辖权的裁判权确实适用于阻止通过动议和其他对判决救济的方法发起的某种有效性攻击。[7] 第三，争点排除通常不用来约束对争点胜诉的当事人。如果败诉被告在法院管辖地权力的争点上被排除，则决定管辖权的裁判权将会排除胜诉原告。[8] 第四，争点排除只适用于实际上争讼和裁决的争点。决定管辖权的裁判权有时适用于没有争讼过的事物管辖权争点，甚至针对我们将很快看到的缺席当事人一方。第五，最重要的是，在法院管辖权的答辩方面，特殊政策和关注点发挥着作用，266
这样，为了实现决定管辖权的裁判权，法律需要制定特殊的规则和例外。

因此，可取的做法是把既判力视为包括三项子原则：请求排除、争点排除以及确定管辖权的裁判权。法律可以为决定管辖权子原则的裁判权制定独立和适当的规则和例外。

二、子原则的内容

既判力可以适用于之后针对判决实施的任何攻击。特别是，确定管辖权的

6　见，如哈德瓦尔诉通用动力公司案（*Harduvel v. General Dynamics Corp.*），《联邦补充案例汇编》第 801 期，自第 597、601 页开始（佛罗里达州中区联邦地区法院 1992 年）（《联邦民事诉讼规则》第 60 条第 8 款）。

7　见，如内麦兹尔诉贝克案（*Nemaizer v. Baker*），《联邦案例汇编》第 2 辑第 793 期，自第 58、64—66 页开始（第二巡回法院 1992 年）（《联邦民事诉讼规则》第 60 条 b 款）。

8　比较：麦当劳诉马比案（*McDonald v. Mabee*），《合众国案例汇编》第 243 期，自第 90 页开始（1917 年）（原告与被告一样可以间接地攻击缺席判决）。

既判力子原则，可以阻止对所存在的事物管辖权、地域管辖权或者适当通知的先前决定重复争讼。对排除的适用是基于不同的理论基础，此时所涉及的是地域管辖权或适当通知问题而非事物管辖权。

（一）地域管辖权和适当通知

被告可能常常服从地域管辖权或接受诉讼文件送达。的确，如果被告以实质性方式参与诉讼而不首先提出地域管辖权或适当通知的问题，则通常认为被告已通过同意放弃了异议，不管是不是故意放弃。

然而，在每个州和联邦法院，通常被告如不服从法院的地域管辖权或者适当通知，则允许被告参与诉讼程序，对地域管辖权或者适当通知提出异议。此种程序参与通常被称作特别出庭（a special appearance）。通过此种出庭，被告仅仅在提出异议的目的方面服从法院的权力。然而，服从该单一目的确实会导致受该法院对异议作出裁决的约束。

根据此种特别出庭，被告可以提出事实争点、法律争点或者法律适用于事实的争点。他可以就对其行使管辖权所存在的根据问题提出异议。他可以对诉讼程序的形式或送达方式提出异议。在对根据或送达提出异议时，他不仅可以提出依据相关制定法和法院规则进行裁判的问题，而且还可以提出宪法
267 性正当程序问题，包括其与诉讼法院的联系是否充分、情节是否满足了程序公平与实质正义标准以及援引管辖权的方法是否提供了适当的通知和参与庭审的机会。

如果法院作出的裁决是，地域管辖权和适当通知这些要件是存在的，则不管被告是否进一步参与诉讼，被告都将会受该裁决的约束并因此也受最终判决的约束。如果判决在上诉时未被撤销，则它具有约束力，地域管辖权和适当通知的争点就不能再行争讼。事实上，在不论对地域管辖权还是对适当通知是否存在问题提出异议时，确认性裁决排除了被告在后诉中根据两种理由中任何一种对终局判决（the resultant judgment）发起攻击。[9]

因此，基本的教训是，一旦被告在第 1 号诉讼中提起诉讼，则被告必须暂时停留在那里并通过上诉纠正错误，因为诉讼法院权力争点的门槛将会在第 2 号诉讼中受到阻止。在鲍尔德温诉爱荷华州旅行人协会案（*Baldwin v. Iowa*

9 见《判决重述（第二次）》第 10 条 d 项评论（1982 年）。

State Traveling Men's Association）中，[10]密苏里联邦法院在一次特别出庭后就对人的地域管辖权是否存在作出的错误裁决，被认为阻止了被告之后发起攻击。在德非诉杜克案（*Durfee v. Duke*）中，[11]内布拉斯加州法院在确定产权诉讼中针对某一土地的地域管辖权问题进行积极争讼后，该裁决依据的是改道中的河岸上的土地位于内布拉斯加州而非密苏里州的一项错误的结论，这一裁决被认为是为了阻止被告之后进行攻击。虽然最高法院在德非诉杜克案中将该争点作为一项“对事物的管辖权”，但定性是草率的。在概念上，那里的争点是一种对特定土地享有的准对物管辖权，不属于一种审理确定产权诉讼（hear suits to quiet title）的普通管辖权。此外，关键性政策是地域管辖权政策，而不是事物管辖权政策。[12]

总之，如果被告出庭应诉而没有就地域管辖权或适当通知的门槛性防御进行争讼，则被告就放弃了该权利。如果被告对其中任何一项门槛性防御进行了争讼而法院认定其享有权力，则该裁决阻止被告对二者再行争讼。无论哪种方法，出庭被告均不能在后诉中基于这些理由对终局判决进行攻击。因此，基于地域管辖 268
权或者适当通知，对判决进行的救济只能存在于攻击者完全缺席后作出判决。

（二）事物管辖权

事物管辖权问题被认为是一个至关重要的问题。一般来说，人们认为任何人在任何时间都可以提出这个问题，甚至在上诉时由法院自己提出，或者甚至由积极参与诉讼而未对管辖权提出异议的一方当事人提出或由最初援引管辖权的一方当事人提出。与地域管辖权不同，被告不得通过同意、共谋、弃权或者禁反言取得事物管辖权。[13]

因此，如果被告出庭应诉而没有提出法院的事物管辖权问题，则不能如同地域管辖权那样说：由于被告弃权，法院就具有管辖权。或者被告如果出庭对法院事物管辖权问题进行了争讼，则不能像地域管辖权那样说，仅仅因为被告服

---

10 《合众国案例汇编》第 283 期，自第 522 页开始（1931 年）。

11 《合众国案例汇编》第 375 期，自第 106 页开始（1963 年）；比较：约翰逊诉谬尔博格案（*Johnson v. Muelberger*），《合众国案例汇编》第 340 期，自第 581 页开始（1951 年）（对法律身份的管辖权）。

12 见《判决重述（第二次）》第 11 条 b 项评论（1982 年）。

13 见，如汤普森诉惠特曼案（*Thompson v. Whitman*），《合众国案例汇编》第 85 期（《华莱士》第 18 卷），自第 457 页开始（1874 年）。

从了管辖权问题，法院就取得了管辖权。

然而，自助原则运作与由法院就其自身事物管辖权问题作出的裁决有关，尽管这一结果与有关事物管辖权的传统知识之间似乎有冲突。把该原则适用于事物管辖权问题的基础理论，确实是问题的关键，即除了被告方面弃权或同意外，法院对呈现在其面前的案件是否具有管辖权本身具有裁决的权力。它对此问题的裁决，即使有错误，也将会有约束力并对之后的攻击具有排除效力，除非在上诉时被撤销。

因此，尽管存在着挥之不去的不协调感，但如今显而易见的是，排除可以适用于已积极争讼并被明确确认的对事物管辖权的肯定性裁决中，除非涉及非常重要的管辖权范围，例如划分联邦专属管辖权的某些领域。此外，排除可以扩展到对事物管辖权的肯定性裁决中，即使其未经积极争讼，法院主动作出的
269 管辖权存在的声明就足以阻止之后对事物管辖权进行攻击。另外，排除还可以扩张到对事物管辖权的肯定性裁决中，即使这些裁决没有明确的决定，法院也暗示其具有充分管辖权的结论，并且根据推测，法院在任何诉讼作出判决前都会如此暗示性地得出结论。[14]

在奇克特县排水区诉巴克斯特州银行案（*Chicot County Drainage District v. Baxter state Bank*）中，[15] 虽然被告没有对法院的事物管辖权提出过质疑，但由于被告对最初的诉讼进行过争讼，因此最高法院甚至禁止缺席的当事人一方对早期非法行使事物管辖权进行攻击。在此种和其他少有的极端情况下，最高法院认可给予法院对其本身事物管辖权作出的裁决以排除效力是适当的。但在同一天，在卡尔布诉佛尔斯坦案（*Kalb v. Feuerstein*）中，[16] 最高法院裁决，州法院在联邦破产程序未决期间的辩论程序后非法作出的终止抵押人回赎权判决，应该接受间接攻击。因此，最高法院承认有时非法行使事物管辖权事实上可能破坏其他法院的权威，该裁决必须仍然要接受间接攻击。

此种自助原则在《判决重述（第二次）》中是用下列措辞表达的：

在法院在辩论程序中作出判决时，判决阻止当事人在后诉中对法院的事物

---

14 见丹·B. 多布斯（Dan B. Dobbs）："超越辅助程序：终审判决前取消事物管辖权"（Beyond Bootstrap: Foreclosing the Issue of Subject-Matter Jurisdiction Before Final Judgment），载《明尼苏达法律评论》第 51 期，自第 491 页开始（1967 年）。

15 《合众国案例汇编》第 308 期，自第 371 页开始（1940 年）。

16 《合众国案例汇编》第 308 期，自第 433 页开始（1940 年）。

管辖权进行争讼，但下列情形除外：

（1）诉讼事项显然超出法院管辖权，以至于其受理该诉讼明显属于滥用权力；

（2）允许判决维持效力严重侵害了另一法院或政府机构的权力；

（3）判决是由对涉及自己管辖权问题缺乏充分知情决定能力的法院作出的，为了程序公正，寻求消除判决的当事人应该具有机会延迟攻击法院的事物 270
管辖权。[17]

应该注意的是，本节中争点排除并非一定要求在所有案件情况中都对该问题进行积极争讼，法院默示性地裁决自己的管辖权就足够了。同时，由于该节存在的例外情形，即使有些案件在争点事实上被争讼过并且被裁决，排除问题也不可能存在。概括起来很困难，因此《判决重述（第二次）》成文规则，仅仅是识别在各个案件中衡量相互冲突政策时要考虑的某些因素。

那么，将案件和《判决重述（第二次）》结合在一起，我们可以说，事物管辖权存在与否的裁决阻止了当事人在后诉中基于该理由对终局判决进行攻击，除非在特殊情况下，例如法院明显缺乏事物管辖权或者判决严重侵犯了另一法院或机构的权力。一般看来，由于未提出的事物管辖权总是隐含地被裁决且存在于任何对判决进行争讼的诉讼中，这种裁决在对判决进行排除性攻击范围内，具有对是否存在事物管辖权进行实际争讼后作出裁决的既判力结果，虽然后诉法院可以更容易找到可适用的既判力的例外情况。底线是：基于事物管辖权理由对判决进行的救济，只有在所有被告弃权的案件中才容易实现。

需要注意的是，作为司法权子原则的用以确定事物管辖权的裁判权范围，比用以确定地域管辖权的裁判权范围要更狭窄而比适当通知的裁判权范围更广泛。一方面，因为事物管辖权在系统性上需要重要的利益，因此，决定管辖权的裁判权在事物管辖权方面具有更多例外，例如初审法院在侵犯后诉法院权力范围时冒犯了某些人。另一方面，因为作出判决的法院在诉讼中隐含地裁决其自身的事物管辖权，但不一定对地域管辖权和适当通知严格的属人抗辩进行裁决，因此即使该争点没有实际争讼和裁决，甚至判决的攻击者在前诉中缺席， 271
决定管辖权的裁判权也可以适用于事物管辖权。

17 《判决重述（第二次）》第 12 条（1982 年）。

三、确定没有管辖权的裁判权

到目前为止，本章已探讨了肯定性裁决（affirmative rulings）对法院诉讼管辖权在既判力方面的影响。但是，如果初审法院决定其缺乏管辖权或没有发出通知，那该怎么办？也就是说，一个公认的不具备作出有效判决的法院，能够作出有排除效力的裁决吗？能。

缺乏权力的初审法院作出的裁决，将会阻止对所提出的完全相同的争点进行第二次审判。它有权决定其缺乏权力。为了阻止原告重诉，常识性知识支持将排除设定在门槛性争点上（the threshold issue）。此常识性原则发挥的是直接禁反言类的作用。仅就此目的而言，前诉判决是有效判决。[18]

当然，初次诉讼对门槛性答辩的驳回，不会阻止在适当的法院提起第二次诉讼。此外，不论是确立其他法院的管辖权还是依据同一请求或其他请求有关的案件事实排除某一争点，初审法院的裁决在此种后诉中可能不应具有既判力。就此目的而言，前诉判决是无效判决。

四、有效性和终局性的结论

归根结底，理解确定管辖权的裁判权对于理解有效性明显很有必要。本章显示了，对无效判决的攻击所起的作用要比其所能发挥的作用小得多。法律当然并非将所有无效判决看作是无效的，因为确定管辖权的此种裁判权的子原则阻止了许多攻击。确定管辖权的裁判权是通过确立法院有权决定自己判决的有效性的此种方法来阻止这些攻击。因此，大多数能成功地对无效性进行攻击都是针对缺席判决。

272 虽然法律存在激烈的口号，但事实上，为什么法律以此方法轻视有效性呢？理由是法律最终偏重于终局性。在此领域中基本的紧张关系是有效性对终局性。此处的有效性代表的是渴望把事情做对，从而最后追求真相。终局性代表着对短暂生命的让步，也是对正义要求终结诉讼此种现实的妥协。

需要重申的是，确定管辖权的此种裁判权的子原则支持终局性这一边。这

18 见鲁尔燃气股份有限公司诉马拉松石油公司案（*Ruhrgas AG v. Marathon Oil Co.*），《合众国案例汇编》第 526 期，自第 574、585 页开始（1999 年）；查尔斯·艾伦·赖特（Charles Alan Wright）、亚瑟·R. 米勒（Arthur R. Miller）、爱德华·H. 库珀（Edward H. Cooper）：《联邦诉讼实践与程序》第 18 卷第 4436 条（1981 年和补编 1999 年）。

应该如此，因为不假思索地援引有效性口号掩盖了这样一种事实，即有关诉讼法院权力的答辩不是也不应该是神圣不可侵犯的。例如，没有充分的理由许可被告在两个法院就对人管辖权进行诉讼。相反，法律要被告选择一个法院并在此充分地进行争讼。的确，从宪法上讲，在当今时代法律可能宣称，被告不能再选择待在家里，而是必须在初审法院就对人管辖权进行诉讼或者根本不进行争讼。法律没有把这一责任强加于被告。但是，它可以并且确实向被告表明，对人管辖权只接受一种处理方法。

有效性与终局性之间的基本紧张关系一直是本书的中心。在广义既判力的此种更广泛的背景下，法律承认它必须重视事实真相。它重视事实真相，但这样做是在有限的范围内进行。超出那些范围，它更重视结束诉讼。确立这些限制属于既判力原则，这取决于发现有效性与终局性之间临界点的此种深奥但又具实践性的工作。法律确立这些限制以回应公正、效率以及实质性政策，这些在此前详细讨论过。

我们希望本书为您阐明了既判力规则。

判例表*

A. B.C. Fireproof, Warehouse Co. v. Atchison, T.& S. F. Ry., 168
A. B.C. 防火、创库公司诉艾奇逊、托皮卡—圣菲铁路公司案
Adams v. Pearson, 105
亚当斯诉皮尔森案
Alaska Commercial Co. v. Debney, 228
阿拉斯加州商务公司诉戴布尼案
Albernaz v. City of Fall River, 177
阿尔伯纳斯诉福尔河市案
Alemite Mfg. Corp. v. Staff, 158
阿勒米特制造公司诉斯塔夫案
Allen v. McCurry, 207
艾伦诉麦柯利案
Allstate Ins. Co. v. Hague, 214
好事达保险公司诉海牙案
American Postal Workers Union Columbus Area Local v. United States Postal Serv., 57
美国邮政工人联盟哥伦布地区诉美国邮政服务公司案
Anglo-American Provision Co. v. Davis Provision Co., 221
英美供应有限公司诉戴维斯供应有限公司案
Arecibo Radio Corp. v. Puerto Rico, 263
阿雷西博广播公司诉波多黎各案
Arizona v. California, 126, 237, 239
亚利桑那州诉加利福尼亚案
Armstrong v. Miller, 175
阿姆斯壮诉米勒案
Ashe v. Swenson, 24–25
阿西娅诉斯文森案
Avondale Shipyards v. Insured Lloyd's, 54, 129
阿文达尔造船公司诉被保险人劳埃德公司案
B. R. DeWitt, Inc. v. Hall, 178
B. R. 德威特有限公司诉豪尔案
Baker v. General Motors Corp., 9–10, 213, 217, 220
贝克诉通用汽车公司案
Baldwin v. Iowa State Traveling Men's Association, 257
鲍尔德温诉爱荷华州旅行人协会案
Bank of Montreal v. Kough, 230
蒙特利尔银行诉康福案
Bank of Montreal v. Olafsson, 248
蒙特利尔银行诉奥拉夫松案
Bank of Okla. v. Fidelity State Bank & Trust Co., Dodge City, Kan., 73
俄克拉何马州的银行诉富达国家银行与信托公司、堪萨斯州道奇市案
Bayless v. Industrial Comm'n, 246
贝里斯诉工业委员会案

* 以下页码为原书页码，即本书边码。

Becher v. Contoure Laboratories，136
比彻诉肯投里实验室案
Belliston v. Texaco，Inc.，79
杯里斯同诉德士古公司案
Benton v. Maryland，22
本顿诉马里兰案
Berlitz Schools of Languages of Am. v. Everest House，122–123
美国贝立兹语言学校诉珠穆朗玛峰之家案
Berahard v. Bank of America National Trust & Savings Association，174–181，185，187，204
布拉哈德诉美国国家信托银行和储蓄协会案
Bertha Bldg. Corp. v. National Theatres Corp.，95
布沙建筑公司诉国家剧院公司案
Bigelow v. Old Dominion Copper Mining & Smelting Co.，164
毕格露诉老自治领州铜矿开采与冶炼公司案
Bishop v. City of Fall River，133
毕肖普诉福尔里弗市案
Blair v. Bartlett，108
布莱尔诉巴特利特案
Blasi v. Williams，245
布拉西诉威廉姆斯案
Blonder-Tongue Lab. v. University of Illinois Found，175，178，240
布隆德尔舌头实验室诉伊利诺伊大学基金会案
Bluefield Community Hosp. v. Anziulewicz，238
布鲁菲尔德社区医院诉安柔乐维子案
Boggiano v. Thielecke，108
博洁安弄诉塞乐克案
Bomar v. Keyes，172
博玛诉凯斯案
Britton v. Gannon，248，255–256
布雷顿诉加农案
Brown v. Felsen，137，222
布朗诉非尔森案
Bruszewski v. United States，152
布鲁萨斯基诉美国案
Burns v. United States，205
伯恩斯诉美国案
Cambria v. Jeffery，128
坎布里亚诉杰弗瑞案
Campbell v. Murdock，201
坎贝尔诉默多克案
Capps v. Whitson，121–122
卡普斯诉惠特森案
Carbonell v. Louisiana Dept. of Health & Human Resources，237
卡博内尔诉路易斯安那州卫生与人力资源部门案
Chanute Brick & Tile Co. v. Gas Belt Fuel Co.，70
查努特砖瓦有限公司诉燃气皮带燃料公司案
Cheshire Nat'l Bank v. Jaynes，201
切希尔国家银行诉杰恩斯案
Chicot County Drainage District v. Baxter State Bank，269
奇克特县排水区诉巴克斯特州银行案
Christianson v. Colt Indus. Operating Corp.，17
克里斯庭森诉柯尔特产业制造公司案
Cities Serv. Co. v. Gulf Oil Corp.，129
城市服务公司诉海湾石油公司案
Citizens Tel. Co. v. Anderson，70
公民电话公司诉安德森公司案
Clancey v. McBride，73
克兰希诉麦克布赖德案

Clay v. Field，76
克雷诉菲尔德案
Coca-Cola Co. v. Pepsi-Cola Co.，173
可口可乐公司诉百事可乐公司案
Cohen v. Beneficial Indus. Loan Corp.，52
科恩诉收益产业贷款公司案
Columbia Cas. Co. v. Playtex FP，Inc.，217
哥伦比亚保险公司诉倍儿乐 FP 股份有限公司案
Commissioner v. Duberstein，246
委员会（署长）诉杜伯尔斯坦案
Commissioner v. Sunnen，131–133
署长诉萨能案
Concordia v. Bendekovic，239
孔科尔迪亚诉本代科维奇案
Cornell v. Chase Brass & Copper Co.，97
康奈尔诉查斯铜业公司案
Costello v. United States，91–92
科斯特洛诉美国案
Cream Top Creamery v. Dean Milk Co.，80
克雷木·汤普奶油商诉迪安牛奶公司案
Cromwell v. County of Sac，71，120
克伦威尔诉索克县案
De Brimont v. Penniman，231
迪·布雷蒙特诉彭尼曼案
De La Guerra v. Newhall，73
迪·拉·款拉诉纽霍尔案
Dearden v. Hey，73
迪尔登诉海伊案
Dindo v. Whitney，110
丁多诉惠特尼案
Disimone v. Browner，237
迪斯莫尼诉布劳纳案
Donald v. J.J. White Lumber Co.，56
唐纳德诉 J.J. 白色木材公司案
Durfee v. Duke，213，267
德非诉杜克案
Eichhoff v. Eichhoff，257
艾希霍夫诉艾希霍夫案
Elder v. New York & Pa. Motor Express，Inc.，172
埃尔德诉纽约和宾夕法尼亚州汽车货运公司案
Elfman v. Glaser，89
艾尔夫曼诉格拉斯案
Engelhardt v. Bell & Howell Co.，81
恩格哈特诉贝尔霍威尔公司案
England v. Louisiana State Bd. of Med. Exam'rs，82
英国诉路易斯安那州医学检查委员会案
Erie R. R. v. Tompkins，224–226，229–230
伊利铁路公司诉汤普金斯案
Estate of Hunt v. United States，105
亨特地产诉美国案
Evergreens v. Nunan，139–140
艾沃格里斯诉纳男案
Fall v. Eastin，218–219
福尔诉易斯庭案
Farmland Dairies v. Barber，214
农田乳品厂诉巴尔博案
Fauntleroy v. Lum，217
方特勒罗伊诉拉姆案
Fay v. Noia，206
菲伊诉诺伊阿案
Feder v. Turkish Airlines，196
菲德尔诉土耳其航空公司案
Federated Dept. Stores v. Moitie，43，103
联合百货公司诉莫伊特案

Ferrer's Case，29
费热案
First Nat'l Bank v. City Nat'l Bank，156
第一国民银行诉市国民银行案
Fox v. Connecticut Fire Ins. Co.，71
福克斯诉康涅狄格州消防有限公司案
Gaines v. Jacobsen，196
盖尼斯诉杰克布森案
Gannon v. American Airlines，256
加怒恩诉美国航空公司案
Giedrewicz v. Donovan，172
洁德勒维子诉多诺万案
Gibert v. Boak Fish Co.，70
吉伯特诉博克菲希公司案
Gillespie v. United States Steel Corp.，52
吉莱斯皮诉美国钢铁公司案
Gollner v. Cram，135
格尔那诉克兰姆案
Good Health Dairy Prods. Corp. v.Emery，171
好健康乳制品公司诉艾默里案
Goodhart v. United States Lines，156
古德哈特诉美国航运公司案
Griffith v. Bank of N. Y.，257
格里菲斯诉纽约银行案
Grip-Pak，Inc. v. Illinois Tool Works，244
格里普—帕克股份有限公司诉伊利诺伊工具公司案
Gschwind v. Cessna Aircraft Co.，259
格斯温德诉塞四纳飞机公司案
Hahl v. Sugo，78
豪尔诉苏勾案
Halpern v. Schwartz，146–148
哈尔彭诉斯瓦兹案
Hancock Nat'l Bank v. Farnum，223
汉考克全国银行诉法纳姆案
Hansberry v. Lee，161，252
汉斯贝里诉李案
Harduvel v. General Dynamics Corp.，265
哈德瓦尔诉通用动力公司案
Haring v. Prosise，207
哈林诉普柔塞斯案
Harrelson v. United States，238
哈里森诉美国案
Hart v. American Airlines，217
哈特诉美国航空公司案
Harvey v. United Transp. Union，242
哈维诉联合运输工会案
Hauser v. Krupp Steel Producers，Inc.，224
豪色诉克虎伯钢铁生产商案
Heiser v. Woodruff，224
海色诉伍德拉夫案
Henegar v. International Minerals & Chem. Corp.，75
贺内伽诉国际矿物和化学公司案
Hennepin Paper Co. v. Fort Wayne Corrugated Paper Co.，70
亨内平造纸公司诉韦恩堡波纹纸公司案
Hilton v. Guyot，230–231
希尔顿诉盖约特案
Home Ins. Co. v Dick，214
家庭保险公司诉迪克案
Huntington v. Attrill，217
亨庭顿诉阿特里尔案
Hyman v. Regenstein，140
海曼诉莱根斯坦案
Hyyti v. Smith，104
海题诉史密斯案

In re Wilson，72
关于威尔逊案
Israel v. Wood Dolson Co.，171
以色列诉伍德都尔森案
Jacobson v. Miller，116
雅格布森诉米勒案
James v. Grand Trunk W. R.R.，218
詹姆斯诉大干线西部铁路公司案
James Talcott，Inc. v. Allahabad Bank，122
詹姆斯塔尔克特有限公司诉阿拉哈巴德银行案
James-Dickinson Farm Mortgage Co. v.Harry，217
詹姆斯—狄金森农产品抵押公司诉哈利案
Jim Beam Brands Co. v. Beamish & Crawford Ltd.，122
金宾品牌公司诉比美鲜和克劳福德有限责任公司案
Johnson v. Muelberger，267
约翰逊诉谬尔博格案
Johnston v. Compagnie Générale Transatlantique，230
约翰斯顿诉大西洋轮船总公司案
Jones v. Morris Plan Bank，71
琼斯诉莫利斯计划银行案
Kalb v. Feuerstein，269
卡尔布诉佛尔斯坦案
Keidatz v. Albany，88
凯戴姿诉奥尔巴尼案
Keith v. Schiefen-Stockham Ins. Agency，175
凯斯诉斯采芬—斯托克汉姆保险代理公司案
Kelley v. Curtiss，145
凯里诉科提斯案
Kenney v. Supreme Lodge，221
肯尼诉元首酒店案
Kern v. Hettinger，225
科恩诉黑廷格案
Kremer v. Chemical Constr. Corp.，137，221–222
克雷默诉化工建设公司案
Lane v. Sullivan，224
雷恩诉沙利文案
Lawlor v. National Screen Serv. Corp.，9–10
朗乐诉国家银幕服务公司案
Le John Mfg. Co. v. Webb，71
乐·约翰制造公司诉威布案
Lee v. Carroll，259
李诉卡罗尔案
Linderman Mach. Co. v.Hillenbrand Co.，112
林德曼机械公司诉希伦布兰德公司案
Little v. Blue Goose Motor Coach Co.，115，123
里特尔诉蓝雁机动车公司案
Loomis v. Loomis，135
鲁蜜斯诉鲁蜜斯案
Lucy v. Adams，158
露西诉亚当斯案
Lummus Co. v. Commonwealth Oil Refining Co.，53，55
鲁玛斯诉英联邦炼油公司案
Lyons v. Westinghouse Electric Corp.，136–137
里昂斯诉西屋电气公司案
Markman v. Westview Instruments，Inc.，245
马克曼诉西景仪器有限公司案
Marrese v. American Academy of Orthopedic Surgeons，222
玛里斯诉美国骨科医学会案
Marshall v. Lockhead，249，259
马歇尔诉洛克希德案
Martin v. Wilks，163
马丁诉威尔克斯案

Massari v. Einsiedler，72，112，256
马萨里诉艾斯得乐案
Massie v. Watts，218
马西诉瓦茨案
Mastercraft Lamp Co，v. Mortek，191
马斯特灯饰公司诉芒太克案
Matsushita Elec. Indus. Co. v. Epstein，222
松下电气产业公司诉艾普斯坦案
McCorvey v. Lucy，158
麦考维诉露西案
McCourt v. Algiers，173
麦考特诉阿尔及尔斯案
McDonald v. Mabee，265
麦当劳诉马比案
McElmoyle v. Cohen，220
麦克艾莫乐诉科恩案
Mendoza，United States v.，180–181，186
美国诉门多萨案
Milwaukee County v. M. E. White Co.，213，217
密尔瓦基县诉 M. E. 怀特公司案
Minichiello v. Rosenberg，203
米尼齐洛诉罗森伯格案
Missouri Pac. Ry. v. Scammon，74
密苏里太平洋铁路公司诉斯凯门案
Mitchell v. Federal Intermediate Credit Bank，108
密切尔诉联邦中期信贷银行案
Montana v. United States，6，132
蒙大拿诉美国案
Moore v. Justices of the Mun. Court，84
穆尔诉市法院法官案
Mullane v. Central Hanover Bank & Trust Co.，251
马冷诉中央汉诺威银行和信托公司案
Musco v. Lupi，108
马斯克诉鲁皮案
National Sur. Co. v. State Bank，254
全国担保公司诉州立银行案
Nelson v. Adams USA，Inc.，215
尼尔森诉亚当斯美国股份有限公司案
Nemaizer v. Baker，265
内麦兹尔诉贝克案
Nickerson v. Dowd，157
尼克森诉当德案
O'Brien v. City of Syracuse，65，68
奥布雷恩诉锡拉丘兹市案
One Lot Emerald Cut Stones v. United States，205
一批祖母绿切割石诉美国案
Osserman v. Jacobs，89
奥色曼诉捷克布斯案
Overseas Motors，Inc. v. Import Motors Ltd.，210，228，241
海外汽车公司诉进口汽车公司案
Packet Co. v. Sickles，244
货运公司诉斯可乐斯案
Palmer v. Clarksdale Hosp.，164
帕尔玛诉克拉克斯戴尔医院案
Parklane Hosiery Co. v. Shore，135，175–178，182，187，246
帕克冷针织品公司诉肖尔案
Parsons Steel，Inc. v. First Ala. Bank，57，59，216
帕森斯钢铁公司诉第一阿拉巴马州银行案
Pearson v. Williams，208
皮尔森诉威廉姆斯案
People v. Scott，26
人民诉斯考特案
People v. Taylor，27
人民诉泰乐案

Pinnix v. Griffin，171
品尼克斯诉格里芬案
Planned Parenthood v. Casey，14
计划生育组织诉凯西案
Plaut v. Spendthrift Farm，Inc.，237
普劳特诉挥霍农场股份有限公司案
Premier Elec. Constr. Co. v. National Elec. Contractors Ass'n，180
卓越电力建设公司诉全国电力承包商协会案
Pruitt v. Hammers，70
普鲁特诉哈默尔斯案
Railroad Comm'n v. Pullman Co.，81
铁路委员会诉普尔曼公司案
Reed v. Allen，55
里德诉艾伦案
Reynolds Metals Co. v. Wand，76
雷诺金属公司诉万德案
Richards v. Jefferson County，Ala.，161，252
理查德诉阿拉巴马州杰弗逊县案
Rinehart v. Locke，90
莱因哈特诉洛克案
Riordan v. Ferguson，1
莱尔登诉弗格森案
Roche v. McDonald，215
罗氏公司诉麦当劳案
Rooker-Feldman，222
鲁克—费尔德曼原则
Rost v. Kroke，89
柔斯特诉柯洛克案
Ruhrgas AG v. Marathon Oil Co.，271
鲁尔燃气股份有限公司诉马拉松石油公司案
Rush v. City of Maple Heights，73
拉什诉梅普尔海茨市案
Russell v. Place，144
拉塞尔诉普莱斯案
Rynsburger v. Dairymen's Fertilizer Coop.，161
雷斯博格公司诉奶制品肥料合作者案
Salmon Falls Mfg. Co. v. Midland Tire & Rubber Co.，201
萨蒙福尔斯制造公司诉美联轮胎橡胶公司案
Sanderson v. Niemann，135
桑德森诉尼曼案
Saylor v. Lindsley，102
塞勒诉林斯里案
Schwabe v. Chantilly，Inc.，109
斯瓦贝诉尚蒂伊公司案
Schwartz v. Public Adm'r，168
斯瓦茨诉公职遗产管理人案
Semtek Int'l Inc. v.Lockheed Martin Corp.，95，223–224
塞姆特克国际有限公司诉洛克希德・马丁公司案
Shaffer v. Heitner，199，201
谢弗诉海特纳案
Simpson v. Florida，26
辛普森诉佛罗里达案
Slater v. Skirving，125，243
斯莱特诉斯克温案
Smith v. Kirkpatrick，65
史密斯诉柯克帕特里克案
Snelling v. American Freehold Land Mortgage Co.，160
斯内林诉美国不动产地权抵押贷款公司案
Southern Pac. R. R.v. United States，240
南太平洋铁路诉美国案

Spaulding v. Cameron，76
斯波尔丁诉坎默隆案
Spilker v. Hankin，43，142
斯皮尔克诉汉金案
St. Louis Baptist Temple v. FDIC，243
圣路易斯浸信会诉联邦储蓄保险公司案
Standefer v. United States，26
斯坦德福诉美国案
Standlee v. Rhay，24
斯坦德里诉雷伊案
Standlee v. Smith，24
斯坦德里诉史密斯案
State Bank v. American Sur. Co.，156
州立银行诉美国担保公司案
Statter v. Statter，195
斯坦特尔诉斯坦特尔案
Sunnen，Commissioner v.，131–133
署长诉善能案
Svenska Handelsbanken v. Carlson，230
瑞典商业银行诉卡尔森案
Syntex Ophthalmics，Inc. v. Novicky，137
辛太克斯眼科公司诉诺维茨基案
Taylor v. Hawkinson，142
泰勒诉霍金森案
Teitelbaum Furs，Inc. v. Dominion Ins. Co.，204
泰特尔鲍姆皮草有限公司诉道明尼保险公司案
Thompson v. Whitman，268
汤普森诉惠特曼案
Tice v. American Airlines，150
提斯诉美国航空公司案
TM Patents，L. P. v. IBM，129
思维机器专利公司诉国际商业机器公司案
Todd v. Central Petroleum Co.，102
陶德诉中央石油公司案
Treinies v. Sunshine Mining Co.，56
特雷聂斯诉阳光矿业公司案
Turner v. Arkansas，24
特纳诉阿肯色州案
U. S. Bancorp Mortgage Co. v. Bonner Mall Partnership，129
美国合众银行抵押贷款公司诉邦纳商场合伙企业案
Union Carbide & Carbon Corp. v. Nisley，179
联合碳化合物和碳处理公司诉尼斯雷案
Union Nat'l Bank v. Lamb，220
联合全国银行诉兰姆案
United Air Lines v. Weiner，177–178
美国航空公司诉维纳案
United Mut. Fire Ins. Co. v. Saeli，173
团结互助火灾保险公司诉塞里案
United States v. Balanovski，201
美国诉巴拉诺夫斯基案
United States v. Dean Rubber Mfg. Co.，158
美国诉迪恩橡胶制造公司案
United States v. Hall，158
美国诉豪尔案
United States v. LaFatch，142
美国诉拉凡赤案
United States v. Mendoza，180–181，186
美国诉门多萨案
United States v. Moser，133
美国诉莫色案
United States v. Munsingwear，139
美国诉万星威案
United States v. Musgrave，26
美国诉马斯格雷夫案

United States v. Rogers，27
美国诉罗杰斯案
United States v. Stone & Downer Co.，134
美国诉斯通和唐纳公司案
United States v. Thoresen，26
美国诉霜雷森案
United States v. United Air Lines，177–178
美国诉美国航空公司案
United States v. Utah Constr.& Mining Co.，208
美国诉犹他州建筑和采矿公司案
University of Tenn. v. Elliott，212
田纳西州大学诉艾略特案
Valdimer v. Mount Vernon Hebrew Camps，Inc.，166
瓦尔迪默诉弗农山希伯来营地公司案
Vanderveer v. Erie Malleable Iron Co.，137
范德维尔诉伊利铸造公司案
Wade v. Peters，89
韦德诉皮德思案
Wahl v. Vibranetics，Inc.，245
瓦尔诉开瑞振动机械公司案
Warburton v. Warkentin，208
沃伯顿诉沃肯廷案
Warner v. Buffalo Drydock Co.，94–95
瓦尔纳诉布法罗船坞公司案
Waterhouse v. Levine，91
沃特豪斯诉莱维内案
Weyant v. Utah Sav.& Trust Co.，255
韦安特诉犹他州储蓄和信托公司案
White v. Adler，103
怀特诉艾德勒案
White v. Croker，164
怀特诉克罗克案
Williams v. Jensen，66
威廉姆斯诉詹森案
Williams v. Ocean Transp. Lines，217
威廉姆斯诉海洋运输公司案
Williamson v. Columbia Gas & Elec. Corp.，68，93
威廉姆斯诉哥伦比亚燃气和电力公司案
Willing v. Chicago Auditorium Ass’n，190
威林诉芝加哥礼堂协会案
Wilson，In re，72–73
关于威尔逊案
Winters v. Lavine，148
温特斯诉拉维尼案
Zdanok v. Glidden Co.，Durkee Famous Foods Division，178
日丹诺克诉格里登公司，德基著名食品部门案

索　引*

A

Abstention，81–82
弃权
Action upon judgment，83–84，211，220
基于判决的诉讼、对判决提出的诉讼
Administrative adjudications，208–209
行政裁决
Amicus curiae，164
法庭之友
Antisuit injunction，22，238
禁诉令
Appeal，effect of，
上诉，……的效力，
Finality，50，55
终局性
Issue preclusion，128，138–139，205
争点排除
Appearance，
出庭
Limited，197–198，200–203
有限的
Special，266–267
特别的
Appellate review of res judicata，245–246
对既判力的上诉复审
Arbitration awards，209–210
仲裁裁决
Attachment jurisdiction，see Nonpersonal judgments.
扣押管辖权，见非对人判决

B

Bar，See also Claim Preclusion.
法庭、法律界、障碍、抗辩事由，也可见请求排除
Basics，85
基础、基本要素
On the merits，85–99
在案件实体方面、依据案件事实
Terminology，8，10
术语
Burden of proof，
证明责任
Effect on issue preclusion，138，204–205
争点排除的效力
Proof of res judicata，43，123，133，242–243
（既判力、既判案件、既判事项）的证明

C

Cause of action，see also Claim.
诉因、诉权、诉讼理由，也可见请求

* 以下页码为原书页码，即本书边码。

Claim distinguished，10，62
有区别的诉讼请求
Civil-law approach，6，17，188，227–228，232–234
大陆法系的方法
Claim，
请求
Cause of action distinguished，10，62
有区别的诉因
Contracts，71–72
合同
Dimensions of，62–82
……的规模
Nonpersonal remedies，72
非对人救济
Splitting，61–62
分割、分开
Torts，73–78
侵权行为
Transactional view，62，66–69
交易理念
Claim preclusion，
请求排除
Generally，61–106
通常、一般而言
Basics，8，11
基础、基本要素
Claim，see Claim
请求，见请求
Counterclaim，see Counterclaim
反诉、反请求，见反诉
Exceptions，list of，85–106
例外，……的清单
Exceptions，need for，43–45
例外，……需要
Finality，51–52
终局性
Issue preclusion distinguished，119–120，123，141
有区别的争点排除
Multiple parties，69–70
多数当事人
Nonmutual，69–70，184
非交互性
On the merits，85–99
在案件实体方面、依据案件事实
Prejudice，86，100–102
侵害、损害
With prejudice
影响实体权利
Without prejudice
不影响实体权利
Requirements，61–85
条件
Settlement，82–83，96–97，102
和解
Statute of limitations，93–96
诉讼时效
Terminology，9–10
术语
Class actions，161–163，179–180，182–183，187，252
集团诉讼
Collateral attack，249，256–257
间接攻击
Collateral estoppel，see also Issue Preclusion
间接禁反言，也见争点排除

Terminology，10
术语
Comity，211–212，226–229
礼让
Counterclaim，
反诉
Claim preclusion，106–112
请求排除
Common-law compulsory，111–112
普通法上强制性的
Compulsory，109–112
强制性的
Equitable estoppel，18，110
衡平法上的禁反言
Criminal-case preclusion，see also Double Jeopardy
刑事案件中的排除，另见双重危险
Civil to criminal，24，27
民事到刑事
Criminal to civil，24，117，138，204–208
刑事到民事
Criminal to criminal，22–27
刑事到刑事

D

Declaratory judgments，189–192
确认判决、宣告式判决
Direct attack，249，256–257
直接攻击
Direct estoppel，see also Issue Preclusion
直接禁反言，另见争点排除
Terminology，10
术语
Dismissal，
撤销、撤诉、驳回起诉、终结诉讼
Federal Rule 41（b），90–92，95，97–98，225
联邦规则第 41 条第 2 款
Involuntary，97–98
非自愿的
Other dismissals，87–99
其他撤销诉讼、其他驳回起诉
Voluntary，96–97
自愿的
Double jeopardy，22–27
双重危险、双重追诉
Due process，149–150
正当程序

E

Election of remedies，19–21
选择救济方法
Enforcement，see Nondomestic Judgmeats
执行，见非国内（域内）判决
Equitable estoppel，
衡平法上的禁反言
Counterclaim，18，110
反诉、反请求
Definition，18
定义
Equity-law problems，
衡平法问题
Dimensions of claim，70–72，76–78
请求的范围
Recognition and enforcement，220
承认与执行

Evidential use of，
……证据的使用
Admission，125，207–208
承认
Judgment，17，187–188，207–208
判决

F

Federal-state problems，
联邦与州之间的问题
Abstention，81–82
弃权
Dimensions of claim，78–82，99–100，222
请求范围
Issue preclusion，135–137，222
争点排除
Prisoner suits，206–207
囚犯诉讼
Recognition and enforcement，213–226
承认与执行
Validity attack，269
有效攻击
Finality，
终局性
Generally，50–59
通常、一般而言
Appeal，effect of，50，55
上诉，……的效力
Claim preclusion，51–52
请求排除
Inconsistent judgments，55–59
相互矛盾的判决
Issue preclusion，52–55
争点排除
Last-in-time rule，55–59
最后规则
Foreign judgments，see Nondomestic judgments
外国判决，见国内判决、域内判决
Former adjudication，definition of，3，13
先诉判决、前诉裁决，……的定义
Former recovery，18
先前赔偿、先前恢复
Full faith and credit，
充分信任与尊重
Constitution，213–221
宪法
Statute，215–216，221–222
制定法

H

Habeas corpus，206
人身保护令
Hague treaty，232–234
海牙公约

I

Impleader，155–156
引入诉讼、第三人参见诉讼
Inconsistent judgments，55–59，179，182
相互矛盾的判决
Indemnity，
损害赔偿、损失补偿、补偿请求权
Impleader，155–156
引入诉讼、第三人参见诉讼
Nonmutuality，170–173，184
非相互性
Privity，155–157，164–165
相互关系、共同关系、利害关系

Vouching in，156–157
通知出庭
Injunction，persons affected by，157–158
禁令，受……影响的人
In rem，see Nonpersonal Judgments
对物，见非对人判决
Intervention，duty of，163
加入诉讼、参加诉讼，……的责任
Issue preclusion，
争点排除
Generally，113–142
通常、一般而言
Actually litigated and determined，123–127
事实上已争诉和裁决
Alternative determinations，145–148
选择性决定、选择性裁决
Ambiguous determinations，143–145
不明确的决定、不明确的裁决
Appeal，inability to，128，138–139，205
上诉，不能……
Basics，8–9，11–12
基础、基本要素
Burden of proof，changing，138，204–205
举证责任、证明责任，改变、变更
Changed circumstances，123，133
情势变更
Claim preclusion distinguished，119–120，123，141
可区别的请求排除
Cumulative determinations，143
累积性决定、累积性裁决
Essential to judgment，127–129
对判决是必要的
Exceptions，list of，129–142
例外，……的清单
Exceptions，need for，43–45
例外，需要……
Finality，52–55
终局性
Issue，dimensions of，114–123
争点，……的范围
Jury right，135，176，182
陪审团权利
Multiple parties，121
众多当事人、多数当事人
Mutuality，see Mutuality
相互性，见相互性
Nonmutuality，see Nonmutuality
非相互性，见非相互性
Requirements，113–129
必备条件、需要
Settlement，124–126，129，139
和解
Stare decisis，effect of，130，183，187–188
遵循先例，……的效力
Terminology，9–10
术语

J

Joinder，see Mandatory Joinder
合并，见强制性合并
Judgment，
判决
Action upon，83–84，211，220
对……的诉讼、依据……进行诉讼
Dormant，83–84，220
休眠的、休眠状态的、已过执行期限的、

暂时搁置的
Relief from，see Relief from Judgment
对……救济，见对判决的救济
Judicial estoppel，18–19
司法禁反言
Jurisdiction to determine jurisdiction，
确定管辖权的裁判权
Generally，263–272
通常、一般而言
Adequate notice，266–268
充分通知
Bootstrap principle，265
自助原则
Jurisdiction to determine no jurisdiction，271
确定没有管辖权的裁判权
Subject-matter jurisdiction，268–271
事物管辖权
Territorial jurisdiction，266–268
地域管辖权
Jury right，135，176，182，244–245
陪审团权利

L

Last-in-time rule，55–59
最后规则
Law of the case，16–17
判例法
Limited appearance，197–198，200–203
有限出庭
Lis alibi pendens，see Lis Pendens
异地未决诉讼、诉讼在另案进行、案件在异地尚未审结的抗辩，见未决诉讼
Lis pendens，22
未决诉讼

M

Mandatory joinder，61–62，185，187
强制合并
Merger，See also Claim Preclusion
合并，另见请求排除
Basics，83–84
基础、基本要素
Terminology，8，10
术语
Mutuality，169–174，184–188
相互性

N

Nondomestic judgments，
国内判决、域内判决
Generally，211–234
通常、一般而言
American judgments，213–226
美国判决
Comity，211–212，226–229
礼让
Enforcement，
执行
Action upon judgment，83–84，211，220
对判决的诉讼、依据判决进行的诉讼
Basics，211–213
基础、基本要素
Details，220–221
详细资料
Foreign natiom judgments，226–234
外国判决
Hague treaty，232–234
海牙公约

Penal judgments，217–218，231
刑事判决
Public policy，217–218，231，233
公共政策
Reciprocity，230–231
互惠、相互关系
Recognition，
承认
Basics，211–213
基础、基本要素
Details，213–220
细节、详细资料
Tax judgments，217，231
税收判决、税务判决
Nonmutuality，
非相互性
Generally，165–188
通常、一般而言
Claim preclusion，69–70，184
请求排除
Criminal-case preclusion，204–205
刑事案件中的排除
Defensive use，175，177
防御性使用
Government litigation，180–181
政府诉讼、政府因不当立法所引起的诉讼
Indemnity，170–173，184
损害赔偿、损失补偿、补偿请求权
Issue preclusion，121，174–188
争点排除
Jury right，135，176，182
陪审团权利
Multiple-claimant anomaly，176–179，182–183，217，224，229
多个权利人例外规则
Offensive use，175，177
攻击性使用
Nonparties，see Privies；Strangers.
非当事人，见利害关系人；案外人
Nonpersonal judgments，
非对人判决
Generally，192–203
通常、一般而言
Attachment jurisdiction，198
扣押管辖权
Dimensions of claim，72
请求范围
In rem，193–194
对物
Limited appearance，197–198，200–203
有限出庭
Quasi in rem，196–203
准对物
Status，194–196
法律地位、法律资格、身份

O

Other action pending，21–22，50，102
其他未决诉讼

P

Parties，
当事人
Multiple，69–70，121
众多的

Nominal，165–166
名义上
Nonadverse，121，167–169
无害的
Treated as strangers，165–169
作为案外人对待
Prior pending action，see Other Action Pending.
先前未决诉讼，见其他未决诉讼
Privies，
利害关系人
Generally，69，121，149–165
通常、一般而言
Amicus curiae，164
法庭之友
Indemnity，155–157，164–165
损害赔偿、损失补偿、补偿请求权
Intervention，duty of，163
加入诉讼、参加诉讼，……的责任
Procedural privity，159–165
程序性共同关系（相互关系）
Substantive privity，153–158
实体上共同关系
Virtual representation，159
实质代表权
Proof of res judicata，
既判力的证明
Burden of，43，123，133，242–243
……负担（责任）
Sources of，143–144，243–244
……来源
Public policy，95–96，217–218，231，233
公共政策

Q

Quasi in rem，see Nonpersonal Judgments.
准对物，见非对人判决

R

Reciprocity，230–231
互惠
Recognition，see Nondomestic Judgments
承认，见国内（域内）判决
Relief from judgment，55，247–261
对判决的救济
Burden of proof，242–243
举证责任、证明责任
Collateral attack，249，256–257
间接攻击
Direct attack，249，256–257
直接攻击
Fraud，254–256
欺诈
Independent suit，248–249，254，257
独立诉讼
Jurisdictional defect，250–251
管辖权瑕疵
Motion，248，253–254，265
申请
Notice defect，251–252
通知瑕疵
Rem judgments，see Nonpersonal Judgments
对物判决，见非对人判决
Res adjudicata，9
既判力、既判事项

Res judicata, See also Claim Preclusion; Issue Preclusion; Jurisdiction to Determine Jurisdiction
既判力，另见请求排除；争点排除；确定管辖权的裁判权
Appealing, 245–246
上诉
Common-law doctrine in past, 20, 62–63
过去的普通法原则
Common-law nature of doctrine, 5–6
普通法原则的性质
Deciding, 244–245
裁决
Defeating, 247
击败、挫败、使无效、使败诉
Formal factors, 33, 39–45, 245
形式因素
Exception to exception, 42–43, 92
对例外的例外
Rule versus exception, 39–40
规则对例外
History of doctrine, 6
原理（准则）发展史
Policy factors, 29–38
政策因素
Fairness versus efficiency, 32
公正对效率
Suhstance versus procedure, 35
实体对程序
Validity versus finality, 271–272
有效性对终局性
Prerequisites, see Finality; Validity.
先决条件，见终局性；有效性、正当性
Proving, see Proof of Res Judicata.
证明，见既判力的证明
Raising, 7–8; 237–242, 265
提出
Significance, 3–5, 215
重要性、意义
Terminology, 9
术语
Restatement of Judgments, Second,
判决重述，第二次
Disagreements with, 54–55, 148, 152, 184, 188, 203
与……不符（有分歧）、与……不一致、不同意
Role of, 6–7
……的作用、……角色
Rooker-Feldman doctrine, 222
鲁克—费尔德曼原则

S

Settlement,
和解
Claim preclusion, 82–83, 96–97, 102
请求排除
Issue preclusion, 124–126, 129, 139
争点排除
Special appearance, 266–267
特别出庭
Stare decisis,
遵循先例原则
Definition, 13–16
定义
Dictum, 14–15
法官的附带意见

Effect on issue preclusion，130，183，187–188
对争点排除的效力
Holding，14–15
裁决
Status judgments，see Nonpersonal Judgments
法律身份判决、法律地位判决，见非对人裁判
Statute of limitations，93–96
诉讼时效
Strangers，165–188
案外人

T

Transactional view，62，66–69
交易性理念

V

Validity，
有效性
Generally，247–261
通常、一般而言
Definition，49–50，248，259–260
定义
Jurisdiction to determine jurisdiction，see Jurisdiction to Determine Jurisdiction
确定管辖权的裁判权，见确定管辖权的裁判权
Relief from judgment，see Relief From Judgment
对判决的救济，见对判决的救济
Void or voidable judgments，253，256
无效的或者可撤销的判决
Virtual representation，159
实质代表权
Vouching in，156–157
通知出庭

图书在版编目（CIP）数据

既判力：理论、原理与实践指南 /（美）罗伯特 · C. 卡萨德 (Robert C. Casad),（美）凯文 · M. 克莱蒙特 (Kevin M. Clermont) 著；赵泽君译 .—北京：中国法制出版社，2020.5

书名原文：RES JUDICATA：A HANDBOOK ON ITS THEORY, DOCTRINE, AND PRACTICE

ISBN 978-7-5216-0496-2

Ⅰ. ①既… Ⅱ. ①罗… ②凯… ③赵… Ⅲ. ①民事诉讼 - 研究 Ⅳ. ① D915.204

中国版本图书馆 CIP 数据核字（2020）第 045086 号

著作权合同登记号 图字：01-2018-6457

This translation of *Res Judicata: A Handbook on Its Theory, Doctrine, and Practice* is published by arrangement with Carolina Academic Press.

责任编辑：侯 鹏 封面设计：李 宁

既判力：理论、原理与实践指南

JIPANLI: LILUN、YUANLI YU SHIJIAN ZHINAN

著者 /（美）罗伯特 · C. 卡萨德 （美）凯文 · M. 克莱蒙特

译者 / 赵泽君

经销 / 新华书店

印刷 / 三河市国英印务有限公司

开本 / 710 毫米 ×1000 毫米 16 开 印张 / 18.75 字数 / 303 千

版次 / 2020 年 5 月第 1 版 2020 年 5 月第 1 次印刷

中国法制出版社出版

书号 ISBN 978-7-5216-0496-2 定价：76.00 元

值班电话：010-66026508

北京西单横二条 2 号 邮政编码 100031 传真：010-66031119

网址：http://www.zgfzs.com **编辑部电话：010-66060794**

市场营销部电话：010-66033393 **邮购部电话：010-66033288**

（如有印装质量问题，请与本社印务部联系调换。电话：010-66032926）